U0952905

本书由国家社科基金重点项目“西部地区易地搬迁后续扶持的多元化路径
设计与政策协同研究”（批准文号：21ASH005）资助出版

Lüyou Shequ
Zhili Yanjiu

旅游社区
治理研究

蔡克信　郭　凌／著

西南财经大学出版社
中国·成都

图书在版编目(CIP)数据

旅游社区治理研究/蔡克信,郭凌著.—成都:西南财经大学出版社,2022.7
ISBN 978-7-5504-5372-2

Ⅰ.①旅… Ⅱ.①蔡…②郭… Ⅲ.①旅游业—社区管理—研究—中国
Ⅳ.①F592.61

中国版本图书馆 CIP 数据核字(2022)第 086153 号

旅游社区治理研究
蔡克信 郭凌 著

策划编辑:高小田
责任编辑:高小田
责任校对:雷 静
封面设计:墨创文化
责任印制:朱曼丽

出版发行	西南财经大学出版社(四川省成都市光华村街 55 号)
网 址	http://cbs.swufe.edu.cn
电子邮件	bookcj@swufe.edu.cn
邮政编码	610074
电 话	028-87353785
照 排	四川胜翔数码印务设计有限公司
印 刷	成都市火炬印务有限公司
成品尺寸	170mm×240mm
印 张	12.5
字 数	234 千字
版 次	2022 年 7 月第 1 版
印 次	2022 年 7 月第 1 次印刷
书 号	ISBN 978-7-5504-5372-2
定 价	78.00 元

1. 版权所有,翻印必究。
2. 如有印刷、装订等差错,可向本社营销部调换。

前　言

改革开放40余年来，我国旅游业由事业性质向产业性质演化，产业规模由小到大，如今已经成为国民经济战略性支柱产业。旅游度假既是普通民众日常休闲的重要内容，也是提升国民幸福感和获得感的重要方式。虽然游客人次与旅游收入持续增长，但是在经济繁荣的背后也存在旅游资源消耗严重、旅游利益分配不均衡、旅游治理水平有待提高等突出问题。为此，文化和旅游部发布的《“十四五”文化和旅游发展规划》明确提出“十四五”期间将“以推动文化和旅游高质量发展为主题”。建立与国民经济战略性支柱产业相适应的现代旅游治理体系，是实现旅游经济高质量发展的应有之义。

旅游是把双刃剑，因旅游收益分配问题导致的冲突已经成为当前影响中国农村社会稳定和旅游发展的重要问题（保继刚 等，2012）。围绕旅游资源开发与旅游收益的分配，游客、居民、外来旅游资本、政府部门等在此展开多方利益博弈，利益矛盾与利益冲突随之增加。这给旅游地治理带来了严重挑战。如何解释当前旅游地存在的利益冲突现象？在当前社会语境下，如何科学地展开旅游利益冲突的预警评估？如何构建基于我国国情的旅游收益分配机制，促进旅游收益分配公平？如何调解不同主体之间的利益矛盾，增强社区居民的旅游获得感？这些均是旅游治理过程中需要关注并有待解决的重要现实问题。然而，学术研究对此的关注还存在不足，研究成果并不多见。

本书正是立足于旅游业的可持续发展目标，基于旅游治理的角度，对旅游地利益主体间的矛盾展开理论分析与实证研究。全书共有八章：第一章为绪论，第二章为文献综述，第三章为基础理论及概念界定，第四章为旅游社区冲突预警指数：指标体系与评价模型，第五章为旅游社区冲突预警的测量：实证研究，第六章为旅游社区居民冲突意愿的形成机制分析，第七章为旅游社区冲突的预防及治理建议，第八章为研究结论、不足与展望。

本书的主要贡献有：一是对旅游地中多元利益主体间的矛盾冲突进行类型学分析。本书借鉴理想类型的划分方法，从社会影响与冲突主体的权力关系两个维度，将旅游地的利益矛盾分为非对称-弱影响旅游利益冲突、非对称-强影响旅游利益冲突、对称-弱影响旅游利益冲突、对称-强影响旅游利益冲突四种类型。通过对旅游利益冲突现象的类型划分，可以更好地理解旅游冲突现象，并在旅游社区治理中有效抓住重点，做到旅游治理有的放矢。二是提出了旅游社区冲突预警指数，并构建了相应的指标体系。通过旅游社区冲突预警指数可以更好地测量旅游社区潜在利益冲突状况，从而在旅游治理中将风险前移，由此可以有效避免利益群体的矛盾激化与升级，为旅游地的健康发展提供稳定的社会环境。三是构建了旅游地居民冲突意愿的形成机制。社区居民是旅游地的主人，也是旅游地的核心利益相关者。基于对社区居民的深度访谈，本书构建了以旅游收益感知、旅游成本感知、社会环境感知为前因变量，以旅游公平感、相对剥夺感为中介变量的冲突意愿形成机制。通过实证研究，本书证实了不同变量对冲突意愿的影响系数。四是提出了建设韧性旅游目的地的构想。加强旅游社区治理，构建现代旅游治理体系是推进我国旅游业高质量发展的关键。为此，本书提出了防治结合、多维共治、促进分配正义，建设韧性旅游目的地，打造旅游共同体的设想，旨在通过风口前移，运用旅游社区冲突预警指数等管理工具，为旅游社区治理提供决策参考。

党的十九大报告指出，“我国社会主要矛盾已经转化为人民日益增长的美好生活需要和不平衡不充分的发展之间的矛盾”。旅游地的各类利益矛盾正是旅游经济发展不平衡不充分的产物。在推进旅游高质量发展的背景下，建设和谐旅游目的地需要地方政府部门由被动应急管理走向积极主动治理，不断提高执政能力，从而将旅游利益矛盾和冲突治理纳入制度化轨道。对于学术界而言，加强旅游社区治理的系统研究同样任重而道远。没有旅游地和谐的社会关系，就不会有旅游业的可持续发展。希望本书的研究能够引起更多的学者对于旅游发展中的社会问题的关注，也希望通过对旅游社区治理中现实问题的研究，能够在旅游发展的实践中少一些矛盾，多一点和谐，让社区居民在经济发展中得到更多的旅游获得感和幸福感。

蔡克信　郭凌

2022 年 5 月

目　录

第一章　绪论

第一节　选题背景与意义

一、选题背景

（一）中国社会转型发展的时空背景

旅游休闲是经济转型发展的重要推动力。自 2008 年世界金融危机之后，虽然我国社会经济发展较为顽强地抵挡了次贷危机的影响，但是自金融危机后，国民经济发展呈现出明显的减速趋势，从近年来的国民经济增长数据中可以明显看出这一显著变化。也正是在此金融危机之后，我国加速了社会经济转型发展的步伐。虽然投资、消费、出口作为国民经济发展的三驾马车，但是消费一直是经济发展的短板。扩大社会消费对经济增长的贡献成为我国经济转型发展的主要方向。而在这一转型过程中，旅游服务业的作用与地位表现得尤其突出。

兼具投资与消费特征的现代旅游业，也由此成为各级政府推动转型发展的有力抓手。2009 年国务院发布第 41 号文件，明确提出要将旅游服务业培育成国民经济发展的战略性支柱产业和人民群众更加满意的现代服务业①。2015 年国务院办公厅又发布了《关于进一步促进旅游投资和消费的若干意见》，文件中指出："旅游业是我国经济社会发展的综合性产业，是国民经济和现代服务业的重要组成部分。"②

在地方层面，各类旅游发展的利好政策频频出台。2018 年党中央、国务

① 国务院. 国务院关于加快发展旅游业的意见［EB/OL］.［2021-02-03］. http://www.gov.cn/zhengce/content/2009-12/03/content_3983.htm.

② 国务院办公厅. 国务院办公厅关于进一步促进旅游投资和消费的若干意见［EB/OL］.［2021-02-03］. http://www.gov.cn/zhengce/content/2015-08/11/content_10075.htm

院为增强和彰显文化自信，坚持中国特色社会主义文化发展道路，统筹文化事业、文化产业发展和旅游资源开发，在原国家旅游局与原国家文化部基础上，组建新的国家文化与旅游部，由此开启我国旅游发展的新篇章①。从表 1-1 可以看出，自 2009 年以来，旅游业在国民经济中的比重逐步提升，旅游总收入相对于国民经济总量由 2009 年的 3.7%稳步增长到 2019 年的 6.7%。中国旅游研究院发布的《2019 年旅游市场基本情况》数据显示：2019 年我国旅游业对国内生产总值（GDP）的综合贡献为 10.94 万亿元，占 GDP 总量的 11.05%，旅游直接和间接就业占全国就业总人口的 10.31%②。旅游业已成为“稳增长、调结构、惠民生”的重要力量。

表 1-1　旅游业发展统计数据（2009—2017 年）

年度	2009	2010	2011	2012	2013	2014	2015	2016	2017	2018	2019
旅游总收入/万亿元	1.29	1.57	2.25	2.59	2.95	3.73	4.13	4.69	5.4	5.97	6.63
GDP/万亿元	34.9	41.3	48.9	54.0	59.5	64.4	68.9	74.4	82.7	91.9	98.7
旅游总产值占 GDP 的比重/%	3.7	3.8	4.6	4.8	5.0	5.8	6.0	6.3	6.5	6.5	6.7

数据来源：中国文化和旅游统计年鉴 2020。

旅游休闲成为中央系列政策实施的重要抓手。自党的十八大以来，中央对社会经济转型发展的思路与方向更加清晰，先后提出了“新型城镇化”“美丽中国”“生态文明”“供给侧改革”“一带一路”等系列发展目标和举措，而在这些发展目标和举措的背后，也总能找到旅游服务业的身影。可以说，现代旅游业的发展是与我国当前新常态下国民经济的转型升级相契合的。习近平总书记指出“旅游是综合性产业，是拉动经济发展的重要动力”“旅游是传播文明、交流文化、增进友谊的桥梁，是人民生活水平提高一个重要指标。”③ 李克强总理也在政府工作报告和国务院常务会议上多次强调“要让多彩的旅游丰富民众生活，助力经济发展”“要提升旅游休闲消费，加快培育新的经济增长点，打造发展新引擎”。旅游服务业的突出作用已经超越了单一的产业经济的功能，并上升到集社会稳定、文化交流、经济发展、生态文明建设等多重功能于一体。

---

① 左登基. 开启旅游强国建设新篇章［N］. 中国旅游报，2017-05-09（1）.
② 中国旅游研究院. 2019 年旅游市场基本情况［J］. 空运商务，2020（03）：9.
③ 鄢光哲. 旅游业是新常态下新的经济增长点［N］. 中国青年报，2015-01-29（11）.

旅游业的潜力与地位仍然有待进一步的提升。如今我国经济发展总量已经位居全球第二，2019 年我国人均 GDP 达到 1 万美元。2019 年年底新冠肺炎疫情的爆发对全球经济产生重创。我国人均 GDP 在 2021 年仍然达到 1.2 万美元，充分彰显了我国经济发展的强劲韧性和发展潜力。如今的经济发展已经为休闲、度假等旅游消费奠定了坚实的基础，而旅游服务业的发展也会反向推动国民经济的发展，促进产业结构的调整升级。在这一转型发展的过程中，旅游业的价值将得到更为充分的释放，旅游业在社会转型发展中的角色与地位也将得到进一步提升。

（二）我国旅游业深入发展的行业背景

提档升级正成为主导旅游业发展的主旋律。过去 40 余年改革开放的发展实现了我国旅游业增长的量的积累。如今，我国已成为世界第一大出境旅游客源国和第四大入境旅游接待国，也拥有世界最大的国内旅游市场规模。旅游业从单纯的产业发展延伸至承担更多的社会发展责任，旅游业在精准扶贫、新型城镇化、美丽乡村、生态文明建设等方面日益承担着重要作用。

随着旅游业的深入发展，旅游业发展过程中的各类矛盾与利益冲突日益凸显。由于旅游业在发展过程中涉及多方利益主体，不同主体之间的利益诉求不免相互冲突。旅游业的深入发展也带来了一系列新的社会问题，有待学术界进行更为深入的理解和研究。尤其是在近年的旅游发展过程中，众多有关旅游资源开发造成的征地、拆迁、由于景区门票利益分配等引致的矛盾时常成为各方媒体关注的焦点。诸如湖南德夯苗寨①、贵州西江千户苗寨②、四川稻城亚丁景区③、云南香格里拉松赞林寺、虎跳峡景区、千佛山景区④、新疆喀纳斯景区⑤以及 2013 年备受社会关注的湖南凤凰古城门票事件⑥等。

旅游业的发展过程中，日益凸显的利益冲突现象将会如何影响旅游业的发展？旅游发展中的利益冲突有何自身的特征？如何理性地认识旅游发展中的冲突现象？如何加强旅游地的社区冲突治理？等等。这一系列的问题都是我国旅

---

① 龙茂兴，张河清. 乡村旅游发展中存在问题的解析［J］. 旅游学刊，2006，21（9）：75-79.

② 何景明. 边远贫困地区民族村寨旅游发展的省思：以贵州西江千户苗寨为中心的考察［J］. 旅游学刊，2010，25（2）：59-65.

③ 钟洁，陈飙. 西部民族地区旅游利益冲突的协调与社会和谐发展［J］. 西南民族大学学报（人文社会科学版），2011（2）：140-144.

④ 左冰. 旅游增权理论本土化研究：云南迪庆案例［J］. 旅游科学，2009，23（2）：1-8.

⑤ JINGJING YANG，CHRIS RYAN，LINGYUN ZHANG. Social conflict in communities impacted by tourism［J］. Tourism management，2013（35）：82-93.

⑥ 凤凰古城旅游“门票风波”：官商民 11 年的博弈［EB/OL］.［2021-11-15］. http：//go.huanqiu. com/news/2013-04/3843211_ 2. html

游学术研究有待深入展开的重大课题。

2018 年全国旅游工作会议提出了要大力推进我国旅游由高速增长阶段向优质发展阶段转型。旅游业的优质发展不仅是数量和规模的增长，而且在于质的全面提升。因此，在我国旅游迈向优质发展的新时代，系统关注当前旅游转型期的各类社会矛盾和利益冲突现象，展开学理分析和治理研究，无疑具有重要的现实意义。

（三）旅游学术理论本土化的研究背景

我国的人文社会科学研究随着改革开放而恢复，旅游学术研究更是在改革开放的大潮下，伴随旅游产业的蓬勃发展才得到了极大的关注。但总体而言，过去的四十余年中，无论是自然科学还是社会科学的研究，基本以引进、吸收欧美已有的研究成果为主要内容，旅游学术研究也不例外。站在西方已有的理论成果基础上，我国的旅游学术研究从一张白纸，短时间内迅速建立起较为完善的理论体系和研究框架。

学术研究的本土化倾向并非今日才有。早在 20 世纪 20 年代，以严复、章太炎、孙本文等为代表的早期学者就开始倡导学术研究的本土化问题。中国社会学家许世廉于 1925 年在《社会学杂志》上发表的《对于社会学教程的研究》一文，便倡导建设“本国社会学”，随后，社会学家孙本文更明确地论述了社会学在中国的本土化即“中国化”问题，呼吁构建“中国化的社会学”①。而在改革开放后，随着社会科学理论体系的逐步建立，学术自信和文化自觉逐渐得到成长，越来越多的学者日益突出社会科学研究的本土化问题，涉及社会学、法学、政治学、心理学、教育学等多个学科领域。

虽然我国的旅游学术研究相对其他社会科学起步较晚，但是在经过了几十年的理论引进之后，也开始逐步进入理论反思和本土化研究的新阶段。学界较早对理论研究进行反思的是保继刚教授，他在《社区参与旅游发展的中西差异》一文中，对本土化社区参与过程中存在的问题和矛盾进行了较为深入的分析②。随后，叶文、薛熙明分析了中西方生态价值观的差异，并明确提出生态旅游的本土化问题③。刘俊（2008）呼吁更加重视和深化度假旅游的本土化研究④。李伟（2010）指出，中西旅游发展道路迥异，旅游研究亦不同途，从

---

① 郑杭生. 社会学本土化及其在中国的表现 [J]. 广西民族学院学报，2004，26（1）：144-154.

② 保继刚. 社区参与旅游发展的中西差异 [J]. 地理学报，2006，61（4）：401-413.

③ 叶文，薛熙明. 生态旅游本土化问题研究 [J]. 中国人口·资源与环境，2005，15（6）：55-61.

④ 刘俊. 应重视和深化度假旅游的本土化研究 [J]. 旅游学刊，2008，23（4）：11-12.

而突出中国旅游人类学研究的“本土化”势在必行，即作为“舶来品”的旅游人类学必须经历“本土化”的调适过程，方能立足于中国旅游学界，承担相应的研究职责并发挥作用①。郭晓琳、刘炳辉（2017）也认为“过去一段时间，国内学界过于重视对西方流行理论的引介，而忽视了扎实的本土性实证研究”②。

本土化（indigenization）意为“使某事物发生转变，适应本国、本地、本民族的情况，在本国、本地生长，具有本国、本地、本民族的特色或特征。”③自然科学的研究在于揭示客观的自然世界运行规律，具有较大的相似性，但是社会科学研究的是人以及由人组成的社会群体，而如今的中国社会既不同于欧美社会，也与100年前甚至30年前的中国社会大不相同。改革开放带来的剧烈社会变迁改变了人的意识、思想、价值观念和行为模式。中西方的经济发展、人口规模、文化模式、体制机制、社会结构等均大不相同。

关于中西方社会的差异研究成果丰富。早在20世纪初，费孝通就提出西方社会是一种“团体格局”，而中国社会是一种“差序格局”④。而旅美学者杨笑思则认为中国社会结构是一种“个人—家庭—社会”三级模式，西方社会结构是一种“个人—社会”两级模式⑤。翟学伟则将中国人的脸面观作为重点，从中理解并认识中国社会和人的社会心理⑥。因此，在现实的研究实践中，只有立足本土化，才能避免“食洋不化”的西学教条主义和那种无视国际学术准则、规范和文献的“食土不化”问题⑦。

中国特色社会主义建设，积累了大量有中国特色的、单纯用西方理论解释不了的实践案例，这是学术研究的富矿⑧。今日中国社会之复杂、社会变迁之剧烈是任何其他国家都难以比拟的。简单地套用西方的学术理论研究中国的社会现象与社会问题，无异于隔靴搔痒。关于如何深入理解今日之中国社会现状，我们既不能从西方的学术理论中找到答案，也不能从经典史籍中寻得

---

① 李伟. 旅游人类学的建构与本土化研究［J］. 广西民族研究，2010（4）：72-79.

② 郭晓琳，刘炳辉. 旅游伦理研究的本土化反思［J］. 山西农业大学学报（社会科学版），2017，16（1）：71-76.

③ 郑杭生，王万俊. 论社会学本土化的内涵及其目的［J］. 吉林大学社会科学学报，2000，1（1）：40-48.

④ 费孝通. 乡土中国［M］. 南京：江苏文艺出版社，2007：25-32.

⑤ 杨笑思. 西方思想中的“个人—社会”模式及其宗教背景［J］. 华南师范大学学报（社会科学版），2001（5）：33-40.

⑥ 翟学伟. 耻感与面子：差之毫厘，失之千里［J］. 社会学研究，2016（1）：1-25.

⑦ 王宁. 社会学的本土化：问题与出路［J］. 社会，2006，26（6）：1-6.

⑧ 吴巧红. 旅游研究的国际化与本土化［J］. 旅游学刊，2017，32（11）：8-10.

回答。

习近平同志在哲学社会科学工作座谈会上指出，构建中国特色哲学社会科学的着力点、着重点，关键在于从我国改革发展的实践中挖掘新材料、发现新问题、提出新观点、构建新理论①。

因此，中国研究的未来走向理应是将“中国”作为一种“研究主体”，赋予中国研究的“主体性”位置②，即针对中国的国情，强调本土化的问题意识，建构本土化的社会科学理论，将成为我国学术研究本土化运动的重要内容。

基于社会转型和旅游深入发展的现实背景，以及旅游学术本土化的理论研究背景，本书以旅游目的地的社区冲突为研究对象，试图回答旅游社区冲突是什么？旅游利益冲突有哪些类型和特征？如何理解当前旅游地广泛存在的旅游社区冲突现象？在当代中国的政治及社会语境下，如何科学地展开旅游社区冲突的预警评估？基于此，本书以利益相关者理论、社会冲突理论及治理理论为指导，试图构建旅游社区冲突预警指数，并展开实证研究，对所构建的预警指数适用性进行验证。同时，基于田野调查，构建旅游社区居民冲突意愿的形成机制。从而综合理论与实证研究成果，对旅游目的地的冲突治理提出建议，为提升目的地旅游治理水平和旅游公共决策的制定提供借鉴和参考。

二、研究意义与价值

理论与现实的反衬凸显了我国旅游理论研究中存在的短板和不足。一方面，在旅游实践中各地旅游利益冲突的现象不断出现；另一方面，学界有关旅游冲突的研究成果却很少。然而，“没有冲突，就没有进步”③，阻碍旅游目的地经济发展和社会进步的并非冲突本身，而是我们对于旅游利益冲突缺乏应有的认识。

因此，在当前利益冲突成为旅游目的地发展的一种常态现象背景下，本书以旅游目的地的社区冲突为研究对象，综合应用管理学、社会学、心理学等相关理论，构建旅游社区冲突的预警指数，无疑具有重要的理论意义和现实价值。

---

① 习近平在哲学社会科学工作座谈会上的讲话［EB/OL］.［2021-12-15］. http：//www.xinhuanet. com/politics/2016-05/18/c_ 1118891128_ 3. htm.

② 谢小芹，简小鹰. 社区参与乡村旅游发展研究的本土化反思［J］. 广西民族大学学报（哲学社会科学版），2014，36（3）：47-53.

③ R DAHRENDON. Class and class conflict in industrial society［M］. California：Stanford University Press，1959.

（一）理论意义

一是有助于发展经典冲突理论体系。

社会冲突理论是存在于现当代西方社会学、政治学、哲学等学科中的一股以社会冲突现象为研究对象的重要的社会思潮①。但社会冲突理论发端于工业社会中的阶级矛盾及社会运动，而旅游地的利益冲突伴随着旅游业的发展于20世纪后期才逐渐显现，而对其学术研究则更为滞后。因此，结合我国旅游业发展的现状，将社会冲突理论引入旅游研究领域，对旅游社区冲突的基本概念、内涵、特征、分类等基础理论进行系统的研究，将社会冲突的一般理论与旅游业发展实践相结合，无疑丰富了冲突理论在当代情境下的本土化发展。

另外，无论是社会学还是政治学领域中的社会冲突现象研究，或者是旅游领域仅有的少数成果，基本上都停留在定性分析层面，而鲜有对冲突预警的实证研究。基于这一现状，本书的研究将在一定程度上弥补已有研究的不足。

二是有利于丰富旅游目的地治理理论体系。

我国的目的地正由旅游管理向旅游治理转型②，而关于旅游治理理论的研究目前尚处于探索阶段。本书立足于现有的相关研究成果提出旅游社区冲突预警指数，实现对冲突预警的综合衡量，无疑可以丰富旅游目的地治理理论内涵，并为旅游目的地治理开阔新的理论视野。

三是为深化社区旅游研究提供新的视角。

长期以来，社区旅游研究集中于社区参与的理论视角，这虽然积累了丰硕的理论成果，但是在旅游发展实践中，参与不足、利益冲突频现仍然是普遍存在的现象。左冰指出，在发展主义语境下，离开了权力定位和权力的再分配，仅仅从技术或者经济层面探寻社区参与的对策，无论程序设计多么细密，也无法使社区参与得到真正推进，而只可能成为一种形式主义③。而从社会冲突的社会学理论视角直面冲突现象，探寻冲突背后的形成机制及治理之道，无疑可为社区旅游研究提供新的理论视角。

四是丰富学术积累。

有关旅游利益冲突的研究成果目前学界还较为匮乏，旅游业中的冲突研究尚处于起步阶段。因此，本书的相关阶段性成果以及深入田野调查中收集的有

---

① 罗大文. 社会冲突论研究述评［J］. 前沿，2011，16（3）：122-125.

② 刘庆余. 从“旅游管理”到“旅游治理”：旅游管理体制改革的新视野［J］. 旅游学刊，2014，29（9）：6-7.

③ 左冰. 发展主义语境下社区参与旅游发展困境及出路［J］. 思想战线，2011，37（4）：122-126.

关利益冲突的原始资料，均可为后续的持续跟踪研究奠定基础。

（二）实践意义

一是可以为促进我国旅游业的可持续发展，构建和谐目的地提供理论指导。

和谐社会是我国社会主义建设中的重要奋斗目标，其基本要求是社会各主体之间的利益得以协调，不同类型的文化得到尊重，人与自然和谐相处。和谐社会的发展目标要求我们必须正视旅游业发展中存在的问题。正如孙立平所言“和谐社会绝不是一个没有利益冲突的社会，相反，和谐社会是一个有能力解决和化解利益冲突，并由此实现利益大体均衡的社会。”① 冲突的产生往往反映了我国当前旅游业快速增长的背后仍然存在众多的社会矛盾及问题有待解决。只有关注旅游地的冲突现象，探究冲突背后利益主体的行动逻辑，才能为旅游冲突寻找到合理的学理解释，并探索可行的冲突治理路径，从而为旅游业的可持续发展和旅游目的地和谐社会的构建扫除障碍。

二是为提升旅游地基层政府的治理能力与治理水平提供新的视野。

党的十九大报告指出，“全面深化改革总目标是完善和发展中国特色社会主义制度、推进国家治理体系和治理能力现代化”②。旅游目的地基层政府部门治理能力的不足成为影响旅游经济发展质量的重要因素。当前旅游地的基层政府部门普遍对冲突现象缺乏足够的重视和应有的理性认识，在面对旅游利益冲突事件时，仍然延续传统的思维定式。而在这一思维定式的背后是基层政府治理能力与治理水平的不足。

“改革”已经成为我国社会经济发展的主旋律。而在此背景下，如何提升旅游目的地基层政府部门的冲突治理能力，成为全面推进旅游业管理体制改革的重要内容。深化社会冲突的研究，无疑可为旅游目的地治理水平的提升与基层政府治理能力建设提供新的视野。

三是为我国深入推进旅游减贫及旅游引导下的乡村振兴提供借鉴。

中国对全球减贫贡献率超过 70%，其中 20%～30%来自旅游业的贡献③。在过去几年消除绝对贫困的脱贫攻坚战中，旅游业发挥了重要作用。在总结旅游减贫的成功经验与减贫模式基础上，未来旅游业将进一步减缓相对贫困，并

① 孙立平. 博弈：断裂社会的利益冲突与和谐［M］. 北京：社会科学文献出版社，2006：291.

② 习近平. 决胜全面建成小康社会 夺取新时代中国特色社会主义伟大胜利［EB/OL］.［2021-12-10］. http：//www. gov. cn/zhuanti/2017-10/27/content_ 5234876. htm.

③ 李燕琴，赵壮英. 旅游减贫：中国模式、经验及未来［N］. 中国文化报，2020-07-04（3）.

推进乡村振兴战略的实施。然而，以“效率”为导向的旅游开发与以“公平”为导向的减贫工作不可避免地存在一定的矛盾①。在这一矛盾主导下具体表现为不同利益主体之间的冲突现象。

因此，在旅游减缓相对贫困和引导乡村振兴的过程中，如何协调各利益相关者的利益分配问题等，是必须解决的重要问题。而旅游利益冲突的研究，可以为此提供有益借鉴和理论指导。

第二节 研究概况

一、研究思路

本书所关注的旅游利益冲突现象研究成果较少，因此，本书首先对管理学、社会学、心理学中已有的相关基础理论成果进行梳理，提炼研究问题，在规范分析中界定旅游社区冲突的概念内涵、特征及类型，并明确本书的研究对象为旅游社区与旅游企业及地方政府部门之间的利益冲突。其次，结合相关研究成果和专家调查，构建旅游社区冲突预警指数的指标体系和指标权重，并对不同发展模式的旅游地进行冲突预警测量，并进一步比较分析不同模式下预警指数差异及其形成原因。再次，应用扎根理论（GT）和结构方程模型（SEM）对旅游社区居民的冲突意愿形成机制进行概念模型构建和假设验证。最后，综合理论成果与实证研究结果，对旅游目的地的社区冲突预防和治理提出具体的对策建议。

二、研究内容

基于上述的研究思路及研究技术路线，本书研究的内容主要由八章组成。

第一章为绪论，主要概述本书的选题背景、研究意义，介绍研究思路、内容、方法、技术路线，以及本书研究的重难点及创新点。

第二章为文献综述，主要是对旅游利益冲突、冲突预警等研究成果进行梳理，在文献评述的基础上，提出本书研究的切入点。

第三章为基础理论及概念界定，主要对相近的概念进行辨析和界定，并应用理想类型的方法对旅游利益冲突进行分类，继而明确本书的研究对象。

第四章为旅游社区冲突预警指数：指标体系与评价模型。本章基于管理

① 蔡克信. 提高冲突治理能力 巩固旅游扶贫成果［N］. 中国旅游报，2016-01-25.

学、社会学、政治学等已有文献中的相关研究成果，分析了“旅游社区冲突预警指数”概念提出的背景、意义、指标体系构建的思路、具体指标体系的选取，以及指标权重的确定等具体内容，进而构建综合评价数学模型。

第五章为旅游社区冲突预警指数的测量：实证研究。本章选取了西江千户苗寨和朗德上寨两个地理位置相近、旅游资源相似但发展模式不同的景区作为实证研究地，依据综合评价模型对不同发展模式下的旅游社区冲突程度进行评价。

第六章为旅游社区居民冲突意愿的形成机制分析。本章主要结合田野调查中的深度访谈，应用扎根理论（GT）和结构方程模型（SEM），构建冲突意愿形成机制的概念模型，并对其进行假设验证。

第七章为旅游社区冲突的预防及治理建议。综合本书的理论分析和实证研究结果，对旅游社区冲突的预防和治理路径提出对策建议，并为旅游公共决策制定提供参照。

第八章为研究结论、不足与展望。

三、研究方法

研究方法是分析问题、解决问题的重要手段。对于研究者来说，不同的研究方式和方法就像工具袋中的各种不同的工具一样，研究者所关注的应该是对于特定问题的研究，即各种可行的研究方法中，哪种设计比其他设计能更好地回答特定情况下的特定问题①。这里的“更合适、更有效”包含了两个方面的含义：一是研究方法是为研究问题服务的，研究中所应用的方法应该能够解决研究中所要回答的问题；另一方面，所选择的研究方法在操作层面应该是可行的，即能够在预定的时间成本和经费约束之下为研究者所熟练掌握运用。

由于本书主要试图厘清旅游利益冲突的基础理论，并对旅游社区冲突的预警程度予以综合评价，因此，基于上述的研究目的，本书在研究方法上，综合应用了定性研究与定量研究方法，具体而言，主要方法有：

（一）文献研究法

文献研究法也称情报研究、资料研究或文献调查，是指对文献资料的检索、搜集、鉴别、整理、分析，形成事实科学认识的方法②。本书通过对国内外相关研究成果的分析与梳理，站在前人研究的基础上，厘清旅游冲突的概念

---

① 风笑天. 社会研究：设计与写作［M］. 北京：中国人民大学出版社，2014：58.

② 杜晓利. 富有生命力的文献研究法［J］. 上海教育科研，2013（10）：卷首语.

内涵、特征、分类等基础理论，并综合应用已有的研究成果，为旅游社区冲突预警指数的评价指标体系提供借鉴，从而达到发现新问题、提出新观点、形成新认识的研究目标。

（二）扎根理论研究方法

扎根理论自巴尼·格拉泽（Barney Glaser）和安塞尔姆·施特劳斯（Anselm Strauss）于1967年创立以来，成为社会科学研究的重要方法，尤其是在探索性研究领域应用得更为广泛。本书中旅游社区居民的冲突意愿的形成机制，在已有研究文献中并无相关成果，故本书采用了扎根理论方法，根据对社区居民的访谈材料进行扎根编码，从而构建出冲突意愿形成机制的概念模型。

（三）结构方程模型（SEM）

结构方程模型是被广泛应用的一种定量研究方法，其分析思路起源于20世纪20年代的路径分析概念。由于结构方程模型整合了验证性因子分析、路径分析和一般统计检验方法，可以同时分析多个变量之间的因果关系，因此其相对于传统的统计计量方法具有较大的优越性①。因此，结构方程模型在管理学、经济学、社会学等领域也被广泛应用。本书在对旅游社区居民冲突意愿的分析中，立足于本书的扎根理论分析结果，应用结构方程模型中的验证性因子分析（CFA）对概念模型进行了假设验证。

（四）德尔菲法

德尔菲法（Delphi）是一种综合多名专家经验与主观判断的方法，该方法自20世纪60年代由美国兰德公司提出以来，被广泛地应用到各个领域的综合评价实践中②。由于德尔菲法简便易行，同时避免了会议讨论时因专家之间的权力关系不对等而出现的随声附和，或因顾虑人情关系或面子的影响而避免对立意见等弊病，从而保证了各专家在进行判断时的独立性。因此，德尔菲法调查所得的综合意见具有一定的客观性和实用性。

为科学评估旅游社区冲突的预警程度，本书在文献分析的基础上，立足已有的相关研究成果，初步构建了一套旅游社区冲突预警指数的评价指标体系，并由专家调查确定最终指标。在确定评价指标体系的权重时，由于缺乏相关的理论依据，故采用了德尔菲法，邀请专家对各指标进行两两比较。

（五）层次分析法

在预警指数的指标体系权重确定过程中，通过层次分析法进行相关的矩阵

---

① 吴兆龙，丁晓. 结构方程模型的理论、建立与应用［J］. 科技管理研究，2004（6）：90-93.

② 徐蔼婷. 德尔菲法的应用及其难点［J］. 中国统计，2006（9）：57-59.

计算。自从 1977 年 Saaty. L. M 引入层次分析法（analytic hierarchy process，AHP）以来，层次分析法因其简单直观、使用方便以及可将定性的讨论转化为定量的分析的特点，在多目标多准则决策领域中得到广泛的应用①。在结构层次模型的基础上，借助行业专家的个人经验与智慧进行判断比较，并将比较的思维过程定量化、数学化，最终进行定量分析与定性分析。从而为求解多准则的复杂决策问题提供了一种简单简便的决策依据。关于层次分析法的详细操作步骤等详见本书第四章内容。

（六）熵权法

熵的概念最初来自物理学中的热力学理论，主要用以反映系统的混乱程度，熵值越大，系统越无序；反之，则系统越有序。在信息学上，熵是关于"不确定性"的度量，常用公式 $E_j = -K\sum_{i=1}^{m} P_{ij}\ln P_{ij} (j = 1, 2, \cdots, n)$ 表示，其中，K 称为信息总熵，是一个与度量单位有关的正常数，常数 $K = (\ln m)^{-1}$②。而熵权系数的确定取决于评价对象的固有信息，其基本原理为：对于某项指标，指标值间的差距越大，其熵值越小，表明该指标在综合评价中的权重越大；相反，指标间差距越小，其熵值越大，权重越小；如果差异为零，表明该指标在综合评价中不起作用③。熵权法现已在管理学、经济学等多个领域中得到广泛应用。关于熵权法的详细内容详见本书第五章内容。

（七）田野调查法

田野调查主要在于收集相关数据。在此过程中，通过结构化的调查问卷，以随机抽样调查获取社区居民的相关态度感知；以深度访谈的方式，收集旅游社区居民对社区发展与旅游资源开发的详细意见，以及景区管理局的相关管理举措；以观察法收集游客、导游等群体在景区内部的游览线路、旅游消费、旅游体验情况等。

（八）比较研究法

通过比较分析，分析旅游地内利益冲突的特殊性，以及不同模式下旅游社区冲突预警指数的差异，从而探寻旅游冲突产生的关键性因素。

（九）归纳演绎法

基于理论文献的梳理及案例点的数据分析，归纳设计旅游社区冲突的治理

---

① 陈伯成，王友平. 对层次分析法的认识［J］. 管理工程学报，1997，11（3）：155-161.

② 徐菲菲，刘沛林，白先春，等. 风景名胜区规划方案的层次分析法与熵技术评价[J]. 地理研究，2004，23(3)：395 - 402.

③ 侯国林，黄震方. 旅游地社区参与度熵权层次分析评价模型与应用［J］. 地理研究，2010，29（10）：1802-1813.

对策建议等。

总而言之，本书综合使用了定量方法与定性方法，对旅游社区冲突的相关问题展开了规范研究与实证研究。

四、研究对象

本书的研究对象为旅游社区冲突，即旅游社区居民与地方政府及企业之间的利益冲突。而旅游社区其他相关主体间的利益冲突如主客冲突等不在本书研究范围之内。

有关旅游社区冲突与旅游利益冲突的关系以及本书研究对象选取的缘由，详见本书第三章内容。

五、研究技术路线

依据上述的研究思路、研究内容以及研究方法等，本书的研究技术路线图如图 1-1 所示。

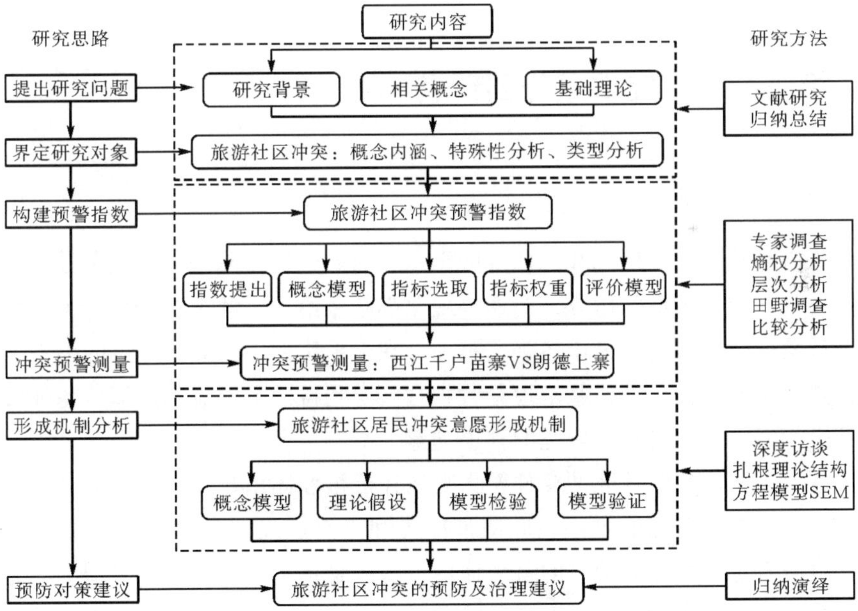

图 1-1　本书研究的技术路线图

六、研究调查过程

为展开本书研究，本书作者于 2016 年 12 月至 2019 年 1 月对田野案例点先后进行了 4 次田野调查，累计发放调查问卷 1 210 份，对社区居民等实施深度访谈近 60 人次。同时，本书作者也对相关专家展开了 3 轮的专家调查。

有关田野调查的内容、时间等详见表 1-2。

表 1-2　本书田野调查的阶段及调查内容

调研阶段	调研主要内容	调研地点	调研时间
第 1 阶段	开放式访谈，熟悉案例地	西江千户苗寨 朗德上寨	2016. 12. 24—2016. 12. 26
第 2 阶段	旅游社区冲突预警指数调查，发放调查问卷 700 份；针对居民及景区工作人员深度访谈 53 人次	西江千户苗寨 朗德上寨	2017. 07. 16—2017. 08. 06
第 3 阶段	旅游社区居民冲突意愿形成机制预调查，发放预调查问卷 80 份	西江千户苗寨	2018. 10. 23—2018. 10. 27
第 4 阶段	旅游社区居民冲突意愿形成机制正式调查，发放调查问卷 430 份	西江千户苗寨	2019. 01. 07—2019. 01. 15

第三节　研究重点与创新点

一、研究重点

旅游利益冲突的研究在国内外的学术界尚处于探索阶段，无论是社会学研究，还是旅游学领域的研究，对这一现象都并未给予足够重视。现有关于旅游冲突现象的讨论也是散见于各类文献中，缺乏系统性。因此，本书的第一个研究重点就是梳理社会冲突基础理论，并对旅游利益冲突的概念内涵、特征及分类等进行界定，奠定本书研究的理论支撑。

其次，构建旅游社区冲突预警指数的评价指标体系是本书研究的又一重点内容，也是本书研究的难点。即使是冲突理论兴起发展所在的社会学研究领域，也鲜有对社区冲突预警的科学评估，而只是在论述相关问题时指出部分因子与冲突强烈程度的正向或反向相关关系。因此，通过对相关文献成果的梳理，确定旅游社区冲突程度的影响因子，进而构建出评价指标体系，成为本书的第二个重点研究内容。

本书的第三个研究重点，是确定指标体系的权重。现代的指标体系日益复杂，而缺乏权重的指标体系无疑会大大降低其科学性。每一种权重的确定方法均有其自身的不足。因此，如何科学地确定指标权重成为本书的又一重要研究内容。

本书的第四个研究重点，是旅游社区居民的冲突意愿形成机制研究。有关旅游利益冲突研究的文献较少，针对旅游社区居民冲突意愿的文献更是寥寥无几。而加强旅游社区冲突的预警，就有必要从源头上了解、掌握社区居民的冲突意愿形成的机制。因此，在相关文献缺乏的背景下，展开旅游社区居民冲突意愿的形成机制研究，成为本书的另一个研究重点。

二、研究创新点

管理理论创新的评价标准有六个：①发现了新的事实，并给予解释；②复活了原有的理论学说，使其获得新的价值；③提出了新的理论学说，在与旧理论学说的比较中胜出，具有替代旧学说的价值；④修正了理论上的重要错误，并提出了新的解释；⑤创造了新的学科体系或方向；⑥创造了新的工具[①]。

参照社会科学及管理学的学术研究规范及理论创新的标准，本书的创新之处主要有四点：

一是首次对旅游地存在的利益冲突现象给予系统的理论分析，并指出旅游社区冲突本质上是社区居民制度外的一种利益表达方式，即提出了新的解释。利益冲突是伴随社会经济发展的一种必然现象，尤其是在社会转型时期表现得尤为突出。而旅游目的地的利益冲突随着旅游资源的开发、旅游经济的发展涌现，既具有其他社会冲突存在的一般性特征，也具有其自身的特殊性。而本书以社会冲突为理论指导，对旅游利益冲突进行了深入分析，对旅游冲突的概念内涵、特征、分类等进行了界定。本书以旅游社区冲突为研究对象，通过实证研究，认为旅游社区冲突是社区居民在正式的利益表达渠道不畅或受阻的情形下所选择的一种利益表达方式，冲突的目的在于自下而上表达自身的利益诉求，从而有助于深化对旅游社区冲突现象的理性认识。

二是首次提出“旅游社区冲突预警指数”概念，并构建了相应的综合评价指标体系和评价模型，即创造新的工具。即使是在社会学领域中，对于冲突的研究也是停留在相关因子的分析中，而鲜有定量的综合评价模型，以致在对冲突进行治理时，对于冲突程度的认识始终停留在较为模糊的状态。不分差异的治理对策无疑降低了冲突治理的科学性和可行性。而本书提出的旅游社区冲突预警指数，站在前人研究成果的基础上，建立了综合评价指标体系，其作为

① 齐善鸿，邢宝学. 管理理论创新范式研究［J］. 管理学报，2010，7（3）：317-320，349.

一种评价工具，有助于深化冲突认识，从而可因程度差异采用差异化的治理对策。

三是首次关注旅游社区居民冲突意愿的形成机制，分析了社区居民冲突意愿形成的影响因素，深化了旅游冲突研究领域。本书通过理论分析和实证检验表明，社区居民的冲突意愿是其在旅游影响下心理感知的行为表现，其中旅游公平感的不足和相对剥夺感的增强是冲突意愿形成的主要因素。对旅游社区居民冲突意愿的研究深化了旅游冲突的研究领域，有助于从冲突源头上为社区治理提供理论借鉴。

四是首次提出了“韧性旅游目的地”的建设构想。我国旅游目的地治理具有其自身的特殊性，在复杂多元的利益主体下，如何有效协调不同利益相关者之间的利益关系，如何协调旅游资源开发与其他经济发展、环境保护等之间的关系？这些问题成为旅游地治理的难点和重点。同时，在社会转型背景下，旅游目的地不仅需要加强各类自然灾害的预警及治理，而且需要加强社会风险的治理能力。为此，本书首次提出了建设“韧性目的地”的理论设想。在地方政府的引导下，通过扩大旅游社区的基层管理自治，形成政府、市场、社会多元治理的格局。以基层旅游管理体制机制的变革，将旅游社区冲突纳入制度化的治理轨道内，从而群策群力，共建共享，推动目的地旅游共同体建设，增强旅游地抗风险能力，不断提高旅游目的地的柔韧性。

第二章 文献综述

文献综述是科学研究的重要基础。只有在掌握现有研究现状的基础上，才能精准地寻找研究的切入点和突破点，从而真正使自己的研究“站在巨人的肩膀上”。

任何理论的提出与发展都离不开其特定的时代背景和社会潮流。本章从西方政治学、公共管理学的公众参与理论出发，对公众参与理论的兴起与发展进行梳理，指出墨菲所提倡的社区参与旅游理论具有深刻的时代背景和理论背景，社区参与旅游理论正是公众参与理论在旅游领域延伸和发展的产物。然而，面临不同的发展阶段以及政治经济体制等，社区参与旅游理论并未能有效解决包括中国在内的广大发展中国家旅游经济发展中的矛盾。随即本章对发展中国家地区旅游社区参与困境及社区旅游中的利益冲突研究进行了梳理。最后，在对国内外已有研究成果进行评述的基础上，本书将旅游社区冲突的预警作为研究的切入点。

第一节 旅游利益冲突研究

社区参与无疑是西方旅游界过去 30 年社区旅游学术研究的重要理论，也是过去 10 余年国内旅游研究的主导理论之一。但社区参与旅游理论在国内经历了短暂的辉煌阶段后逐步出现研究瓶颈。众多的研究发现，在旅游业发展的实践中，社区参与旅游面临的困境与存在的问题要远远多于成功经验。而从国内相关的研究文献中发现，在全国众多的旅游地中仅有极少数村寨实现了较高程度的社区参与。

社区参与旅游中众多的实证调研结论普遍认为，社区居民的旅游参与不足、在旅游社区内部存在众多复杂的利益矛盾和冲突，由此，旅游社区内的利益冲突逐步进入人们的视野。尤其是在进入 21 世纪后，随着全球网络技术的普及，社区居民的权利意识不断提高，旅游社区与地方政府之间的冲突也越来突出，引起了部分学者的关注。

虽然相关的研究成果还并不丰富，但是从中仍然可以看出，旅游利益冲突逐步成为广大发展中国家继社区参与之后社区旅游研究的又一重要方向，这是由发展中国家及地区的发展实践所决定的。

由于中西方学者的研究视角、研究内容具有较大的差异，以下分别对国内外的研究成果进行梳理。

一、国外研究

旅游地利益冲突是旅游业发展所带来的负面影响的产物，这早在贾法瑞（Jafari）的谨慎发展平台（cautionary platform）中就已经被提及①。Deery（2012）在对旅游影响研究文献的回顾中，也提出游客与居民在社区公共资源使用中的争夺、游客与居民数量比例的失调、主客社会价值观念的碰撞等均可能引起冲突的产生②。相关旅游影响的实证研究文献中也涉及旅游利益主体之间的冲突现象，如民族社区与外来企业之间的经济利益冲突；游客与当地居民之间因资源使用而导致的冲突。从英文文献的研究内容来看，主要有旅游地文化冲突研究、旅游冲突中的权力关系，以及对旅游冲突的机制研究。

（一）旅游地的文化冲突

旅游业的显著特征是移动性（mobility），而伴随游客的流动，不同文化往往汇聚于旅游目的地的空间内，形成文化的碰撞与冲突。在旅游地的各利益相关者之间存在着不同程度的文化冲突，其中，受到关注较多的主要有东道主与游客之间的文化冲突，以及社区居民与地方政府之间的文化冲突。

1. 居民与游客之间的文化冲突

Heather Zeppel（2010）主要关注可持续旅游发展中的文化价值观问题。她评估了美国、澳大利亚、新西兰不同地区的当地居民、游客和经营管理者在使用便利设施时的文化冲突。文章总结了当地居民与游客之间六个方面的跨文化冲突：神圣场所/宗教信仰、资源使用、土地利用、旅游设施、游憩活动以及场所的名称。文章最后对自然资源在游憩开发利用中的文化冲突提出了管理建议，包括：①加强有关社区文化与精神价值的解说教育；②对当地文化活动

---

① JAFARI J. A Systemic View of Sociocultural Dimensions of Tourism [C]. Washington D C: In the President's Commission on Americans Outdoors Tourism, 1986.

② MARGARET D, LEO J, LIZ F. Rethinking social impactsof tourism research: A new research agenda [J]. Tourism mangement, 2012 (33): 64-73.

空间和游憩活动空间进行功能分区；③在保护区内禁止某些游憩活动以及某些设施的使用；④引导游客的旅游行为等①。

2. 社区居民与政府之间的文化冲突

Noam Shoval（2013）以以色列的三个古城为例，以街道的名称作为研究的切入点，分析旅游发展中的文化冲突问题。他不仅分析了在旅游发展的导向下地方政府部门对街道的命名过程，而且深入考察了当地不同宗教信仰的社区居民对此的反应与态度，包括对于官方名称的解释与理解，以及在官方公布的名称与当地居民口语交流中的名称之间如何选择等问题。研究发现决策者对街道名称的武断命名，造成了社区居民、决策者及游客之间的高度紧张关系。研究认为旅游业的发展不应该割裂当地居民的日常生活与当地文化之间的关系；对当地居民与游客对 Acre 古城内的物质空间与符号空间的争夺研究有助于理解更大尺度的区域冲突问题②。

Alan（2007）对基多（Quito）历史中心城区文化遗产旅游发展过程中的文化碎片化与利益冲突进行了研究③。他指出虽然在基多的旅游发展战略规划中要促进历史中心城区的旅游发展，将基多打造为"安第斯山的文化之都"，但是在展现基多历史中心城区的文化内涵时，以地方政府部门为代表的社会精英却将社会底层大众排除在历史和文化之外。作者认为遗产旅游的发展对底层居民的生活空间和生活权利产生挤压和排斥，而缺乏当地居民声音的遗产文化是不完整的，是碎片化的。作者认为城市应该以诚实的态度对待自己的历史，也应该充分尊重底层群众对拥有土地和有尊严生活所做的努力。

Ahmed Abu Al Haija（2011）对约旦历史城镇在旅游发展中的利益冲突表现及其成因进行了分析，尤其是对于历史城镇中因旅游发展对当地社区居民进行搬迁所引发的冲突进行了重点探讨。文章指出，为了保护历史城镇的物质形态载体和非物质文化遗产，需要重新审视区域和城市规划体系，增强旅游发展战略在其中的地位和作用；通过促进文化交流、加强对社区居民的技术培训等协调外来游客的旅游体验需求和社区居民的发展诉求；通过完善法律体系等方

---

① HEATHER ZEPPEL. Managing cultural values in sustainable tourism: conflicts in protected areas [J]. Tourism and hospitality research, 2010 (10): 93-104.

② NOAM SHOVAL. Street-naming, tourism development and cultural conflict: the case of the Old City of Acre/Akko/ Akka [J]. Transactions of the institute of british geographers, 2013 (38): 612-626.

③ ALAN MIDDLETON. Trivialising Culture, Social Conflict and Heritage Tourism in Quito [C]. International Seminar on Heritage Tourism, 2007.

式缓解旅游地冲突问题①。

Tazim Jamal，Aniela Tanase（2005）从可持续旅游发展的角度，对罗马尼亚国家旅游部提出的兴建德拉库拉吸血鬼大型主题公园（Dracula Park）的影响和冲突进行了分析，研究认为文化的影响是旅游冲突的重要因素。在世界文化遗产所在地的中世纪古城锡吉什瓦拉（Sighisoara）附近兴建吸血鬼主题公园，这与当地的历史文化格格不入，遭到当地居民以及国内外非政府组织的强烈反对。研究特别指出围绕主题公园兴建而产生的冲突，指出旅游可持续发展准则的重要性，正是这些准则使那些深受旅游影响的群体能够直接参与到发展的决策过程中，从而保障了文化发展的可持续性②。

此外，Kobi Cohen-Hattab，Noam Shoval（2007）对文化冲突背景下的旅游资源开发进行了探讨。他们以以色列多民族、宗教并存的拿撒勒市（Nazareth）的“拿撒勒 2000”旅游发展计划为例，指出在政府主导的自上而下的旅游开发项目中完全忽略了当地居民的态度与参与。文章认为旅游发展是一个系统工程，而不仅仅是接待设施的建设。在多民族、宗教并存的地区，旅游业发展首先要整合资源，努力消除不同民族、不同宗教信仰人们之间的紧张与冲突，应以利益共享为原则，鼓励并刺激当地社区居民的主动参与，这才是旅游项目开发成功的保证③。

（二）旅游冲突中的权力关系研究

权力无疑是冲突产生发展的重要关键性因素，尤其是在广大发展中国家与地区中，利益主体之间往往权力差距悬殊。Christina Engstrom 等（2012）通过文本分析和批判话语分析（critical discourse analysis，CDA），对瑞典萨米社区（Sami）和一家当地旅游开发公司的冲突过程进行了观察。研究发现在不同的土地使用利益者之间存在着明显的等级关系，而社区居民往往是沉默的和被边缘化的利益群体，其中，权力关系的不对等是影响社区谈判地位的重要因素。旅游开发商在媒体中占据着优势话语权，其通过对信息的精致筛选和呈现，影响了其他利益相关者之间的权力分配，同时，也对社会公众产生了重要引导。文章强调旅游业发展中的社区参与和赋权，努力实现旅游推动“社区的发展

---

① AHMED ABU AL HAIJA. Jordan：tourism and conflict with local communities［J］. Habitat international，2011（35）：93-100.

② TAZIM JAMAL，ANIELA TANASE. Impacts and conflicts surrounding Dracula Park，Romania：the role of sustainable tourism principles［J］. Journal of sustainable tourism，2005，13（5）：440-455.

③ KOBI COHEN-HATTAB，NOAM SHOVAL. Tourism development and cultural conflict：the case of ‘Nazareth 2000’［J］. Social & Cultural Geography，2007，8（5）：701-717.

（development of the community）”而非旅游“在社区里发展（development in the community）”①。

Fleur Fallon（2001）分析了旅游开发商与当地社区之间不同的权力关系如何影响旅游业的发展。他通过对印度尼西亚龙目岛（Lombok）两个不同的案例地进行比较，认为分享合作式的权力关系比自上而下分配式的权力关系更有利于旅游业的可持续发展。尤其是在印度尼西亚，分享合作式的权力关系是一种正和博弈（positive-sum game），能够增强社区对旅游业的支持，并推动旅游走向真正的可持续发展②。而 Lee 等（2010）的研究揭示了利益冲突中的动态合作过程。他们认为由政治权力关系主导的结构更易导致旅游地的利益冲突和发展停滞，故而强调在文化遗产旅游地中权力合作结构的重要性③。

（三）旅游冲突的机制分析

对社会现象的解释是社会科学研究的重要任务。Noga Collins Kreiner（2015）以以色列位于海法的巴哈伊世界中心为案例点，对宗教旅游地的利益冲突进行研究。作者综合运用了社会学家戈夫曼的框架理论（framing）（框架理论最早由 Bateson 提出，后由 Goffman 引入文化社会学，意为“通过符号转换联系个体认知与社会事件的心理基模”）和扎根理论的分析方法，发现巴哈伊世界中心建设过程中的利益冲突可以被归入三个超框架（super-frame）：过程（process）、议题（issues）以及价值和意义（values and meanings）。当一个宗教旅游地的建设项目与上述三个超框架存在较大的偏差时，就有可能会引起争议和冲突。具体而言，议题（issues）是指物质和空间形态方面，如一个项目与当地的景观风貌不协调，或造成视觉审美上的干扰等；过程（process）即一个项目的建设不符合法定的程序，或建设的时间或地点不合适，或可能引起社会不公平等；价值和意义（values and meanings）即一个项目对周边社区发展不合适，或会对现行的宗教信仰、社会价值观、地域文化等产生威胁。在巴哈伊世界中心的案例研究中，过程超框架（process super-frame）起着主要

① CHRISTINA ENGSTRÖM, KARLA AILEEN BOLUK. The Battle field of the Mountain: Exploring the Conflict of Tourism Development on the Three Peaks in Idre, Sweden [J]. Tourism Planning & Development, 2012, 9 (4): 411-427.

② FLEUR FALLON. Conflict, power and tourism on Lombok [J]. Current Issues in Tourism, 2001, 4 (6): 481-502.

③ TIMOTHY JEONGLYEOL LEE, MICHAEL RILEY, MARK P. Hampton. Conflict and progress: Tourism Development in Korea [J]. Annals of Tourism Research, 2010, 37 (2): 355-376.

作用①。

此外，Dianne Dredge（2010）认为政府的一项重要功能即对旅游发展中的利益冲突进行协调，以保护公众的利益，但在现实中由于公共利益是变化的、主观的、辩证的概念，较为准确地考虑公众的利益并不容易。因此，他从理性视角、新自由主义视角、特定利益者（社会精英）的视角和参与的（多元主义）视角分别对公众利益的概念内涵进行了阐述，并对政府部门对公共利益的理解和所赋予的意义进行分析，指出为有效保障旅游发展中的公众利益，需要构建一套公共利益的评价模型②。Porter 等（2005）通过对不同案例的概述，发现公共利益人类学（public interest anthropology，PIA）的范式是理解遗产旅游中冲突现象的一个很好的分析框架③。

可以看出，虽然旅游利益冲突现象在旅游相关研究中早已被提及，但是对这一现象的研究却是在近年，且相关研究成果非常有限。从已有的成果来看，文化冲突构成了旅游冲突研究的主要内容。而从研究的案例地来看，则主要是在发展中国家或地区。虽然有学者尝试对旅游冲突现象的产生提出了解释框架和概念模型，但是由于冲突的复杂性，这些解释框架和模型是否适用于其他类型、其他区域的旅游冲突现象，仍然有待进一步的实证研究。

二、国内研究

旅游资源的开发是一把双刃剑，在带来旅游地社会经济发展的同时，也带来了不同利益主体之间的矛盾冲突。旅游目的地的利益冲突并非近年才涌现，而是早已有之。自 20 世纪 90 年代初以来，在国内学界有关旅游影响研究及旅游社区居民的感知研究等文献中就已涉及利益冲突与利益矛盾现象。如刘振礼（1992）早在 20 世纪 90 年代初通过对野三坡景区的调研，指出接待地社会压力的形成和控制是一个十分复杂的问题④。刘赵平（1998）在对野三坡旅游发展的跟踪调查中发现经营家庭旅馆的村民所接待的游客与不经营家庭旅馆的村民之间存在明显的冲突现象⑤。至 2000 年后，随着社区参与旅游理论在国内

---

① NOGA COLLINS KREINER. Understanding conflicts at religious-tourism sites：The Baha'i World [J]. Tourism management perspectives，2015（16）：228-236.

② DIANNE DREDGE. Place change and tourism development conflict：evaluating public interest [J]. Tourism management，2010，31（1）：104-112.

③ BENJAMIN W PORTER，NOEL B SALAZAR. Heritage tourism，conflict，and the public interest：an introduction [J]. International journal of heritage studies，2005，11（5）：361-370.

④ 刘振礼. 旅游对接待地的社会影响及对策 [J]. 旅游学刊，1992，7（3）：51-55.

⑤ 刘赵平. 再论旅游对接待地的社会文化影响 [J]. 旅游学刊，1998，13（1）：50-54.

学界的引入，在旅游领域研究出现了一股社区研究的热潮。而在这一研究热潮中，随着大量田野调查的开展，旅游社区内部大量的利益矛盾和利益冲突现象在文献中也相应被广泛呈现出来。

总体而言，当前国内学界对旅游冲突的研究主要集中于旅游利益冲突的主体、旅游利益冲突的过程分析、旅游利益冲突的成因解释，以及旅游冲突的疏解对策四个方面。

（一）旅游利益冲突的主体

由于旅游利益冲突是发生于不同利益相关者之间的互动行为，已有的研究多以利益相关者理论为指导，认为旅游地的利益相关者同时也是旅游利益冲突的主体。如梅青等（2009）指出地方政府、旅游经营商、社区居民、旅游者是历史街区旅游利益冲突中的核心利益主体①。胡北明等（2010）针对遗产旅游地从“保护”与“开发”二维目标将其利益相关者分为保护者、开发者、双重使命者和边缘影响者，具体包括中央政府、职能管理部门、地方政府、遗产旅游地管理机构、旅游地经营者、社区居民、旅游者、非政府组织、媒体、科研机构、社会公众、其他旅游企业12种利益相关群体②。虽然不同学者对于旅游地利益相关者的界定存在一定差异，但是基本认同地方政府、社区居民、旅游企业，以及游客在内的核心利益相关者是旅游冲突的重要主体③。

（二）旅游利益冲突的过程分析

旅游利益冲突是一种不同行动主体之间利益矛盾的升级，从已有的相关研究中可以看出其最为显著的表现特征是往往伴随有较为激烈的对抗行为如肢体冲突等，更有甚者会引发威胁社会稳定的大规模群体性事件。

孙九霞（2009）在其所做的社区参与研究过程中发现每个调研景区均存在不同程度的利益冲突现象。如在对西双版纳傣族园景区的调研中，就发现原本由于村民之间利益发展不均衡引起的利益纠纷，因地方政府旅游执法部门的打假打非行动，最终点燃村民积蓄已久的矛盾和怨气，造成了较为严重的影响④。在对阳朔遇龙河的调研中发现，社区之间的矛盾与冲突经常发生，矮山门与棋丘树相邻的两个村之间因抢客及漂流河段的使用不时出现冲突，双方之

---

① 梅青，孙淑荣，刘义铭. 历史街区旅游利益主体的矛盾冲突研究［J］. 济南大学学报（社会科学版），2009，19（6）：60-65.

② 胡北明，王挺之. 我国遗产旅游地的利益相关者分析：两个对立的案例［J］. 云南师范大学学报（哲学社会科学版），2010，42（3）：125-130.

③ 钟洁，杨桂华. 旅游利益冲突的特征、主体与类型［J］. 贵州民族研究，2014（1）：103-106.

④ 孙九霞. 旅游人类学的社区旅游与社区参与［M］. 北京：商务印书馆，2009：139-146.

间甚至发生械斗，以致多人受伤①。

时少华（2012）在其博士论文中，对北京市市郊的M村和S村在社区参与旅游发展中出现的利益冲突现象进行了详细的分析②。其中，M村在地方政府的主导之下，引入外来旅游开发商对村内资源进行整体开发。但在M村的房屋拆迁和土地征用过程中，围绕经济补偿问题发生了较为严重的冲突事件。M村村民为维护自身利益，采取了上访、上告、寻求多家媒体报道、阻拦施工等多种手段措施，与政府安排的工作人员一度引发肢体冲突。

周春发（2014）对徽村旅游开发中的利益冲突调研发现，徽村村民面对利益受损，在经历了协商无果后，采取了举报、上访、设置路障、拦截旅游车辆等手段，而冲突对立方地方政府部门则调动了武警力量，最终双方以回到谈判桌结束冲突事件③。在冀瑞鹏等人（2012）的研究中，社区居民与地方政府之间也同样经历了类似的行动过程④。

综上所述，可以看出，矛盾双方的冲突行为是在利益博弈的过程中逐步升级而来，是社会互动的产物。冲突行为的产生始于谈判协商的失败，而冲突事件的最终结果是又回归至谈判桌上，以协商结束双方的对抗。同时，在已有文献中，理性人、场域、依法抗争、弱者的武器等理论被广泛用以解释利益主体的冲突行为。

（三）旅游利益冲突的成因解释

旅游冲突作为不同利益主体之间的对抗和矛盾显化现象，既是一种社会文化现象，也是一种经济现象。而不同的学者结合自身的研究背景，尝试从多种不同的理论视角对这一复杂现象进行解释。从已有的成果来看，主要有经济学的理论视角、社会人类学的理论视角，以及管理学的理论视角。

（1）经济学的理论视角。黄鹂、郭贞等（2007）从经济学角度对景区投资者与社区居民的利益冲突进行分析，认为居民对传统生产方式的依赖、景区投资者低价获得居民土地使用权、居民的搭便车行为以及社区居民粗放的经营意识是二者利益冲突产生的原因⑤。柴寿升等（2013）对景区旅游开发与社区

① 孙九霞，保继刚．社区参与的旅游人类学研究：阳朔遇龙河案例［J］．广西民族学院学报（哲学社会科学版），2005，27（1）：85-92.

② 时少华．权力结构视角下社区参与旅游的研究［D］．北京：中央民族大学，2012.

③ 周春发．乡村旅游地居民的日常抵抗［J］．旅游学刊，2012，27（2）：32-36.

④ 冀瑞鹏，卢松，蔡云峰．古村落旅游开发经营中的尺度政治分析［J］．重庆交通大学学报（社科版），2012，12（6）：45-48.

⑤ 黄鹂，郭贞，王玲玲．景区投资者与社区居民利益冲突的经济学分析［J］．东北师大学报（自然科学版），2007（4）：149-153.

利益冲突的诱因进行分析，发现经济因素是冲突的主要诱因，居民就业不足、基础设施建设滞后、利益分配不均是冲突的核心影响因子①。

（2）社会人类学的理论视角。田俊迁（2009）从社会学和人类学的视角剖析了旅游景区的利益冲突，通过某风景区的例证指出风景区冲突的根源在于地理边界、社会边界和社会职能所交织的社会结构状态的存在②。易开刚、厉飞芹（2014）从社会责任的视角进行分析，认为利益主体间社会责任与价值博弈失衡是导致利益冲突的原因③。时少华（2012）从权力的理论视角，认为高度不稳定且运作低效的外向型权力结构导致了各利益主体之间的对立冲突④。

（3）管理学的理论视角。钟洁、陈飙（2011）将我国西部民族地区旅游利益冲突产生的成因归纳为：主客之间的文化差异、社区内部及社区居民与其他主体之间的利益分配，以及环境恶化⑤。李乐京（2013）将民族村寨旅游开发中利益冲突的深层次原因归纳为利益主体的自利性、政府角色错位、社区参与不足、监控力度不足四个方面⑥。马克禄等（2013）在对香格里拉旅游藏族社区冲突状况的成因进行分析时，将冲突的原因总结为文化冲突问题、补偿资金问题、景区用工问题、环境恶化问题等⑦。李若凝等（2006）认为旅游资源的市场化、社区居民利益的忽视及政府的职责不明等是旅游地在旅游资源开发中利益冲突存在的原因⑧。欧阳润平等（2007）指出自然景区利益冲突的成因是主要利益相关者的自利倾向、社区参与不足导致居民正当利益难以保障、属地政府在自然景区开发中的角色错位、相关政策法规不完善、监控力度不足与

① 柴寿升，龙春凤，常会丽. 景区旅游开发与社区利益冲突的诱因及其协调机制研究［J］山东社会科学，2009（1）：184-189.

② 田俊迁. 景区利益冲突与调适：以N风景区为例［J］. 广西民族大学学报（哲学社会科学版），2009（4）：41-45.

③ 易开刚，厉飞芹. 社会责任视阈下旅游景区多元主体的利益冲突及协调机制［J］. 天津商业大学学报，2014，34（2）：37-43.

④ 时少华. 乡村旅游社区参与中的权力结构、运作策略及其影响研究［J］. 北京第二外国语学院学报，2012（11）：73-83.

⑤ 钟洁，陈飙. 西部民族地区旅游利益冲突的协调与社会和谐发展［J］. 西南民族大学学报，2011（2）：140-144.

⑥ 李乐京. 民族村寨旅游开发中的利益冲突及协调机制研究［J］生态经济，2013（11）：95-98，122.

⑦ 马克禄，葛绪锋，黄鹰西. 香格里拉旅游开发引发的藏族社区冲突及旅游补偿调控机制研究［J］. 北京第二外国语学院学报，2013（11）：48-52.

⑧ 李若凝，孙刘伟，朱玉芳，等. 旅游资源开发的利益协调机制研究［J］. 生态经济（中文版），2006（2）：99-102.

社会监督缺位[①]。

（四）旅游利益冲突的疏解对策

有关对利益冲突的研究最终均将落脚于冲突的治理对策及路径建议上。从现有文献来看，对于旅游利益冲突的疏解，不同学者已经提出了部分有益建议。总体而言，已有的旅游冲突疏解对策建议主要从立法层面、规划层面、制度层面和经营管理层面四个方面展开。

1. 立法层面

保继刚、左冰（2012）通过对典型案例的调查和经济学的分析，在国内首先提出了“旅游吸引物权”的概念。并强调在我国现行的《宪法》和《物权法》等法律体系下，讨论对《物权法》中部分条款进行修正，并提出了“旅游吸引物权（旅游吸引孳息）”和“旅游（用益）地役权”，从而在立法层面更好地协调利益主体间的矛盾与冲突[②]。其后，他们又对旅游吸引物权进行更为深入的分析，认为旅游吸引物权不仅具有法理上的合理性、社会实践经验的合理性，而且具有满足旅游吸引物交易保护要求的逻辑合理性，其文还对旅游吸引物权实际操作中涉及的旅游吸引物价值（资产）的评估与定价展开了深入讨论[③]。

2. 规划层面

李磊等（2018）则认为不同利益主体之间存在着天然的利益冲突，对不同主体之间的利益冲突进行协调必须依赖第三方力量，而旅游规划人员作为独立的中介者，通过编制旅游规划，可以协调不同主体之间的利益冲突。因此，他们建议在旅游规划中要求政府、企业、社区居民和旅游者等多方利益主体共同参与，同时引入中介组织，监督各利益主体的行为，以协调不同主体间的利益冲突[④]。

3. 制度层面

郭凌、王志章（2016）从产权制度的层面，提出推动产权制度的变迁，从而对旅游目的地冲突加强治理，包括建立民族文化资源产权制度，形成较为合理的利益格局，使民族文化资源的继承者和拥有者的社区居民以一种所有者

---

① 欧阳润平，王立，胡晓琴. 自然风景区旅游开发中的群体性失落［J］. 湖南社会科学，2007（6）：108-112.

② 保继刚，左冰. 为旅游吸引物权立法［J］. 旅游学刊，2012，27（7）：11-18.

③ 左冰，保继刚. 旅游吸引物权再考察［J］. 旅游学刊，2016，31（7）：13-23.

④ 李磊，陆林，杨钊. 温泉旅游规划中的利益冲突与协调［J］. 经济地理，2018，38（2）：206-212.

身份参与到文化旅游资源的收益分配中；制度建设中，尊重构成社会基础的、自发形成的非正式制度；以及创新旅游目的地资源产权制度等①。

4. 经营管理层面

李燕琴、刘莉萍（2016）对民族村寨旅游发展不同阶段中冲突的演进进行了分析，指出冲突从探索期的群体内升级为参与期的群体间冲突；参与期出现了村民收入增加与生活满意度相背离或双低谷现象，严重地威胁着社会稳定。冲突的破解和应对要充分认识社区生态的"非理性"，通过把握发展节奏，发挥主体能动性，注重多元化发展和差异化管理②。

此外，时少华、孙业红（2016）从社会网络的层面对世界遗产地的利益冲突疏解提出了有益建议，包括：改变利益集团间存在着的核心边缘利益关系格局、加强各利益集团内部及之间的关联性、加强以企业和政府机构为顶点的组间利益传递、增加社区在利益关系网络中的参与机会与权力，以及在利益集团内部重点培育协调人和顾问，在利益集团之间重点培育守门人、代理人和联络人等③。

第二节　冲突预警研究

旅游业是我国的战略性支柱产业，随着旅游业在纵深方向的深入推进以及与相关产业的深度融合发展，其引发的相关主体间利益矛盾也日渐突出。虽然近年来，在学术界丰富的危机管理成果的基础上，我国各级政府各部门均建立了较为完善的应急管理"一案三制"（应急预案、应急管理体制、应急运行机制、应急法制），④ 但是其面对新形势下的利益冲突事件时仍然显得捉襟见肘，往往只能在突发事件发生后，被动予以回应。最好的应急预案应是不需要应急预案。这里的不需要并非完全不需要，而是要努力在日常的公共管理工作中，通过前馈控制避免常态事件向危机事件的转化升级。

---

① 郭凌，王志章. 新制度经济学视角下旅游目的地社会冲突治理研究［J］. 旅游学刊，2016，31（7）：32-42.

② 李燕琴，刘莉萍. 民族村寨旅游扶贫的冲突演进与应对之策［J］. 西南民族大学学报（人文社会科学版），2016（10）：130-134.

③ 时少华，孙业红. 社会网络分析视角下世界文化遗产地旅游发展中的利益协调研究［J］. 旅游学刊，2016，31（7）：52-64.

④ 刘霞，严晓. 我国应急管理"一案三制"建设：挑战与重构［J］. 政治学研究，2011（1）：94-100.

学术研究基于社会发展的需求。20 世纪五六十年代美国社会运动风起云涌，关于社会稳定及社会秩序的研究由此成为社会科学研究的重要任务。在美国社会学家 R. A. 鲍尔（R · Bauer）出版了《社会指标》一书后，社会指标研究在美国学界迅速兴起①，为政府各项公共决策提供依据，并很快扩大至其他西方国家，在西方学术界形成了一种社会指标运动（social indicators movement）的潮流②。其中，社会风险与社会稳定的评估研究更是得到了众多学者的青睐。

社会预警指标研究开始主要集中于经济领域，但随即扩展到社会、政治、经济等多领域。Tirykian（1967）提出了社会动荡发生的经验性指标包括三个方面：城市化的增长、性混乱以及对它的社会控制的削弱、非制度化的宗教现象的增长。美国外资政策研究所曾提出“政治体系稳定指数”是美国社会预警的重要参考，这一指数包括了社会冲突指数、社会经济特征指数以及政治过程指数。1989 年兹 · 布热津斯基（Zbigniew Brzezinski）提出了由国家信念的吸引力、社会心理情绪、人民生活水平、执政党士气、宗教活动、民族主义与意识形态矛盾、经济私有化、政治反对派活动、政治多元化、人权问题 10 个方面的指标组成的“国家危机程度指数”③。罗伯特 · 格尔提出了衡量国家社会冲突状况的四个指标：弥漫性（每十万人中的参与人数）、剧烈程度（每千万人中的伤亡数）、持续性，以及冲突总量④。

虽然国内学界于 20 世纪 80 年代随即展开关于社会指标体系的研究，但是早期的指标体系研究主要是关于西方理论研究成果及方法的引介，而对于社会风险、社会冲突及预警的指标体系研究则始于 20 世纪 90 年代中后期。张春曙（1995）针对大城市的社会发展预警进行了研究，提出了由经济物质、收入与消费、公共安全、社会发展不平衡等 8 类 18 个警情指标组成的社会预警指标体系⑤。宋林飞（1995）从警源、警兆、警情三个层次，经济、政治、社会、自然、国际五个方面构建了社会风险预警综合指数（SRSS）⑥。阎耀军（2004）则构建了由生存保障指数、经济支撑指数、社会分配指数、社会控制

---

① 朱庆芳，吴寒光. 社会指标体系［M］. 北京：中国社会科学出版社，2001.

② 郑杭生. 社会指标理论研究［M］. 北京：中国人民大学出版社，1989：15-23.

③ 兹 · 布热津斯基. 大失败：二十世纪共产主义的兴亡［M］. 军事科学院外国军事研究部，译. 北京：军事科学出版社，1989：275-277.

④ 休 · 戴维斯 · 格雷厄，特德 · 罗伯特 · 格尔. 美国暴力史的原因和防范全国委员会的报告［M］//特德 · 罗伯特 · 格尔. 国内冲突比较研究. 纽约：班坦图书公司，1969：572-682..

⑤ 张春曙. 大城市社会发展预警研究及应用初探［J］. 预测，1995（1）：47-51.

⑥ 宋林飞. 社会风险指标与社会波动机制［J］. 社会学研究，1995（6）：90-96.

指数、社会心理指数和外部环境指数六个方面组成的社会稳定指标体系①。

上海《社会稳定指标体系》课题组（2002）从社会稳定的一般状态指标、社会稳定的突变状态指标、社会稳定的解释性指标三个方面构建了上海社会稳定指标体系。其中，社会稳定一般状态指标包括社会痛苦指数、公共安全指数、精神卫生指数、社会紧张指数和利益保障指数；社会稳定突变状态指标包括社会冲突指数、社会腐败指数、社会分裂指数；社会稳定解释性指标包括经济总量指数、生活水平指数、贫富差距指数、社会保障指数、人口和家庭指数、社会参与指数、政治透明指数、社会间距指数与价值观念整合指数等②。原国家计委宏观经济研究院课题组（1999）提出了由客观指标与主观指标相结合的二元评价体系。客观指标包括社会冲突指数及社会问题指数。主观指标即指社会心理③。宋丽娜与 Appleton（2007）则将城市居民的生活满意度状况作为测度城市社会稳定状况的指标④。彭宗超等（2013）应用社会生态系统治理理论进行研究，认为治理影响社会生态系统中发生的社会行动的后果，进而影响社会生态系统的运行秩序。因此，他将治理因素也作为社会稳定的重要影响因素，并构建了由环境、心态、行为、治理四个一级指标、18 个二级指标构成的“中国社会稳定风险评估指标体系”⑤。另外，胡鞍钢等（2006）从社会紧张、社会脆弱和社会不安全三个维度提出并构建了社会转型风险指标体系⑥。陈光等（2014）基于社会结构视阈，构建了由城乡结构、阶层结构、人口结构、家庭结构、收入分配结构、消费结构、就业结构七个二级指标构成的社会预警指标体系⑦。

综上所述，以美国为代表的西方学术界在 20 世纪 50 年代末至 70 年代末，学术研究中的社会指标运动经历了兴起、发展到“衰落”的过程。西方社会

---

① 阎耀军. 社会稳定的计量及预警预控管理系统的构建［J］. 社会学研究，2004（3）：1-10.

② 上海《社会稳定指标体系》课题组. 上海社会稳定指标体系纲要［J］. 社会，2002（12）：8-11.

③ 国家计委宏观经济研究院课题组. 1998—1999：我国社会稳定状况跟踪分析［J］. 管理世界，1999（5）：169-178.

④ 宋丽娜，Simon Appleton. 对中国当前城市社会稳定性的实证研究［J］. 经济学（季刊），2007：1339-1358.

⑤ 彭宗超，曹峰，李贺楼，等. 社会生态系统治理视角下的中国社会稳定风险评估的理论框架与指标体系新探［J］. 公共管理评论，2013，15（2）：43-60.

⑥ 胡鞍钢，王磊. 社会转型风险的衡量方法与经验研究（1993—2004 年）［J］. 管理世界，2006（6）：46-56.

⑦ 陈光，谢星全. 社会结构视阈下社会预警指标体系的构建研究［J］. 广西社会科学，2014（11）：146-152.

指标研究的兴起是对当时特定历史阶段社会发展任务与需求的回应，而其“衰落”也同样是社会发展需求的转变所致。社会指标研究的“衰落”并非指相应指标研究的消亡，只是相对于20世纪60年代而言，学界对其的关注热度大幅下降。在公共行政管理领域，社会指标的研究与应用非但没有消亡，反而成为政府部门的例行任务①。

而包括中国在内的广大发展中国家，由于社会经济发展的阶段性差异，对各类社会指标的研究一直保持着较高的关注。尤其是在进入2000年之后，转型阶段的一系列社会问题的凸显更是引发了学界对于社会指标研究的不断深入。

相关研究中社会冲突指数或相近指数的内容构成如表2-1所示。

表2-1 相关研究中社会冲突指数或相近指数的内容构成

指标名称	级别	指标构成及解释
社会冲突指数②	三级	由聚众闹事、游行示威、请愿上访、宗教冲突、民族冲突、宗族械斗、暴民骚乱等数据予以测量
社会冲突指数③	三级	集体示威游行发生率、集体罢工（怠工）事件发生率、集体游行登记率
社会冲突指标④	一级	生活质量（恩格尔系数）、贫富差距（城乡可支配收入比、基尼系数等）、社会治安（每万人口刑事案件立案率、每万人口治安案件查处率等）以及环境资源（生物多样性保护、环境污染综合指数等）四个二级指标
社会安全指标⑤	一级	社会控制指标（社会核心价值认同度、对社会公共道德的评价值、每万人警力配备人数、每万人中的律师人数、上访增加率）和社会活力指标
群体性事件指标⑥	三级	群体性事件发生频率、群体性事件增长率、群体性事件增长速度、群体性事件成功预警率、群体性事件软调控平息比率

① 彭宗超，李贺楼. 社会指标运动源起、评价及启示［J］. 南京社会科学，2013（6）：63-70.

② 国家计委宏观经济研究课题组. 1998—1999：我国社会稳定状况跟踪分析［J］. 管理世界，1999（5）：169-178.

③ 上海《社会稳定指标体系》课题组. 上海社会稳定指标体系纲要［J］. 社会，2002（12）：8-11.

④ 欧阳泉华. 论和谐景区评价指标体系建设［J］. 人民论坛，2006（5）：45-47.

⑤ 陈远章. 社会风险预警指标体系及其实证研究［J］. 系统工程，2008，26（9）：122-126.

⑥ 杨智. 转型时期社会稳定指标体系与评价指数体系研究［J］. 法学评论，2014（3）：138-145.

表2-1(续)

指标名称	级别	指标构成及解释
公共安全突发事件指数①	二级	群体性事件、民族宗教事件、公共场所滋事事件、恐怖袭击、影响校园安全稳定事件、涉外事件
突发事件指数②	二级	突发事件出现频率、突发事件出现频率变动度、突发事件平均规模、突发事件平均规模变动度、突发事件涉及面、突发事件涉及面变动度、突发事件总数变动度、突发事件参与人数变动度

虽然近10年来，学界对于社会稳定与社会预警的研究已经形成了较为丰硕的成果，但总体来说，国内对此的“数字化”研究基本处于理论构建和评介层面，实用性、原创性不强，且主要是社会学研究、政治学领域研究，定量分析与实证研究不足③。同时在已有成果中，社会冲突往往作为社会预警或社会稳定指数的一个二级或三级指标，而并无单独的社会冲突预警指标体系的研究。且在已有相关指标中，虽然部分涉及社会冲突指数，但是在具体社会冲突指数的测量中较多地依赖政府部门的相关统计报告。客观数据的收集对于考察及评估社会整体稳定状况具有一定现实意义，但是由于从事件的发生到事件的统计最后到社会指标的运算具有较大的时间差，以致所得的结论只是一种冲突结果的数据分析，并不能提前对社会冲突进行干预式治理。这样的社会预警指标在宏观社会治理层面具有一定的理论指导意义，但是对于具体、微观的冲突事件往往缺乏现实价值。

第三节　文献评述及本书的切入点

虽然国内外学界对于旅游社区给予了较多的关注，并涌现出较为丰富的成果，这无疑为未来的研究提供了良好的基础，但同时，现有研究也存在诸多不足及问题，有待持续深入的研究。

---

① 魏永忠. 论我国城市社会安全指数的预警等级与指标体系［J］. 中国行政管理，2007(2)：89-94.

② 宋林飞. 中国社会风险预警系统的设计与运行［J］. 东南大学学报（社会科学版），1999，1(1)：69-76.

③ 杨智. 转型时期社会稳定指标体系与评价指数体系研究［J］. 法学评论，2014(3)：138-146.

一、文献评述及有待深入研究议题

（一）文献评述

通过对上述国内外相关研究文献的梳理，可以初步得出以下基本判断：

1. 旅游主体之间的利益冲突既是旅游发展影响的产物，也严重影响到旅游的健康发展

由于旅游经济的综合性和复杂性，在旅游资源开发的过程中牵涉的利益相关者主体众多，且相互之间均存在较强的利益关联。围绕旅游经济发展中对资源使用权的占有和旅游收益的索取，利益相关者之间的矛盾往往容易激化，并外显为激烈的利益冲突。各旅游主体之间的利益冲突既是旅游影响的产物，同时也严重影响和制约了旅游的健康发展。随着旅游资源开发的深入，各利益主体间的矛盾不仅严重影响到旅游经济的发展，还影响到旅游社区的社会稳定。

2. 对于旅游利益冲突的关注应是旅游社区治理的重要内容

在旅游管理向旅游治理转型的背景下，如何加强旅游社区的治理能力，提高旅游的治理水平，成为未来旅游研究的重要内容。

当前学者对于旅游冲突的关注，很大程度上是由于社区参与在发展中国家应用的困境与失败。作为公民参与的延伸与体现，社区参与的成功实施需要多方面的基础与保障，而在广大发展中国家，这一系列的基础条件往往较为欠缺。也正是社区参与在实践中所遭遇的困境与瓶颈，才导致了矛盾重重，并成为影响发展中国家旅游业可持续发展的重要因素。因此，推进广大发展中国家地区旅游的健康可持续发展，必须要关注并解决旅游发展中的利益冲突问题。

同时，由于学者的研究理论视角及方法等制约，现有研究成果也存在一定的不足。

1. 在研究对象上，当前对旅游冲突的研究较为笼统，缺乏深入分析和精细化研究

由于旅游经济发展中牵涉广泛的多利益相关者主体，各利益相关者之间的利益冲突倾向、影响等各不相同。现有的国内外研究成果，均并未对旅游冲突现象进行类型上的细分，而倾向于将旅游冲突作为单一同质化的研究对象予以关注。但正如前所述，不同利益相关者之间往往存在资源多寡的不同、权力大小的不同、涉入的程度不同等，不同利益主体之间在冲突过程中往往表现出较大的差异性。当前对旅游冲突缺乏基本的概念界定和类型划分，难以把握住旅游发展中的主要矛盾，以致“眉毛胡子一把抓”。从上述的文献中可以看出，部分成果关注的是主客之间的文化冲突，部分成果关注的是居民与地方政府间

的利益冲突等，由于研究对象的不明确，很大程度上限制了理论研究的对话，同时也不利于科学研究的纵向积累。

相对于其他领域的冲突，旅游冲突在具有普遍性的同时，还具有什么样的特殊性和自身特征？旅游冲突具有哪些类型？哪种类型的旅游冲突是需要重点关注和研究的？这些基础问题并未得到深入的探讨。

2. 在研究内容上，缺乏动态分析和事前预警研究

已有成果以静态分析为主，鲜有文献关注不同发展阶段的旅游冲突演化和比较研究。同时，对于典型案例的分析也往往集中于事后的理论分析，尚未见到有关事前预警的研究成果。旅游冲突具有一定的突发性，并严重影响旅游目的地的社会稳定和经济发展秩序，加强对旅游冲突的预警是旅游地冲突治理的重要手段和管理措施。遗憾的是已有成果并未涉及冲突预警方面的研究。

3. 在研究视角上，国内外成果均有待进一步拓展

从近年来国外的研究成果来看，在研究视角上虽然已不再局限于对冲突现象的深描，也不再是对社区居民单一利益者的感知研究，而是引入社会学中的冲突理论、框架理论等对冲突现象进行整体的关注与分析，初步呈现出跨学科的研究特征。但是这样的研究成果较少，且多基于某一特定案例而提出，缺乏多案例的比较研究。诸如采用公共利益人类学的研究范式等仍然停留在理论倡导层面，尚未见到相关实证研究成果。在国内的研究中以利益相关者理论居多，研究理论视角较为单一，且实证研究较少。

4. 在研究方法上，国内外均以质性研究为主

在研究方法方面，国外研究以质性研究、案例研究为主，鲜有定量研究成果。而在国内成果中则主要偏重于定性的规范分析，虽然有少数的文献采用了数理统计，但主要还是停留于现象的描述，由此导致国内重复性研究较多，科学化水平较低，严重阻碍学科理论的发展与创新。

正如 Yang 等所述，旅游冲突是一个有待深入、系统研究的领域①。虽然国内外部分学者已经拥有了一定的起步，但是理论研究远远滞后于旅游发展的实践需求。

（二）有待深入研究的问题

在社会发展的进程中，冲突是一种客观的社会现象，特别是当一个社会处于转型时期，冲突就更加不可避免②。随着我国旅游业的深入发展，旅游冲突

---

① JINGJING YANG，CHRIS RYAN，LINGYUN ZHANG. Social conflict in communities impacted by tourism [J]. Tourism management，2013 (35)：82-93.

② 张康之. 在政府的道德化中防止社会冲突 [J]. 中国人民大学学报，2002 (1)：81.

日趋复杂化和常态化。冲突既可能推动旅游地社会变革与发展，也可能演化为社会危机，从而威胁旅游地的经济发展与社会稳定。关键在于如何认识冲突的性质，并采取相应的措施。在传统的思维下，简单地压制部分利益主体的发展诉求并不能有效化解冲突。因此，如何理性认识旅游利益冲突；如何在旅游地的发展中协调各方的发展诉求；如何加强旅游冲突的治理，提升政府部门的冲突治理能力；这些成为我国未来旅游冲突研究亟待解决的问题。基于此，本书认为，未来针对旅游冲突的研究可以着重从以下几个方面展开：

1. 加强旅游冲突预警机制研究

冲突功能学派的代表人物刘易斯·科塞在其《社会冲突的功能》一书中认为，当冲突的核心内容不涉及基本价值观念和意识形态时，冲突作为“社会安全阀”具有多重积极功能①。即冲突在一定的临界值之下，能够作为“社会安全阀”积极推进社会发展与变革，维护社会系统稳定，反之则会严重威胁社会稳定。然而，如何避免冲突演变为社会危机？如何加强对旅游冲突的预警？这些是未来研究的首要任务。这就需要通过完善社会预警机制，在冲突事态扩大之前予以妥善解决，真正起到预防的作用②。从而充分发挥冲突的正向功能，推动旅游地的变革，降低其对旅游目的地的负面破坏作用。

2. 注重对多个不同案例地冲突的比较分析，从中探寻旅游地冲突的一般性规律

现有国内外研究成果往往运用单一的案例分析，使其研究结论缺乏普遍性与代表性。今后的研究应在现有成果的基础上，注重理论与实践的结合，尝试对多个不同案例地的比较分析，从中探索旅游地冲突的一般性规律，从而为冲突的治理提供更为普适性的对策建议。

3. 加强对旅游地冲突的持续跟踪考察

旅游地冲突主体之间的力量关系是不断变化的，在旅游地的不同发展阶段，利益主体的力量对比悬殊，发展诉求也各不相同，冲突的表现形式、内容、特征等亦不相同。因此，在旅游地的不同发展阶段，其冲突的发展演化是否具有一般性客观规律？这仍然有待于持续的观察。

冲突与矛盾作为旅游发展进程中伴随的普遍社会现象，在社会转型的宏观背景之下，表现得尤为突出。旅游地的利益冲突无论是冲突主体、冲突成因，还是在表现形式上都更加复杂。基于此，加强旅游地的冲突研究，不仅能扩大

---

① 科塞. 社会冲突的功能［J］. 孙立平，等译. 北京：华夏出版社，1989.

② 杨淑琴. 转型时期中国社会冲突问题研究［J］. 理论探讨，2010（4）：164-166.

社会冲突的研究领域，丰富旅游研究思路，而且有助于旅游发展中现实问题的解决，推动我国旅游业的健康可持续发展。

二、本书的切入点及研究问题的提出

没有一个最低限度的社会政治秩序，正常的经济活动就很难进行①。现代旅游业的发展尤其如此。然而，在中国宏观社会经济转型和微观旅游目的地社区转型的双重叠加背景之下，决定了目的地的利益冲突和利益矛盾的产生又不可避免。基于此，科学合理地认识旅游目的地的冲突程度，将目的地的社会秩序控制在一个总体稳定的状态则尤为必要。

黄宗智（2016）在探讨中西方学术问题研究时，指出要真正将西方去中心化、真正把中国中心化，我们的问题意识需要从中国的实际问题出发，而不是从西方的理论建构出发；否则，中国的研究将永远只是一个西方政治和思想的附属品，且不可避免地会出现论点与经验证据之间的脱节和背离②。旅游利益冲突是包括我国在内的发展中国家和地区所普遍面临的现实问题，这也是在转型期制约我国旅游经济可持续发展的最大障碍因素之一。因此，关注旅游领域的利益冲突问题，是我国旅游研究本土化的重要方面，同时对旅游冲突的形成机制和治理机制的分析，不仅有助于为我国旅游经济发展实践提供理论指导，而且对于世界广大发展中国家和地区的旅游冲突治理同样具有重要借鉴意义。

综上，基于已有的理论研究成果的不足和我国旅游发展实践的现实需要，本书将旅游冲突的预警作为研究的切入点。在这一研究切入点之下，本书致力于回答以下问题：

一是，与其他冲突现象相比，旅游利益冲突是否具有其自身特征？

二是，在纷繁复杂的旅游冲突现象中，有哪些冲突类型？哪种旅游冲突现象应成为学术研究关注的重点？

三是，如何认识和理解当前旅游发展实践中的冲突现象？如何解释旅游社区冲突的产生？

四是，在旅游地预防管理中，如何对潜在的利益主体间的冲突关系进行科学预警评估及测量？

五是，在旅游利益冲突中，作为冲突行为发起方的社区居民，其冲突意愿的形成机制是怎么样的？受到哪些因素影响？

---

① 郑永年. 国际发展格局中的中国模式［J］. 中国社会科学，2009（5）：20-29.

② 黄宗智. 对中西方问题研究必须放弃非此即彼的二元对立框架［J］. 理论建设，2016（1）：142-144.

第三章　基础理论及概念界定

概念是研究的基础。但由于旅游冲突的相关理论研究相对较为滞后，而已有文献在概念使用上经常出现不同概念混用的状况。因此，本章先对与社会冲突概念相近的几组概念进行内涵的辨析，指出各组概念之间的区别和联系，厘清概念之间的逻辑关系。同时对本书对所应用到的基础理论作一简述。

第一节　基础理论

一、利益相关者理论

（一）理论概述

利益相关者理论是管理学中的重要理论。利益相关者（stakeholder）这一概念早期由斯坦福研究中心（Stanford Research Institute）的研究人员在1963年的内部备忘录提出，其基本内涵为“没有他们的支持，组织就无法存在的群体”①。但在此之前，“利益相关者”的思想雏形早已存在。有文献显示，Merrian-Webster Collegiate 于1708年收录了“利益相关者（stakeholder）”词条，是最早记载这一概念的工具书（Bryson，2004）②。20世纪70年代后，随着学界对于“利益相关者理论”研究的深入，对于利益相关者概念的界定日益多样化。虽然历经数十年的发展，但并无统一的利益相关者概念，有关这一概念的定义达到数十种之多。

利益相关者理论在20世纪60年代开始兴起，离不开其独特的时代背景。20世纪60年代末70年代初，欧美的企业发展遭遇到多方面的现实问题，诸如

---

① THOMAS CLARKE. The stakeholder corporation：a business philosophy for the information age [J]. Long range planning，1998，31（2）：182-194.

② JOHN M BRYSON. What to do when stakeholders matter：a guide to stakeholder identification and analysis techniques [J]. Public management review，2004，6（1）：21-53.

更为严格的环境管理、社会对企业社会责任的关注等，以致“股东至上理论（shareholder primacy theory）”面临严峻挑战，迫使企业组织在经营管理中重新审视利益相关者的利益需求。正如利益相关者重要奠基者弗里曼在其《战略管理——利益相关者方法》一书中所述，在动荡的时代，企业组织面临包括所有者、雇员、供应商、消费者等在内的内部变化，以及包含政府、竞争者、消费者利益鼓吹者、环保主义者、特殊利益集团等在内的外部变化，因而在企业战略管理中有必要引入“利益相关者”这一概念，重新审视并理解内外环境，最终解除由于内外变化对企业组织带来的不确定风险，进而确保组织管理和组织战略的有效性①。特殊的时代背景下，企业的外部环境发生了显著变化，从而为利益相关者理论的兴起与发展提供了孕育的土壤。

较为早期的利益相关者理论研究主要关注概念的基本内涵及利益相关者的界定、识别、分类等基础研究，多以规范分析为主。虽然在企业股东之外存在较多的利益相关者，但是利益相关者并非高度同质化群体。由于不同利益相关者对于企业组织决策的影响程度及被企业活动影响的程度各不相同，因此，对利益相关者的分类研究成为20世纪90年代的重要研究内容。

一般将利益相关者分为两类：一是基于研究者自上而下对现象进行观察并加以分析的“分析式分类”，如Mendelow（1991）提出的权力—利益矩阵（power interest matrix）②，以及Sautter（1999）借助市场营销中基于过程的关系取向战略和基于结果的交易取向战略所构建的分类矩阵③等。二是基于利益相关者自己确定分类思路的自下而上的“建构式分类”，如Dale与Lane④的分类以及Hale⑤等人的卡片分类法（card-sorting）等。同时，随着理论研究成果的不断丰富，利益相关者理论逐步成为现代西方企业战略管理的重要工具。

进入2000年后，学者对于利益相关者的研究视角不断丰富，同时在研究内容上更加注重对利益相关者相互之间关系的分析和管理，试图找到减少冲突，增进合作的理论框架。Friedman（2002）认为利益相关者理论产生发展的

---

① 弗里曼. 战略管理：利益相关者方法［M］. 王彦华，梁豪，译. 上海：上海译文出版社，2006：8-27.

② MENDELOW A L. Environmental Scanning: the Impact of the Stakeholder concept in Proceedings From the Second International Conference on Information Systems [C]. Cambridge, MA, 1991.

③ ELISE TRULY SAUTTER, BRIGIT LEISEN. Managing stakeholders: a tourism planning model [J]. Annals of Tourism Research, 1999, 26 (2): 312-328.

④ DALE A P, LANE M B. Strategic perspectives analysis: a procedure for participatory and political social impact assessmen [J]. Society & natural resources, 1994, 7 (3): 253-267.

⑤ HARE M, PAHL WOSTL C. Stakeholder categorisation in participatory integrated assessment processes [J]. Integrated assessment, 2002, 3 (1): 50-62.

重要原因在于不同主体对于资源及利益分配的争夺，因此关注企业组织与利益相关者之间的冲突协调，成为发展并丰富利益相关者理论的重要途径①。而Hart 等（2004）也认为边缘利益相关者对企业组织战略的影响不可忽视，矛盾的激化势必会严重影响到企业的健康发展②。

总体而言，依据研究关注的重点不同，大致可以将利益相关者理论的研究分为三个阶段，即利益相关者影响阶段、利益相关者参与阶段、利益相关者共同治理阶段，如表 3-1 所示③。每一个阶段都是对前一阶段的超越，同时，利益相关者理论发展的过程也是利益相关者不断被赋权和权力地位提升的过程，利益相关者也从被管理的对象提高至与股东同等地位的治理主体，并平等分享企业组织内部的决策权和控制权等。

表 3-1　利益相关者理论发展的三个阶段

时期	发展阶段	代表性观点	发展背景与基础	理论特征及贡献
起始于 20 世纪 60 年代初期	从“股东至上主义”迈向“利益相关者影响”	首次提出并界定“利益相关者”概念（SRI，1963）	“动荡时代”的“外部变化导致不确定性”及内部变化的出现，而“现有的理论不能再给我们合理的答案”（Freeman，1984）	利益相关者问题被作为外部环境因素加以考虑和处理；对股东至上观念形成冲击
起始于 20 世纪 70 年代中期	从“利益相关者影响”迈向“利益相关者参与”	“变化已经表明我们今天正从利益相关者影响迈向利益相关者参与”（Dill，1975）	参与式民主理论与实践的兴起（Carole Pateman，1970）；以劳动管理型企业理论”为基础的“员工治理观”的兴起（Vanek et al.，1970）	利益相关者被引入组织决策与管理过程；对股权至上的决策与控制产生影响

① FRIEDMAN A L，MILES S. Developing stakeholder theory［J］. Journal of mangement studies，2002，39（1）：1-21.

② HART S L，SHARMA S. Engaging fringe stakeholders for competitive imagination［J］. Academy of mangement executive，2004，18（1）：7-18.

③ 王身余. 从“影响”“参与”到共同治理：利益相关者理论发展的历史跨越及其启示［J］. 湘潭大学学报（哲学社会科学版），2008，32（5）：28-35.

表3-1(续)

时期	发展阶段	代表性观点	发展背景与基础	理论特征及贡献
起始于20世纪90年代初期	从“利益相关者参与”迈向“利益相关者共同治理”	所有的利益相关者都应该参与公司治理”（Blair et al.，1995）	人力资本的兴起；具有广泛分权特征的“多元社会”的出现（Carroll et al.，2003）	利益相关者权益与股东权益受到同等对待；利益相关者作为平等主体与股东共同对公司实施治理，分享组织决策权与控制权

资料来源：王身余. 从“影响”“参与”到“共同治理”：利益相关者理论发展的历史跨越及其启示［J］. 湘潭大学学报（哲学社会科学版），2008，32（6）：28-35，有删改。

然而，也有学者指出，在公司治理的结构框架下，以“利益相关者全体”为基础的治理结构和机制在避免了股东治理理论局限的同时，也带来了控制权分散、组织决策及管理效率低下等问题①。针对于此，有学者提出了关键利益相关者治理的观点，即对股东至上的治理模式与利益相关者治理模式进行整合，对利益相关者进行筛选，仅保留关键利益相关者分享组织的决策控制权力，如提供关键性资源的利益相关者参与企业控制权的配置②。但有关这一理论的观点尚处在初步研究中，如何界定关键性资源（关键利益相关者）成为理论研究和管理实践的重要难点。

从上可以看出，利益相关者理论的发展是与一定的时代背景及社会发展潮流紧密结合。虽然利益相关者理论自创立以来，便不断受到各个方面的批判，但理论本身却在批判声中得到不断发展和壮大。不仅如此，利益相关者从一种理论演变为一种思想，在社会生活中的众多领域流行开来，并衍生出“利益相关者民主（stakeholder democracy）”③、“利益相关者经济（stakeholder economy）”④、“利益相关者社会（stakeholder society）”⑤ 等。

① O'CONNER，MARLEEN A. The Human capital era：reconceptualizing corporate law to facilitate labor-management coperation［J］. Cornell law review，2003，78：899-965.

② 王辉. 企业利益相关者治理研究：从资本结构到资源结构［M］. 北京：高等教育出版社，2005.

③ TURNBULL，S. STAKEHOLDER. Democracy：redesigning the governance of firms and bureaucracies［J］. The journal of socio-economics，1994，23（3）：321-360.

④ FROUD J，HASLAM C，JOHAL S，et al. Stakeholder economy? From utility privatisation to new labour［J］. Capital & class，1996，20（3）：119-134.

⑤ BRUCE ACKERMAN，ANNE ALSTOTT. The stakeholder society［M］. New Haven：Yale University Press，2000.

利益相关者理论在我国旅游领域研究中具有较为广泛的应用。张伟、吴必虎（2002）是较早将利益相关者理论引入我国旅游领域的学者。吴必虎在乐山市旅游发展战略规划中应用了利益相关者理论，对政府部门、企业、社区居民、开发商等相关群体进行了较为深入的分析①。同时，保继刚在《桂林市旅游发展总体规划（2001—2020）》中也较早地应用利益相关者理论于规划实践中，对相关群体的感知水平和利益表达进行了分析。此后，程励（2006）②和宋瑞（2005）③将利益相关者理论引入生态旅游领域的研究中，并基于生态旅游可持续发展的目标，尝试对生态旅游中利益相关者的角色关系调整提出合理化的对策建议。

（二）理论启示

通过对利益相关者理论的梳理，本书的研究主要得到了以下两点理论启示：

一是利益相关者理论虽然是一个尚在发展中的理论体系，但作为理论分析的工具，有助于帮助我们认识旅游社区冲突背后的利益主体的行动逻辑，并为旅游目的地的善治提供很好的理论视角。旅游社区冲突本身即利益相关者之间的冲突，而冲突的治理实则是对不同利益相关者之间利益诉求进行协调和平衡的过程。虽然利益相关者理论尚在不断的发展之中，理论体系不尽完善，但是本书本着实用主义的考虑，将其作为理论工具用于旅游社区冲突的形成机制分析中，有助于透过冲突表象理解现象背后的深层次行动逻辑，并在冲突治理路径中也为我们提供新的思考方向。

二是组织机构在管理决策制定中必须充分考虑相关利益主体可能产生的影响。旅游目的地具有开放性，利益相关者众多，且各利益相关者之间相互影响、相互制约。这就要求在旅游目的地管理决策中，必须慎重考虑及评估每一项决策对相关利益主体可能带来的影响，尤其是规模庞大的社区居民。这同时也要求，在旅游目的地及旅游社区治理中，有必要建立社区居民的意见表达渠道，将社区居民等关键利益相关者纳入管理决策体系中，分享组织机构的决策权力。

---

① 张伟，吴必虎. 利益主体（Stakeholder）理论在区域旅游规划中的应用：以四川省乐山市为例［J］. 旅游学刊，2002，17（4）：63-68.

② 程励. 生态旅游脆弱区利益相关者和谐发展研究［D］. 成都：电子科技大学，2006.

③ 宋瑞. 我国生态旅游利益相关者分析［J］. 中国人口·资源与环境，2005，15（1）：36-41.

二、态度—行为理论

（一）理论概述

态度是社会心理学和组织行为学研究领域的重点和热点。如组织行为学的研究就认为：社会个体的态度与其行为之间往往具有紧密的关系①。有关态度的定义有数十种之多，但在社会心理学领域，对于态度的经典定义是 Allport（1935）的定义，他认为“态度是根据经验而组织起来的一种心理和神经的准备状态，它对个人的反应具有指导性的影响。”② 而费里德曼（1984）有关态度的定义是被采用较多的，他认为“态度对任何给定的客观对象、思想或人，都是具有认知的成分、表达情感的成分和行为倾向的持久系统。”③

有关态度与行为之间的关系，是社会心理学研究的重要内容。纵向来看，关于态度与行为的关系研究，大致经历了态度直接影响行为，态度与行为之间不相关或弱相关，态度与行为综合影响的正、反、合三个阶段④。总体而言，现有的研究已经表明态度与行为之间存在一种交互影响的关系。因此，对于居民个体的态度予以关注，可以有效地对其行为进行预测，进而为旅游社区的管理提供有益借鉴。

传统的态度—行为理论模型主要有两种。一是基于弗里德曼关于态度定义的认知（cognition）—情感（affect）—行为（behavior）模型，简称 ABC 模型。其中，认知是态度形成的基础，也是个体对于感知事物的主观评价；情感是个体对于感知事物的一种情绪；行为一般是指在态度影响下的一种意向行为，是个体基于某种态度可能会实施的行为（Fazio et al.，1982；Feather，1988）。简言之，态度是行为的内在基础，行为是态度的外在表达，态度与行为之间具有较为一致的关系。二是 Fishbein 以 Dulany 的理论为基础提出的态度（attitude）—中介（medium）—行为（behavior）模型，该理论模型的不同之处是，其认为行为意向虽然受到态度的影响，但并非态度的组成部分。在态度与行为之间还存在着其他中介变量因素的影响。该理论模型又可细分为理性行为理论（Theory of Reasoned Action，TRA）和计划行为理论（Theory of Planed

---

① 纳尔逊，奎克. 组织行为学：基础、现实与挑战［M］. 桑强，等译. 北京：中信出版社，2004：162-163.

② GORDON W ALLPORT. Handbook of Social Psychology［M］. Worcester：Clark University Press，1935.

③ 费里德曼，等. 社会心理学［M］. 高地，译. 哈尔滨：黑龙江人民出版社，1984：321.

④ 周晓虹. 现代社会心理学［M］. 南京：江苏人民出版社，1997：232.

Behavior, TPB)。理性行为理论认为态度通过行为意图影响行为（Fishbein, 1975; Ajzen, 1988），而计划行为理论认为在行为意图之前还存在着其他的行为控制变量（Conner et al., 2002; Wallace et al., 2005; Payne et al., 2008）。

随着研究的持续深入，态度—行为理论也得到不断的丰富和发展。至 20 世纪 90 年代中期，美国心理学家提出了内隐态度（implicit attitudes）的概念，更加强调个体深层次态度积淀的影响①。在此基础上，Wilson 等（2000）提出了双重态度模型理论（dual attitudes model）②。

在旅游领域的研究中，态度—行为理论较早地被引入旅游社区居民和旅游消费者的研究中。如 Ap（1993）应用态度—行为理论研究了海滨度假地社区居民的旅游态度③。Barbara（2000）则对节庆旅游活动中的当地居民态度与行为进行了研究④。在国内的旅游文献中，态度—行为理论被较多地引入旅游者的环境责任研究以及旅游节庆研究等领域中。

（二）理论启示

态度—行为理论是社会心理学中研究较为成熟的理论，且在实证中已被多次检验和发展，近年来其在旅游领域也得到了较多的应用。将态度—行为理论引入社区旅游研究中，有助于更为深刻地了解社区居民对于旅游影响等的相关感知和态度。

旅游社区内部的利益冲突行为是在某种负面感知和态度影响下作用的产物。因此，尽早地掌握社区居民的负面感知态度，有助于更好地启动旅游社区利益冲突的预警管理工作，从而将社会矛盾和利益冲突化解在最初阶段。因此，应用态度—行为理论关注旅游社区居民的负面影响感知和冲突意愿，一定程度上可以预测其冲突行为，达到冲突预警的治理目标。

考虑到本书应用态度—行为理论的目的主要在于探索旅游社区居民的潜在冲突意愿，进而为冲突预警提供借鉴。因此，本文选择采用认知—情感—行为的态度—行为理论模型。

---

① Greenwald A G, Banaji M R. Implicit social cognition: attitudes, self-esteem, and stereotypes [J]. Psychological review, 1995, 102 (1): 4-27.

② WILSON T D, LINDSEY S, SCHOOLER T Y. A model of dual attitudes [J]. Psychological review, 2000, 107 (1): 101-126.

③ AP J, CROMPTON J. Resident strategies for responding to tourism impacts [J]. Journal of travel research, 1993, 32 (1): 47-50.

④ BARBARA A CARMICHAEL. A matrix model for resident attitudesand behaviors in a rapidly changing tourist area [J]. Tourism management, 2000 (21): 601-611.

三、冲突理论

社会冲突理论是以有关冲突产生的原因解释、冲突的发展演进以及冲突治理策略等为主要内容的相关理论研究。社会冲突理论是社会学理论中的重要组成内容，自产生至今经过百余年的发展，已形成较为成熟的理论体系，并成为分析社会冲突现象、促进社会整合的重要指导工具。

（一）社会冲突理论的兴起

社会学中的冲突理论发端于马克思，但它在20世纪中期的发展则归功于韦伯和齐美尔。早期的冲突理论主要关注诸如阶级斗争之类的宏观层面社会冲突。

针对社会冲突的根源，马克思认为，“一切历史冲突都根源于生产力和交往形式之间的矛盾”①。即生产力与生产关系的矛盾是冲突的根源，只有不断变革生产关系，适应社会生产力发展的需要，才能缓和社会冲突。同时，马克思认为阶级冲突与阶级斗争是推动社会生产关系不断发展的动力，这也是社会冲突的正向功能与积极意义所在。

韦伯认同马克思的观点，即冲突是社会发展进程中不可避免的社会现象。但韦伯并不认为社会冲突的发生是必然的。韦伯认为，将合法性从传统中撤除是社会冲突产生的关键条件。而被统治阶级拒绝接受统治者的合法性，主要有三个条件：一是社会的权利、财富等与政治地位、经济地位密切相关；二是社会两极分化严重，社会特权、社会财富等仅为极少部分统治阶层掌握；三是社会缺乏流动性，尤其是缺乏向上流动的机会。由此使得被排斥在社会财富、权力之外的大部分群体产生不满，并拒绝接受社会体系的传统权威。在此条件下，如果出现魅力型领袖，并将社会多数人的不满情绪动员起来，社会冲突便可能发生。

齐美尔重点阐释了社会冲突的正向功能，包括使群体边界清晰、加强冲突派别内部的社会团结、释放社会压力，从而提高社会系统的稳定性等。齐美尔的有关社会冲突理论观点，直接孕育了科塞的社会冲突功能论。

马克思、韦伯、齐美尔等人早期的社会冲突思想确立了社会冲突理论的萌芽。但冲突理论的系统发展则在第二次世界大战以后。至20世纪60年代，美国社会运动风起云涌，强调社会成员共同持有价值取向和社会稳定的结构功能

---

① 马克思，恩格斯．德意志意识形态［M］．中共中央马克思恩格斯列宁斯大林著作编译局，译．北京：人民出版社，2003.

主义理论深受现实社会的挑战，而社会冲突理论转而成为解释社会现象的有力工具，并得到了快速传播与发展，其中尤其以科塞、柯林斯、达伦多夫等的理论为代表。

（二）近现代西方社会冲突理论的主要代表及思想

科塞在齐美尔的社会冲突学说理论的基础之上，重点对社会冲突的正向功能进行了发展和完善。他在《社会冲突的功能》一书中，将冲突看作是有关价值对稀有地位的要求、权力和资源的斗争。他认为：组织的形式是两种类型（冲突与合作）变化过程的结果……冲突及合作都具有社会功能，绝不是说反功能必要，而是说一定程度的冲突是群体形成和群体生活持续的基本要素①。

总体而言，科塞所论述的社会冲突正向功能主要可以归结为社会安全阀、社会整合器以及社会激发器三个方面。所谓社会安全阀功能，即社会冲突的产生为具有敌对关系的利益主体之间的紧张情绪释放提供了契机，从而一定程度上避免了社会不满情绪的长期累积所可能带来的对社会系统的强烈破坏力量。即正是冲突的产生为社会系统的整体稳定提供了更好的维护，实现了“安全阀”功能。社会整合器功能主要表现在，在冲突过程中，为维护自身利益，增强自身行为的合法性，冲突双方会进一步学习本已存在的社会规范和规则。冲突的过程也是学习受教育的过程，无形之中强化了对冲突利益主体的社会整合。而社会激发器功能，则主要在于冲突的结果有助于社会重新认识或反省社会规范，并对其进行修正和完善。社会冲突甚至会激发新规则的产生，从而建立一个新的社会系统平衡机制，推进社会持续发展，避免社会系统的僵化。

柯林斯是综合冲突理论研究的代表学者。柯林斯认为，社会分层与社会冲突是构成社会生活的中心过程，而宏观的社会现象从根本上而言是由众多的个人之间的微观际遇所构成的，微观现象是基础。因此，他从微观情境分析入手，建立了一个集微观和宏观过程于一体、以微观过程解释宏观过程的独具特色的社会冲突理论②。在《冲突社会学》中，柯林斯对日常交往、家庭、组织、国家等不同结构层次的分层与社会冲突进行了解释③。

达伦多夫认为社会冲突与社会变迁是每个社会都普遍存在的现象。达伦多夫认为，从“准群体”（quasi groups）发展为“利益群体”（interest groups）是统治与被统治双方产生社会冲突的现实基础。但在不同的社会条件下，利益

① L. A. 科塞. 社会冲突的功能［M］. 孙立平，等译. 北京：华夏出版社，1989.

② 谢立中. 西方社会学名著提要［M］. 南昌：江西人民出版社，1998.

③ RANDALL COLLINS. Conflict sociology：toward an explanatory science ［M］. New York：Academic，1975.

群体之间的社会冲突又是各不相同的。为此，他将“冲突强度”（the intensity of conflict）和“冲突烈度”（the violence of conflict）作为社会冲突的两个重要方面加以分析。

达伦多夫同样认为虽然社会冲突是不可避免的，但是冲突可以被调节。冲突的调节主要控制冲突的烈度水平，即通过协商、调停和仲裁等手段规范冲突的表现方式，从而降低冲突斗争可能对社会稳定和社会系统的破坏性影响，使冲突对社会的积极变迁发挥更大的正向功能。

以科塞、柯林斯、达伦多夫等为代表的一批学者发展了冲突理论研究，奠定了社会冲突理论在社会学科中的地位，使社会冲突理论研究逐步由经验研究走向科学化、规范化，并为其他相关学科中的社会冲突研究提供了有力的理论支撑和指导。

总体而言，虽然社会冲突是经济学、管理学、社会学、政治学等多学科共同关注的焦点，但是由于研究视角的不同，关注的社会冲突现象也具有较大的差异。一般而言，对于社会冲突现象的关注主要存在于两个方面：一是宏观层面的社会冲突；二是微观层面的社会冲突①。但也有学者指出，对于包括中国在内的转型国家来说，更值得关注的是介于国家层面和个体层面之间的中间层面社会冲突，这种冲突带有明显的“群体性”特征②。

（三）理论启示

上述对西方社会冲突理论学说的简要介绍，可为本书研究提供重要理论启示和借鉴。

首先，社会冲突的功能影响是多方面的。以科塞为代表的冲突功能学派，已经较为深入地分析了社会冲突的功能。虽然社会冲突的负面功能已经广为人知，但是对于正面功能的认识仍然有待深入。尤其是在我国转型发展的阶段下，各地基层政府部门对于冲突的全面认识更是密切关系到冲突的治理与发展走向。从功能学派的理论中可以看出，社会冲突对社会秩序维护具有重要的积极功能。正是不同利益群体之间的冲突才推动了社会的发展与进步。这也是社会学家库利所言“在某种意义上，冲突是社会的生命之所在”的深刻内涵。

其次，社会冲突是类型多样的，不同类型的社会冲突在目标诉求、冲突手段、冲突强烈程度、冲突影响等各方面均不相同。虽然所有的社会冲突均表现

---

① 郭凌，王志章．新制度经济学视角下旅游目的地社会冲突治理研究［J］．旅游学刊，2016，31（7）：32-42.

② 梁枫，任荣明．基于家庭阶层流动的社会冲突影响因素研究［J］．上海交通大学学报（哲学社会科学版），2017，25（1）：96-105.

为较为激烈的斗争，部分甚至存在暴力的涉入，但是对于社会冲突类型进行划分仍然具有重要意义。只有依据目的诉求、手段等将社会冲突划分为不同类型，才能更深入认识社会冲突现象，进而才能更好地为社会冲突治理的路径选择提供更具针对性的建议。

最后，对社会冲突治理的最终之道是将其纳入制度化的轨道之内。对社会冲突的治理路径是多元的，但最为根本的则是将冲突纳入制度化的轨道之内，而这也是我国当前社会转型发展中需要重点解决的问题。任何社会都存在冲突，对冲突的解决不可能消除各主体之间的利益分歧和主观偏见，也不可能通过强有力的武力对冲突进行抑制，重要的是如何将社会冲突控制在一个社会能够接受的较为适当的水平之内。而每当冲突发生时，也都能依据相关的法律法规对冲突进行制度化的调节，提高社会的柔韧性，这也是和谐社会建设的根本要义。

四、治理理论

治理（governance）是当今学界最为重要的前沿理论之一。20 世纪 60 年代，“corporate governance”一词被使用，并且公司治理在 20 世纪 80 年代后成为企业管理研究的重要内容，而在此之前 governance 主要与教育机构管理、城市管理相关。至 20 世纪 80 年代末，世界银行在概括当时非洲混乱的情形时，首次使用了“治理危机”（crisis in governance）一词①。1992 年世界银行发布的报告《治理与发展》中提出了“善治（good governance）”②。借助于世界银行的极力推广，“治理”便被广泛用于公共管理领域研究中，并在全球范围内掀起了一股治理研究的热潮。

世界各国在政治及社会公共管理等领域的治理实践及理论研究，不仅丰富了治理理论的框架结构，还逐渐形成了一套评估社会发展与治理水平的标准。如今，治理理论（governance theory）已经成为管理学、经济学、政治学、社会学等多个学科领域广泛使用的热点理论。

（一）治理理论的兴起背景

治理理论在 20 世纪末期得以兴起和快速发展，具有深刻的时代背景。

首先，全球化使人类面临众多共同的挑战，全球问题需要多方力量参与的全球治理。20 世纪后半叶，随着跨国公司的兴起与发展，世界各国的社会经

---

① World Bank. Sub-Saharan Africa: from crisis to growth: a long-term perspective study [R]. Washington, D. C.: World Bank, 1989.

② World Bank. Governance and development [R]. Washington, D. C.: World Bank, 1992.

济联系日益紧密，全球化进程加速。而在全球化发展的同时，也出现了环境问题、能源危机、气候变暖、生态失衡、恐怖袭击等全球性问题。全球问题的解决超越了任何一个主权国家的能力和范围，也不止于主权国家之间的国际合作，还需要众多国际组织、无主权组织、非政府组织（NGO）、学术共同体等的介入。因此，全球化将各民族国家的命运前所未有地联结在一起，只有依靠全球治理，才能有效解决人类所面临的许多全球性问题，建立真正的全球秩序①。

其次，无论是政府还是市场，都难以通过单方面的作用推进社会的可持续发展。治理问题之所以在20世纪末以来日益受到世界各国的普遍重视，深刻的原因在于政府体制和市场体制的局限性在若干领域中的失效②。20世纪初的大萧条使西方社会认识到完全自由主义的市场作用并非万能的。一方面，市场机制无法对社会资源进行最优化的资源配置，同时，对于经济之外的非经济因素，市场机制同样无法解决，市场失灵为政府干预创造了空间；另一方面，政府作为社会公共利益的代言人，在政府职能的实现过程中，政府官员则是理性的经济人个体，同样会导致官僚主义、腐败、政府职能的扩张等政府失灵问题。因此，无论是政府、市场还是社会，都不是万能的，只有三者之间的相互合作和相互平衡，才能更好地维护社会秩序，实现社会持续发展。

最后，西方公民社会的兴起为治理的发展提供了社会土壤。第二次世界大战之后，西方社会经济的发展带来了中产阶层的不断壮大。20世纪中后期，一方面，主权国家的职能发生了重要转变：建立有限政府、实现政府职能社会化、构筑与国内产业相互衔接的对外开放平台、参与区域经济大市场等成为政府改革的重要目标③，从而将大量的公共管理职能转移至各类社会组织；另一方面，自20世纪70年代中后期，特别是1989年以来，以NGO为核心的公民社会在世界范围内获得了快速发展，在以国家、公民社会和市场为核心主体构成的治理体系中发挥着越来越重要的作用④。

综上可以看出，治理理论的兴起总体上体现了这样一个事实，即国家既不再垄断专家技术，也不再独占统治所必需的经济或制度资源⑤，政府的职能正

---

① 俞可平．全球治理的趋势及我国的战略选择［J］．国外理论动态，2012（10）：7-10.

② 俞可平．中国治理评估框架［J］．经济社会体制比较，2008（6）：1-9.

③ 朱虹．全球公民社会理论与全球治理［J］．理论视野，2008（8）：67-70.

④ 周俊．全球公民社会在治理结构中的作用及其限度［J］．马克思主义与现实，2008（1）：94-100.

⑤ JON PIERRE，GUY PETER. What is governance［M］. New York：Macmillan Press，2000：68.

从“全能型”向“有限型”转变。治理的兴起一方面是对国家和市场批判的逻辑反应；另一方面，也是社会组织力量不断成长壮大的必然结果①。

（二）治理与统治

从历史上看，“治理”与“统治”原本是混用的近义词。但在20世纪80年代后，由于西方传统公共机构与福利国家无力解决公共服务供给中的诸多问题，治理改革应运而生②。并在“新公共管理运动”之中，治理一词的概念内涵得以不断丰富充实，从而显著不同于“统治”一词。

全球治理委员会将治理界定为：各种公共的或私人的个人和机构管理其共同事务的诸多方式的总和，它是使相互冲突的或不同的利益得以调和并采取联合行动的持续过程③。根据全球治理委员会的界定，治理有四大特征，分别是：它不是一整套规则，也不是一种活动，而是一个过程；治理过程的基础不是控制，而是协调；治理既涉及公共部门，也包括私立部门；治理不是一种正式的制度，而是一种持续的活动④。

治理与统治从词面上看似乎差异不大，但两者的实际内涵却存在显著区别。作为一种新的管理过程，虽然在最终目标上，两者都是为了维持社会的正常秩序，也都需要借助权威和权力，但治理与统治却存在着显著不同，从政治学理论看，主要表现在以下几个方面：一是权力的主体不同；二是权力的性质不同；三是权力的来源不同；四是权力的运行向度不同；五是权力行使的范围不同⑤。

也有学者认为治理与统治的不同在于，治理理论显著打破了传统管理理念以政府为中心的科层制格局的等级恒定法则，是建立在资源交换、权力依赖的基础上，将有效管理看作政府与社会的合作过程，并进而认为治理的本质在于：在治理之下，任何部分都可能发挥对整体格局举足轻重的核心作用⑥。

（三）治理理论的主要论点

综合国内外已有的研究成果，治理理论的主要观点如下：

---

① 周俊．治理结构中的全球公民社会与国家［J］．中共浙江省委党校学报，2007（5）：11-17.

② KETTL D. The global public management revolution：a report on the transformation of governance［M］. Washington，D C.：Brookings Institution Press，2000.

③ The Commission on Global Governance. Our global neighborhood［M］. Oxford：Oxford University Press，1995：2-4.

④ 杜飞进．中国现代化的一个全新维度：论国家治理体系和治理能力现代化［J］．社会科学研究，2014（5）：37-53.

⑤ 俞可平．国家治理体系的内涵本质［J］．理论导报，2014（4）：15-16.

⑥ 王刚，宋锴业．治理理论的本质及其实现逻辑［J］．求实，2017（3）：50-65.

1. 治理的主体是多元参与

从统治到治理最为显著的区别在于行为主体的不同。这种不同并不在于社会组织等对于政府部门的绝对替代，而是在政府部门的引导之下，相关利益主体的共同参与。治理强调在社会公共事务管理过程中，存在多个中心。在治理理论中，政府部门并非社会公共事务管理的唯一主体，治理更加突出各相关利益主体之间的参与合作。维护秩序、解决问题并非某一单个部门的责任事务，而是政府、组织、公民等不同类型不同主体共同参与决策的过程。

2. 治理的手段是协商、合作、互动的过程

治理与统治的权力向度不同决定了治理是一个各主体之间协商合作的过程。治理不仅关注结果，也同样注重过程，除了来源于正式制度安排的互动之外，还注重基于平等、合作、伙伴关系的非正式社会互动。为实现公共利益最大化，应采取多种可能渠道与可能途径。

3. 治理的最终目标是要实现善治

善治（good governance）指的是公共利益最大化的治理过程和治理活动，它是一种官民共治，是国家治理现代化的理想状态①。善治不同于传统的政治理想——“善政”或“仁政”（good government），善政是对政府治理的要求，需要一个好的政府；善治则是对整个社会的要求，不仅要有好的政府治理，更要有好的社会治理②。俞可平在综合学界关于善治问题上的论点，将善治的基本要素总结为六大基本要素③，后又增加了四个要素，构成了善治的十个要素④。

总之，治理理论自提出以来，就得到了各领域学界的高度关注。治理理论的提出为社会公共管理带来了一种新鲜的理念与思维。它打破了长期存在的政治国家与公民社会、计划与市场、公共与私人部门之间的两分法，将有效的管理看作是多方主体在平等基础上的协商合作的互动过程。社会秩序的稳定、社会经济的可持续发展、良好的社会治理有赖于政府—市场—社会三方力量的平衡与协作，无论是微观的社区发展，还是宏观的全球治理均是如此。

（四）理论启示

治理理论的提出并不是要替代政府等级统治或是市场的作用，而是要改变社会的管理方式，其关键在于增强社会自组织的作用。即一方面需要减少政府

① 俞可平. 法治与善治 [J]. 西南政法大学学报，2016，18（1）：6-8.

② 俞可平. 推进国家治理体系和治理能力现代化 [J]. 前线，2014（1）：5-8，13.

③ 俞可平. 治理和善治引论 [J]. 马克思主义与现实，1999（5）：1-3.

④ 俞可平. 全球治理引论 [J]. 马克思主义与现实，2002（1）：20-32.

在部分领域对于社会的干预与管理；另一方面，在以政府为主导的公共管理中，需要借助多方社会力量的支持，引入多方参与，甚至在部分微观领域中充分发挥社会组织的主体性与能动性，提高社会管理效率，进而更好地维护社会正常秩序，达到善治的目标。

1. 治理现代化是我国全面深化改革的重要目标

我国正处于两个一百年建设的关键时期，也是社会经济转型发展的攻坚阶段，在新的形势下，如何转变社会管理方式，提升社会管理能力，成为我国深化发展的重要任务。在此背景下，治理理论作为一种全新的社会管理方式也逐渐引起中央政府的高度重视。党的十八届三中全会以及十九大报告中均多次强调，推进国家治理体系和治理能力现代化是全面深化改革的重要目标。可见，“国家治理”一词已从学术讨论正式上升为体制话语，标志着我国国家治理研究进入一个新的阶段。

2. 社会实践呼唤立足于本土社会问题的治理理论体系

在现代政治学的研究中，国家治理是一个国家由包括政府在内的多元主体按照一定的规则（法律）相互作用和制约、共同维护一个国家的秩序、管理各种事务的复杂过程①。但是目前西方学术界的国家治理理论体系，更多地是反映了发达工业化国家在新的发展阶段、新的国际环境下治国理政的新变化、新要求，不是对其从前现代到现代甚至后现代的全过程中国家治理体系演变的总结，缺乏对发达国家实现现代化转型关键时期的治理问题的解释和描述②。而郑杭生等（2015）也指出，治理理论赖以存在的根基是国家—市场—社会的关系结构，中国的国家—市场—社会的关系结构显然不同于西方，中国是“大政府小社会”的，西方是“小政府大社会”的③。因此，当前社会实践的发展需要的是立足于本土社会问题的治理理论体系。如何借鉴西方治理理论研究成果，推动治理理论的本土化发展是当前学界的一大重要任务。

3. 地方经验是理论研究和实践创新的现实抓手

在有关治理理论的本土化与国际化发展中，郑杭生等（2015）提出地方经验在问题提出、理论提升与学术争鸣中具有特殊的意义，将其作为现实抓手尤为合适。他指出相对于中央经验，地方经验（包括基层经验）更加具体、更加务实（区别于理念），研究好了也更加扎实。抓住社会治理体制改革中的

---

① 高世楫. 创新国家治理理论体系与话语体系［J］. 中国发展观察，2017（4）：39-42.

② 同①.

③ 郑杭生，邵占鹏. 治理理论的适用性、本土化与国际化［J］. 社会学评论，2015（2）：34-46.

地方经验，不但能找到决策与效果之间的桥梁，且便于找出社会治理体制改革的症结性问题与实际运作机制①。不论是在我国传统社会，还是在当代，村庄都是广大农村地区的一个基本的认同单位和行动单位，也是解决国家不能解决，家庭又解决不了的公共事务的重要单位②。因此，在旅游治理研究中，选择村落作为研究单位无疑具有更高的可行性与操作性。

在利益冲突不断频现的社会转型阶段，在旅游管理向旅游治理转型的政策背景下，本书以治理理论为基础，选择旅游村落进行实证研究，探寻微观旅游社区的冲突治理经验与治理路径，不仅具有很好的理论指导性，同时也是对治理理论本土化发展在旅游管理领域的一种尝试与探索。

第二节　旅游社区冲突

在社会科学的研究中，对相关概念内涵的界定和明确往往是展开学术研究的重要一步。正如埃米尔·迪尔凯姆在《自杀论》中所阐述的日常语言中的词，就像这些词所表达的概念一样，始终是模棱两可的；学者们如果按照他们所接受的惯用法加以使用，而不给这些词另作详细说明，就可能陷于最严重的混乱③。由于旅游冲突研究尚在初步阶段，因此有必要对旅游利益冲突的概念内涵等予以界定。同时，为了分析旅游冲突现象的特殊性，本章将旅游冲突与我国其他农村地区的社会冲突现象做一比较，在比较分析的过程中可以更为深刻地总结归纳旅游冲突的特征。最后，本章对旅游冲突进行了类型学上的划分，认为非对称—强影响型旅游冲突是我国当前阶段旅游冲突的主体。同时，为区别于总体的旅游冲突现象以及行文方便，本书将非对称—强影响型旅游冲突界定为旅游社区冲突。旅游社区冲突既是本书关注的研究对象，也是我国旅游发展实践中最频繁、最为突出的冲突类型。

虽然国内外学者并未对社会冲突的概念达成一致，但是从现有的概念界定中，可以看出：不同利益群体之间为争夺同一目标物而展开的公开争斗行为是社会冲突的基本观点。参照于此，本书认为：旅游利益冲突是指在旅游业发展过程中，发生于旅游目的地不同利益相关者之间，因资源、价值、利益、发展

① 郑杭生，邵占鹏．治理理论的适用性、本土化与国际化［J］．社会学评论，2015（2）：34-46.

② 贺雪峰．农民行动逻辑与乡村治理的区域差异［J］．开放时代，2007（1）：105-121.

③ 埃米尔·迪尔凯姆．自杀论［M］．冯韵文，译．北京：商务印书馆，2001：7.

机会等的争夺而引致的各类冲突现象的总称。

迅速扩大的成果是激发社会冲突产生的重要条件①。而旅游业的发展过程正是实现旅游资源价值、扩大旅游发展成果、聚集潜在利益主体的过程。同时，旅游业的发展也为目的地带来了社会结构分化、社会文化变迁、生态环境破坏等诸多综合影响。因此，在旅游业的发展过程中，原先和谐的、平静的、稳定的社会关系与社会秩序被打破，而围绕旅游利益分配的新的社会秩序和治理体系并未完全形成。故持续不断的利益冲突与矛盾是旅游地发展的常态。

虽然旅游地的社会冲突属于"经济快速发展中新产生的矛盾"②，但是相对于其他社会冲突现象，旅游冲突除了普遍性、长期性、必然性等一般特性之外，还具有其自身的独特特征。

一、旅游利益冲突的性质与类型

（一）旅游利益冲突的性质

基于科塞的冲突理论，依据冲突的目标不同，社会冲突有现实性冲突与非现实性冲突之分。在现实性冲突中，社会冲突只是利益主体进行利益博弈的方式与手段之一，是达成某种目标的路径与工具；在非现实性冲突中，社会冲突本身即利益主体的目标，为冲突而冲突是其最大特征，重点在于在冲突过程中释放不满情绪，并无具体的利益诉求。现实性冲突与非现实性冲突是对社会冲突性质的重要判定与认识。我国有学者将社会冲突的性质分为工具性冲突和价值性冲突，并认为"从本质上来说，当前中国的社会冲突是一种利益博弈方式，涉及的是不同阶层和民众的具体利益，民众没有反体制的政治诉求"③。换言之，从性质上而言，我国当前的社会冲突现象均属于现实性冲突、工具性冲突，而并无非现实性冲突或价值性冲突。

旅游冲突是较为典型的"现实性冲突"，是可调节的冲突类型，具有较大的治理空间。旅游冲突经济利益性较为明显，冲突主体基本具有明确的现实利益诉求，并不涉及政治或意识形态因素。但现实性冲突与非现实性冲突并非孤立存在的，二者在特定条件下可以实现相互转化。如若对当前旅游发展中存在的利益冲突置之不理，或认识不足、处置不当，则社会矛盾的积累可能会转变

---

① 狄恩·普鲁特，金盛熙. 社会冲突：升级、僵局及解决［M］. 王凡妹，译. 北京：人民邮电出版社，2013.

② 朱力，纪军令. 当前我国重大社会矛盾冲突的新型特征［J］. 中共中央党校学报，2015，19（5）：92-100.

③ 于建嵘. 利益博弈与抗争性政治［J］. 中国农业大学学报，2009，26（1）：16-21.

为非现实性冲突，从而增加社会失范的风险。

对社会冲突现实性与非现实性、工具性与价值性的性质判别，与毛泽东的人民内部矛盾及阶级矛盾的两类矛盾学说有异曲同工之妙，都是为了从根本上认识特定社会现象，从而更好地对其进行有效治理。

（二）旅游利益冲突的类型

对纷繁复杂的事物进行分类既是人类思维的基本任务，也是科学研究的重要内容。分类不仅是概念化的基础，而且通常也是统计和数据分析的前提。分类有助于更为深入地认识社会现象，并在理论研究和实践管理中，抓住主要矛盾和矛盾的主要方面。没有分类，就不会有高级的概念化和逻辑推理、数据分析，更不会有社会科学研究。如上所述，旅游冲突具有多元化的主体和复杂的成因等特征，因此对于旅游冲突进行不同类型的划分，一方面可以更为深入地认识旅游冲突现象，另一方面，通过类型的划分也有助于在复杂的矛盾体系中抓住主要矛盾和矛盾的主要方面。在当前国内外旅游冲突研究的相关文献中，并未对所研究的冲突类型进行区分，以致于在分析时，往往呈现出“眉毛胡子一把抓”的现象，而不利于研究成果之间的横向比较，也不利于学术积累。

类型的划分往往依据划分的标准及依据而各不相同。所谓分类，指人们把事物、事件以及有关世界的事实划分成类和种，使之各有归属，确定它们的包含关系或排斥关系的过程①。

在旅游发展过程中，虽然已有研究一致认为社区居民、地方政府、游客及旅游企业是核心利益冲突的主体，但是并未对相互之间的矛盾与冲突展开细分，而是将其作为同质化的冲突现象。事实上，限于不同利益主体占有资源多寡、群体规模大小、群体的社会化程度不同等因素，不同主体在旅游冲突中的表现形式和冲突的影响程度具有较大不同。因此，有必要对四大核心主体间的冲突现象进行进一步的类型细分，以明确研究重点。通过对四个利益主体间的利益冲突展开分析，可以发现存在六组冲突项，如图 3-1 所示。

---

① 爱弥尔·涂尔干，马塞尔·莫斯. 原始分类［M］. 汲喆，译. 上海：上海人民出版社，2000：4.

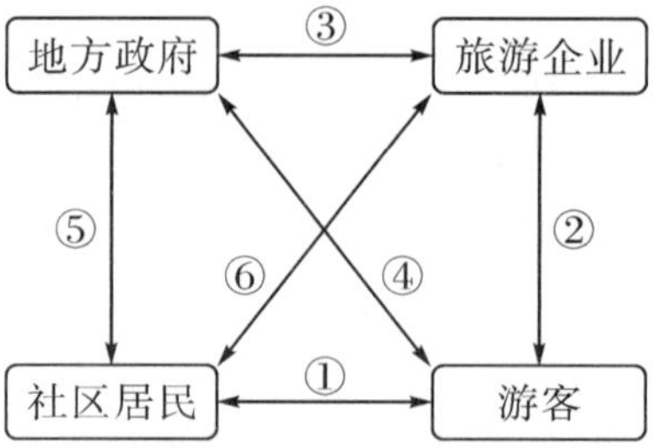

图 3-1　旅游社区核心利益相关者间冲突项

其中，①社区居民与游客之间的冲突是旅游目的地主客关系研究的重要方面，已经拥有较为丰富的成果。②游客与旅游企业之间的冲突是旅游企业管理领域的重要研究内容，同样研究成果颇丰。③旅游企业与地方政府均为高度制度化和社会化的行为主体，在面对利益矛盾时均在法律制度框架内解决，对于旅游地社会的稳定与发展并无显著影响，虽然存在利益矛盾，但是一般难以演化为激烈的对抗和冲突。④游客与地方政府之间虽然存在一定矛盾，但发生频率低，演化为冲突对抗的概率低，并不构成旅游冲突的主体。⑤社区居民与地方政府之间以及⑥社区居民与旅游公司之间在当前旅游地发展中因旅游利益争夺矛盾最为频繁。

此外，在旅游地内，还存在着⑦社区居民之间的冲突，⑧游客之间的冲突，以及⑨旅游企业之间的冲突。这九组利益冲突构成了旅游社区发展中的具体冲突项。

虽然以上九组旅游冲突均属于工具型冲突，但是各组冲突对旅游地社会发展的影响又各不相同。已有相关研究表明权力关系在旅游社区冲突中具有重要影响①。因此，根据冲突主体之间的权力关系的对称性和冲突对旅游地的影响程度强弱，可以将九组具体的旅游冲突项细分为四种类型，即对称—弱影响型旅游冲突、对称—强影响型旅游冲突、非对称—弱影响型旅游冲突、非对称—强影响型旅游冲突，如图 3-2 所示。

---

① CHRISTINA E，KARLA A B. The battlefield of the mountain：exploring the conflict of tourism development on the three peaks in Idre，Sweden［J］. Tourism planning & development，2012，9（4）：411-427.

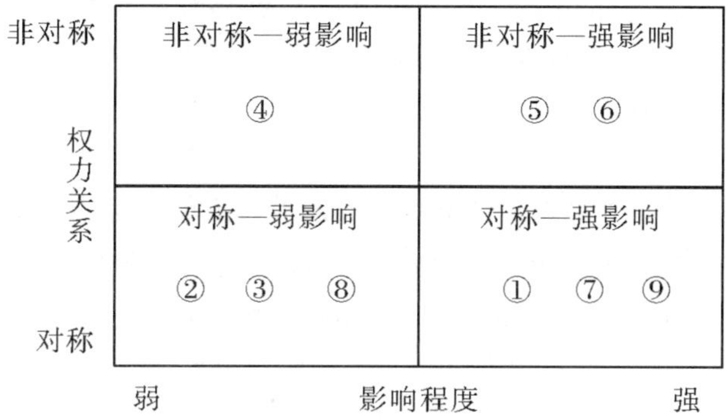

图 3-2 旅游社区利益冲突的类型细分矩阵图

二、本书关注的研究对象：旅游社区冲突

从旅游冲突对旅游地社会发展的影响程度来看，①⑤⑥⑦⑨是旅游地发展中需要重点关注的利益冲突，其中⑤⑥非对称—强影响型冲突又是需要特别关注的旅游利益冲突类型。

原因有三个方面：一是，⑤社区居民与地方政府的冲突和⑥社区居民与旅游企业之间的冲突，其对旅游地的影响不仅涉及旅游经济的负面影响，同时还对旅游目的地的社会稳定和政治秩序产生严重冲击，其影响程度与影响范围远比其他类型冲突更甚。二是，冲突主体间的非对称的权力关系，使双方难以展开平等的对话与协商，更易产生敌意和对抗，从而引致激烈的暴力冲突[①]。在⑤和⑥利益冲突中均有社区居民的存在，而居民较低的社会化程度，使其在面对利益分歧时更多地倾向于采用“非制度化的逻辑”，即将集体行动作为其利益表达的主要方式。集体行动解决问题的逻辑与制度化解决问题的逻辑是完全不同的。制度化的渠道是法律的准则，而非制度化的渠道则是力量的准则[②]。当利益纠纷的双方并未站在同一层面上进行对话时，利益矛盾更易激化、冲突行为也更易升级。三是，在旅游发展实践中，⑤和⑥利益冲突并非独立存在，而是混同于一体，这是由于地方政府部门与旅游企业往往容易形成资本与权力相结合的利益联盟。尤其是在广大中西部地区，为推进旅游业发展，各地成立了众多的国有旅游投资开发企业，企业行为本身即代表了地方政府的意志。即使是外来旅游投资商，也是由地方政府部门招商引资而来，在企业行为的背后

① 定明捷. 不对称权力结构下的政府与公众谈判行为分析 [J]. 求实，2010 (8)：64-68.
② 朱力. 中国社会风险解析：群体性事件的社会冲突性质 [J]. 学海，2009 (1)：69-78.

也有强烈的政府意志的支持。正如孙九霞与保继刚（2006）的研究所指出，“在村民的心里，政府和企业是分不开的”①。因此，社区居民与地方政府及旅游企业之间的利益冲突，是社区旅游发展中的主要矛盾项。

综上所述，本书将社区旅游发展中非对称—强影响型利益冲突作为关注的主要对象。为区别于总的旅游冲突现象以及本书行文方便，本书将非对称—强影响型利益冲突统称为旅游社区冲突，特指发生于旅游地中旅游社区与地方政府及旅游企业之间的利益冲突类型，从而明确本书的研究边界。

① 孙九霞，保继刚．社区参与的旅游人类学研究：阳朔世外桃源案例［J］．广西民族学院学报（哲学社科版），2006，28（1）：82-90.

第四章　旅游社区冲突预警指数：指标体系与评价模型

经过40余年的改革开放，国内改革已经进入攻坚期、深水区，而社会的转型与经济结构的调整也逐步进入关键性阶段。伴随着改革以及经济的深入发展，越来越多的社会问题“浮出水面”，并成为影响社会稳定的重要因素。面对日益频发的自然灾害、疾病疫情、社会冲突及抗争性事件等，推动“关口前移”① 及“前馈控制”② 成为转型社会背景下社会治理的重要选择。关口前移或前馈控制不仅可以避免事件的升级扩大，有助于最大限度地减少对社会稳定与社会秩序的负面影响，而且其控制成本更低，治理效率更高。

真正的关口前移，不仅需要针对一系列重大活动和重大决策开展风险评估，而且需要在日常管理中全方位引入风险管理与治理的有关理念、战略、制度与方法，更加积极主动地解决日常管理中的有关风险与问题，更早地规避、预防、转移与准备有关风险事件的发生与蔓延③。前馈控制的关键在于，将风险管理、危机管理的意识、方法等融入日常公共管理活动中，唯有“居安思危”，才能够“防微杜渐”。这是由于对社会产生重大影响的事件，在发展之始往往是由琐碎的小事所引起。由于地方政府部门在日常管理中重视不足或治理措施不当，使得利益矛盾不断激化、升级，最终对社会的稳定产生重大影响④。

---

① 朱正威，王琼. 维稳关口前移何如？[J]. 行政论坛，2016（4）：66-72.

② 阎耀军. 加强社会管理的前馈控制研究［J］. 国家行政学院学报，2006（4）：66-68.

③ 彭宗超. 中国合和式风险治理的概念框架与主要设想［J］. 社会治理，2015（3）：43-51.

④ YAN JIN. Examining publics' crisis responses according to different shades of anger and sympathy [J]. Journal of public relations research，2014（1）：79-101.

第一节 指标体系的构建

一、旅游社区冲突预警指数的提出

通过前文的文献梳理，可以看出，在已有的研究中，首先，并无专门针对冲突的预警指标体系研究；其次，作为二级或三级指标的社会冲突指数主要收集冲突结果的客观数据，既忽视了相关的社会文化及心理感知的测量①，同时也难以对冲突现象本身进行有效预警和干预；最后，旅游社区冲突比其他社会冲突更为复杂，具有自身的特殊性。已有研究成果中的社会风险或冲突指标因子主要针对宏观社会评估，而难以适用于较为微观的旅游地现状。这种不适用包括两方面的内涵：一是部分指标体系在旅游地并不存在或影响较弱，而旅游地的特殊产业结构、社会结构等在已有的冲突指标中并未得到体现，由于大众旅游的发展较晚，已有研究中并未对此予以足够重视；二是旅游地基层统计数据的缺乏。社会指标发展的前提在于完善的基础数据的收集②。部分客观社会冲突指标体系在旅游地具有某种程度的适用性，但基层政府有限的统计支出难以应付庞大的游客规模和高速的人口流动性，这使得统计工作困难重重，统计数据缺乏完整性和时效性，从而相应降低了客观指标的可操作性和科学性。

因此，“旅游社区冲突预警指数”正是基于已有研究的薄弱与不足提出的，这一概念的提出不仅在于深刻认识旅游冲突现象，更在于结合旅游地社会的现实特征，能够实现建立冲突的预警机制作用，从而更好地为目的地治理和旅游地社会经济发展提供参照和指导。

旅游社区冲突预警指数是衡量目的地旅游社会潜在冲突强烈程度的指标。通过该指标的测量可以深刻认识旅游地的利益冲突状况，从而为旅游地的冲突治理提供决策参考。无论是基于旅游地社会公共政策的制定，还是满足社会经济秩序的良性运转需求，本书提出旅游社区冲突预警指数，建构旅游冲突指标体系均具有重要的现实意义和理论价值。

一方面，旅游社区冲突预警指数可以反映社会运行状况，监测社会警源。旅游地的最大特征在于高度的流动性。随着大众旅游的快速发展，众多旅游地

---

① FIRESTONE, JOSEPH M. The development of social indicators from content analysis of social documents [J]. Policy sciences, 1972, 3 (2): 249-263.

② FERRISS, ABBOTT L. The uses of indicators [J]. Social forces, 1988, 66 (3): 601-617.

的游客接待量规模日渐攀高，旅游客源市场来源日趋广泛，与数万人甚至仅有几千人的当地居民相比，旅游地的年游客接待量往往达到数百万人次。由此，加大了旅游地社会管理的难度。密切监测旅游地的社会经济发展运行状况，尤其是对社会警源的监测有助于目的地的社会管理。另一方面，旅游社区冲突预警指数有助于预警社会危机，增强旅游地社会防范能力。通过旅游社区冲突预警指数，密切把控社会紧张状况，了解不同社会利益群体的需求与不满，从而及时采取措施予以疏导和调节，有助于避免社会事态的升级与扩大，增加旅游地社会风险的防范与治理能力。

二、指标构建思路、理论基础与概念模型

当前学界部分社会指标研究之所以停留在理论讨论层面，而难以进行实证研究和应用，其中最为关键的因素之一是指标体系的构建缺乏科学的理论依据。任何非物化社会现象指标体系的建立，都必须首先完成理论模型的建构和依据理论模型的指标体系框架设计这两个至关重要的步骤①。因此，以下将对旅游社区冲突预警指数的指标体系构建思路、概念模型及指标选取原则予以阐述。

（一）旅游社区冲突预警指数指标体系的设计思路

1. 从侧面构建旅游社区冲突预警指数的指标体系

基于社会冲突的经典理论成果，旅游社区冲突应从冲突的强度、冲突的烈度、冲突发生的频度、冲突主体的参与度、冲突持续时间等方面构建相应的指标体系。但正如前文所述，遵循这一思路构建的冲突指数将存在两个问题：一是数据的收集与获取面临挑战。事实上，利益冲突在目的地并非一种常态，在多数情形下旅游目的地和旅游社区维持在一种相对平静和稳定的社会秩序中。这导致由于旅游地并未处于冲突状态中而使相关的具体指标因子的数据无法收集。二是旅游社区冲突指标的指导价值面临考验。即参照已有的理论成果，收集过去的相关数据进行分析从而实现了对社会稳定与冲突状况的总体评价，但是由于冲突已经成为既成事实，在成功实现对社会稳定与冲突的评估时，利益冲突已经升级恶化，甚至已经平息，而由此得到的评估结论对于目的地的冲突治理及政府决策往往缺乏现实的指导意义，也难以实现冲突治理的未雨绸缪。

为了解决上述两个难题，本书拟从侧面构建能够反映旅游社区冲突的其他指标因子。

---

① 阎耀军. 社会稳定的计量及预警预控管理系统的构建［J］. 社会学研究，2004（3）：1-10.

借鉴经济学、社会学等已有相关成果的研究思路，本书在构建旅游社区冲突预警指数时，同样尝试通过常态下能够收集到的数据以侧面反映旅游地的冲突程度。如此，一方面解决了相关指标因子数据收集难的问题；另一方面也解除了旅游社区冲突预警指数的指导意义缺乏的困境。当然，从侧面构建的指标体系同样也存在部分不足，最主要的局限表现为不完整性，即不能完整地反映研究对象的客观事实。但是在现有条件下，从侧面予以反映具有较高的可操作性，这不失为一种较为有效的研究思路。

2. 以主观社会指标为主构建旅游社区冲突预警指数

社会指标包括客观指标和主观指标。客观指标是反映社会现象或社会事实的指标，如经济发展总量、人口总量、申请专利数、年游客接待量、门票总收入、旅游就业人数等易于为统计部门统计的指标，较易获取和分析。主观社会指标是用来反映人们对社会生活的直接体验，以及人们对社会关系、社会现象主观感受的综合质量与数量标志①，表现为某种积极或消极的态度、情绪或满意度等。

良好的社会指标应主观与客观相结合。现有研究成果中关于社会稳定及社会预警的指标体系基本以客观指标为主，而缺乏对于主观社会指标的测量。形成这种现象的原因是已有研究成果是针对宏观的社会稳定的评估，以致主观指标难以在整个社会内大范围地采用。因此，在提高操作可行性的同时部分牺牲了指标体系的科学性，从而出现了在指标体系的选择中重客观指标轻主观指标的现象。但即使如此，由于我国社会指标统计计量工作的客观原因，往往客观指标具有较大的偏差，难以真实反映社会现实。以此为基础展开的社会稳定的评估等也容易产生数字层面的“虚假繁荣”的表象。

个体的态度与感知意向直接决定了其可能采取的行动策略。由于主观指标是以人的主观反应为对象，因而它直接反映着广大人民群众的所想、所望，反映着以人为主体的社会的实际状况②。而这正是客观指标所不能达到的效果。同时，社会经济的发展是为社会大众所服务的，正如党的十九大报告指出的，“增进民生福祉是发展的根本目的”③，故而通过主观指标的测量可以更为有效地反映社会事实。有学者指出，社会的变迁与发展，其根本目的在于人的全面

① 郑杭生，等. 社会指标理论研究［M］. 北京：中国人民大学出版社，1989.

② 李强. 论主观社会指标及其在我国的应用［J］. 社会学研究，1986（6）：83-94.

③ 习近平. 决胜全面建成小康社会 夺取新时代中国特色社会主义伟大胜利［EB/OL］.［2021-12-30］. http：//www. gov. cn/zhuanti/2017-10/27/content_ 5234876. htm.

发展，因此，测量个体感受的主观指标才是社会变迁的终极目标①。

因此，从社会预警的理论角度来看，构建社区冲突指数应该更加重视主观指标的应用。同时，旅游地作为较为微观的社会区域，由于其规模相对较小，人口规模不大，为主观指标的调查测量提供了可能。

（二）旅游社区冲突预警指数指标构建的理论基础

在基层社会中，社区居民较多的存在着“闹大”的社会心态。“闹大”的盛行反映的是地方政府的治理危机。这样的利益斗争方式虽然事态最终得以平息，相关利益主体也得到相应的经济补偿，但“闹大”的逻辑在本质上是反规则的②，其反映的是我国治理体系的碎片化问题，即在我国社会转型中，不仅出现了公民的原子化，而且还有政府的碎片化，公民与政府间关系的断裂化③。缺乏规则意识的利益博弈嫣然已成为一种零和博弈，更为严重的是在居民“闹大”和政府“兜底”的互动过程中④，一些矛盾冲突还可能“扩大再生产”⑤。以经济利益补偿换来的事态平息进一步刺激了其他利益群体的竞相模仿，最终使得基层政府疲于应付各类事件，弱化了地方政府对于社会管理的掌控力与主动权。

因此，当前在旅游地普遍盛行的以居民“闹大”为主要内容的旅游社区冲突，是社区居民与地方政府部门之间长期互动博弈的产物。这样的冲突事件，对于旅游目的地的社会经济发展而言，是一场零和博弈。加强对旅游社区冲突的预警管理，改变旅游地的治理策略，无疑成为提高旅游社区治理，促进旅游业优质发展的重要课题。

1. 态度—行为理论

态度和行为的关系一直是社会心理学研究中的热点和重点。态度作为一种心理准备状态，往往反映了个体的主观倾向和可能行为⑥。对居民态度的关注在社区旅游研究中早已有之，较早关注旅游地居民态度的是 Doxey（1975），

---

① 谷迎春. 关于社会指标体系的理论思考［J］. 社会学研究，1997（6）：108-112.

② 徐祖澜. 公民“闹大”维权的中国式求解［J］. 法制与社会发展，2013（4）：29-37.

③ 韩志明. 公民抗争行动与治理体系的碎片化［J］. 人文杂志，2012（3）：163-171.

④ 张世勇，杨华. 农民“闹大”与政府“兜底”：当前农村社会冲突管理的逻辑构建［J］. 中国农村观察，2014（1）：81-88.

⑤ 熊易寒. “问题化”的背后：对当前中国社会冲突的反思［M］//社会学家茶座（第19辑）. 济南：山东人民出版社，2007：25.

⑥ 张红涛，王二平. 态度与行为关系研究现状及发展趋势［J］. 心理科学进展，2007，5（1）：163-168.

他提出了重要的愤怒指数①。后来的学者还关注社区居民态度的测量②以及影响因素③等。

冲突作为一种激烈的博弈行为，也必然包含于态度之中。通过上文的梳理，可以发现在旅游社区冲突中，社区居民往往是冲突事件的发起方。因此，借助对旅游社区居民态度的测量有助于把握和预测其冲突行为。

2. 嵌入性理论

嵌入性理论指出行动者与其所处的社会环境之间具有不可分割的联系④。这种不可分割的联系不仅存在于个体的经济行动中，同时也存在于个体的社会行动中。而国内外的已有研究表明，旅游经济的发展对于旅游地的社会、经济、文化等产生多重显著影响。

因此，对于旅游社区冲突的分析和预警管理，不能仅仅将冲突现象作为关注的对象，而且需要分析现象背后的社会结构与经济环境等“背景”因素。社会结构的变迁、新经济制度的创立等，往往均对社区居民的感知和行为产生显著影响。正是社会经济等背景环境的变迁，导致了社区居民感知及态度的变化。故将旅游地的社会经济环境纳入预警管理的分析之中，这么做有助于更为及时地把握旅游社区内不同利益主体之间社会关系的紧张程度及居民群体的行为意向。

3. 政府回应理论

已有研究成果认为，我国当前转型期的社会冲突往往具有一般性的生成规律，即“冲突源（起因都很小）—导致主体利益受损—基层反应迟钝—主体挫折感产生（主体心理不满意感产生）—否定性言语产生（牢骚、怪话、气话）—否定性行为产生（对其他个体、群体或政府的反抗）—事态升级爆发—基层无法控制—震惊高层—迅速处置—事态平息”的行为逻辑⑤。而通过本书的分析，发现由于旅游业发展的特殊性，旅游社区冲突与其他转型期社会冲

① DOXEY G V. A causation theory of visitor-residents irritants, methodology and research inferences [C] //Paper Presented at the 6th Annual Conference Proceedings of the Travel Research Association, San Diego, CA, 1975: 195-198.

② WANG Y S, PFISTER R E. Residents' attitudes toward tourism and perceived personal benefits in a rural community [J]. Journal of travel research, 2008, 47 (1): 84-93.

③ Hunt C, Stronza A. Stage-based tourism models and resident attitudes towards tourism in an emerging destination in the developing world [J]. Journal of sustainable tourism, 2014, 22 (2): 279-298.

④ 简斯·贝克尔特. 经济社会学与嵌入性：对“经济行动”的理论抽象 [J]. 经济社会体制比较, 2004 (6): 85-95.

⑤ 朱力. 中国社会风险解析：群体性事件的社会冲突性质 [J]. 学海, 2009 (1): 69-78.

突的生成规律略有不同。

旅游社区冲突的产生具有一定的历史原因。事实上，在旅游社区冲突行为产生之前，旅游目的地利益主体之间已经存在一定的利益分歧，但是这样的利益分歧很大程度上仍然在部分利益主体能够接受的范围之内。而相关旅游新政的实施往往成为引致旅游社区冲突生产的导火索，如凤凰古城景区冲突的导火索在于“门票新政”，等等。因此，导火索的产生往往对社区居民的利益空间形成了挤压，并直接诱发了旅游社区冲突。在旅游社区冲突产生之后，其发展轨迹与转型期其他社会冲突的发展较为类似，在经历地方基层政府的反应性迟钝后，逐步升级扩大。如以利益群体的否定性行为为冲突的标准，则可以看到旅游社区冲突的发展阶段大致如图 4-1 所示。

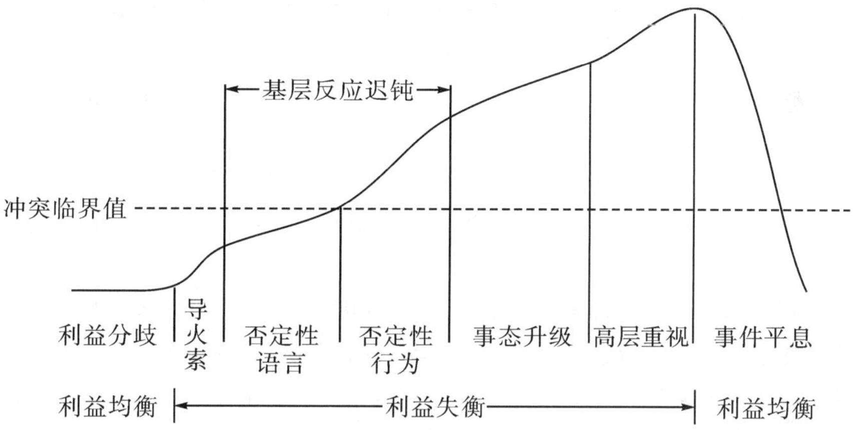

图 4-1　旅游社区冲突的发展阶段模型

而从利益关系的角度而言，在旅游社区冲突产生之前，目的地的利益主体之间大致处于利益相对均衡的状态，导火索事件造成利益失衡，最终通过高层政府部门的处置又回到利益相对均衡的状态，即旅游目的地是在“利益均衡—利益失衡”之间不断循环反复。

综合已有的理论研究成果来看，旅游社区冲突的发展具有周期性特征，即基本上遵循了上述的“冲突源→冲突产生→冲突发展→冲突升级→冲突平息”的一般逻辑。冲突在产生及发展的过程中，存在两个关键节点：第一个关键节点是基层反应迟钝。当利益矛盾开始外显，冲突尚处于萌芽阶段时，基层政府部门却普遍表现出反应迟钝、信息失真、处理失当的“体制性迟钝”①。第二

① 黄豁，朱立毅，肖文峰，等.“体制性迟钝”的风险［J］. 瞭望，2017（24）：6-7.

个关键点是否定性行为的产生。否定性语言及行为的产生往往意味着冲突正式进入一个新的阶段。同时，相关的利益群体也会向地方政府提出明确的利益诉求。然而，即便如此，也存在众多地方政府部门未对事件予以高度重视，甚至地方政府领导不在场，或以口头承诺的方式对相关利益群体敷衍了事的情况，最终使得地方政府错过了处理事件的最佳节点，从而使事态进一步恶化。

因此，从上可以看出，旅游社区冲突的产生是多方相关利益主体社会互动的产物，但其升级与发展的关键却取决于地方政府部门的回应及治理措施是否及时得当。因此，在旅游社区冲突预警管理中，还需要将地方政府部门的回应纳入其中。

（三）旅游社区冲突预警概念模型的构建

虽然已有的关于利益冲突产生的原因是多方面的，但归根结底，旅游社区冲突是外部环境与个体内在态度综合作用的结果。态度是个体对特定对象所持有的相对稳定的心理倾向，通常由认知、情感和行为意向三个部分构成[①]。从冲突的理论视角而言，冲突的产生表面上是社会个体行动的集合，但社会行动的背后反映的却是由认知、情感和行为意向共同构成的行为个体的综合态度。而外部环境既是塑造个体态度的关键，也是激发个体由态度转化为行动的重要动力。

另外，基层政府“体制性迟钝”带来的回应不足是利益冲突激化、升级的重要变量。在上述分析中，旅游社区冲突的治理存在两个关键性的节点，一旦基层政府在这两个节点均不能有效地回应相关利益主体的诉求，则冲突的升级势必成为必然。公共管理学家格洛威·斯塔林（Grover Starling）认为，回应（responsiveness）是指一个组织对公众提出的政策变化这一要求做出的迅速反应，也可以说是政府对于公众所提要求做出超出一般反应的行为[②]。回应的本质是建立以公众为核心的政府与公民的良性互动关系[③]。然而，在我国当前阶段，在升级恶化的冲突事件中，均可以看到基层政府部门的回应不足问题，如回应不及时、回应不透明、回应不公正、回应不果断，以及回应方法不当等[④]。

因此，在旅游社区冲突的发展中，基层政府的回应作为外在调节变量产生了重要的影响。基层政府部门的回应态度、回应及时性及回应能力，在冲突产

---

① 戴维·迈尔斯. 社会心理学［M］. 侯玉波，等译. 北京：人民邮电出版社，2006：98.

② 格罗弗·斯塔林. 公共部门管理［M］. 陈宪，等译，上海：上海译文出版社，2003：132.

③ 刘力锐. 论我国网络民意的特征与政府回应［J］. 求实，2009（6）：66-69.

④ 陈路芳. 地方政府应提高对公民需求的回应力［J］. 理论探讨，2009（3）：24-28.

生之后很大程度上决定了冲突的走向。

综上所述，基于旅游社区冲突产生的外在环境与旅游社区的内在态度，以及基层政府对于冲突事件的回应，可以构建旅游社区冲突的“环境（circumstance）—居民态度（attitude）—政府回应（response）”CAR 概念模型，如图 4-2 所示。

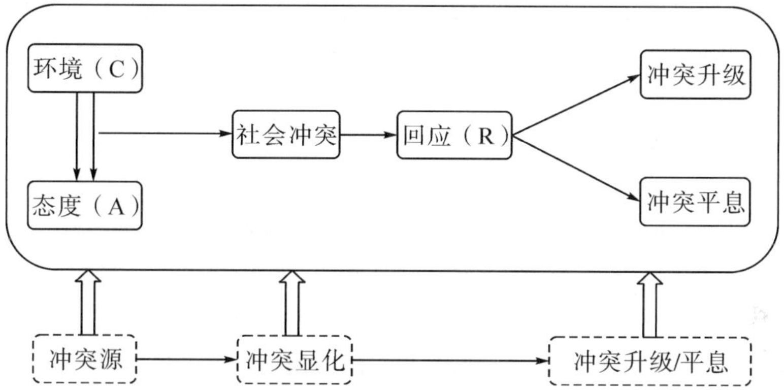

图 4-2　旅游社区冲突的环境—居民态度—政府回应（CAR）概念模型

旅游社区冲突的产生是外部环境因素与内部态度感知综合作用的产物，而冲突产生后的发展趋向则与地方政府部门的回应密切相关。因此，把握住外部环境因素、内在态度因素，以及地方政府的回应因素，即可掌控旅游社区冲突的发生与激化程度。由此，可以将旅游社区冲突预警指数的数学表达式表述如下：

$$F = f(C, A, R)$$

式中，F 为旅游社区冲突预警指数，C 代表外部环境因素，A 代表社区居民内在态度，R 代表地方政府的回应。

由过去的重视事后应急处置忽视事前预防向两者有机结合的转变，将是我国社会治理理念的重要发展方向①。而旅游社区冲突预警指数的构建正是实现旅游目的地治理理念转变的重要一环，即通过对外在环境与内在居民态度的综合测量，及时评估并发现可能存在的利益矛盾和社会风险，进而对其予以疏解；另外，将地方政府的回应作为重要的调节变量，置于突出地位，可以更加注重对地方政府部门冲突治理能力的建设，以助于降低冲突升级的风险。

① 王郅强，彭宗超，黄文义. 社会群体性突发事件的应急管理机制研究 [J]. 中国行政管理，2012（7）：70-74.

（四）指标体系的构建原则

1. 科学性原则

旅游社区冲突是一个较为抽象的理论概念。构建旅游社区冲突预警指数首先必须依据已有研究中的科学理论，依照科学的方法对其进行指标设计和逻辑运算。既要结合国内外已有的冲突理论、转型社会理论、治理理论等成果，也要充分立足我国旅游发展的现实需求，从我国国情出发，构建具有中国特色的旅游社区冲突指标体系，从而更好地为我国旅游业的可持续发展提供理论指导。

2. 敏感性原则

旅游社区冲突的产生与发展本身即较为复杂的社会现象。正如前文所述，本书主要从侧面的角度进行指标体系的构建。在此思路下，指标体系的选择不可能面面俱到囊括所有可能的旅游社区冲突相关影响因子。如学者所言，无所不包也许是有效性的敌人，指标范围狭窄比巨细无遗更有效力①。因此，本书在指标体系的构建中重点抓住具有突出影响作用的关键性敏感因子，即选择的指标具有较高的灵敏度，通过指标因子的细微变化就可能映射出旅游地的利益冲突状况。

3. 可行性原则

可行性是指标体系构建的又一重要原则。在指标体系的构建中，“可行性原则”突出表现在数据获取方面。旅游社区冲突预警指数提出的重要意义在于将复杂的社会现象简化为较为简单的数值衡量，而最终的数值又是通过大量的分项数据收集、计算而来。因此，分项数据收集的可行性成为指标体系成功构建的关键。如果缺乏有效可靠的数据来源，再科学的评价模型也只会成为摆设，而无现实意义。在我国目前阶段，在系统而全面的社会统计数据库缺乏的情形下，本书的评价指标体系将主要综合社会经济统计中已有的客观数据以及通过问卷调查收集的主观数据。

4. 主观指标与客观指标相结合的原则

本书以客观指标为基础，以主观指标为主构建旅游社区冲突的指标体系。正如上文所述，在已有的相关研究成果中，涉及旅游社区冲突的测量以主观指标为主，严重忽略了客观指标的影响。在旅游地中，最为重要的主观指标就是社区居民的主观感知与态度。态度不仅反映了旅游地居民的个体存在，而且影

① 克利福德·科布，克雷格·里克斯福德．社会指标的历史教训［J］．经济社会体制比较，2011（5）：1-12.

响并指导着社区居民的个体行为。

因此，在以人为本发展观的指导下，本书在指标体系的设计中，以主观指标的测量，实现主观与客观相结合，从而对旅游冲突状况进行更为准确的预警。

三、指标体系的设计

旅游社区冲突预警指数是从理论到概念模型再到具体指标步步深入的过程。本书在构建旅游社区冲突预警指数的指标体系时大致经历两个阶段：首先，本书在已有相关理论成果的基础上，结合旅游业的特点及预警需求，基于环境—居民态度—政府回应的CAR概念模型，遵循科学性、敏感性、可行性、客观指标与主观指标相结合的原则，初步构建旅游社区冲突预警的指标题项；其次，本书采用专家调查法（德尔菲法），结合我国旅游发展的实践特征，对初步预选的量表进行进一步的优化和调整，经过专家调查遴选得出最终的指标问卷。

（一）指标体系的预选

1. 居民态度指标

由于态度主要是属于社会心理领域的主观指标，因此，本书对社区居民的“态度”的概念内涵界定借鉴了戴维·迈尔斯（2006）的社会心理学成果①以及王二平教授（2006）的基于公众态度调查的社会预警指数指标体系②成果，将其作为认知、情感和行为意向的综合。

同时，在构建“态度”的二级指标时也结合了 Ap & Crompton（1998）③；Andereck et al.（2005）④；韩国圣等（2011）⑤；王咏，陆林（2014）⑥ 等有关社区居民旅游感知的理论研究成果，将社区居民的态度划分为支持度、满意度、公平感、相对剥夺感、行为意向五个方面。居民态度各二级指标的测量题项及设计依据如表 4-1 所示。

---

① 戴维·迈尔斯. 社会心理学［M］. 侯玉波，等译. 北京：人民邮电出版社，2006：98.

② 王二平. 基于公众态度调查的社会预警系统［J］. 中国科学院院刊，2006，21（2）：125-131.

③ AP J，CROMPTON J L. Developing and testing a tourism impact scale［J］. Journal of travel research，1998，37（2）：120-130.

④ ANDERECK K L，VALENTINE K M，KNOPF R C. Residents' perceptions of community tourism impacts［J］. Annals of tourism research，2005，32（4）：1056-1076.

⑤ 韩国圣，张捷，黄跃雯，等. 天堂寨景区农村社区居民旅游影响感知的差异分析［J］. 地理科学，2011，31（12）：1525-1562.

⑥ 王咏，陆林. 基于社会交换理论的社区旅游支持度模型及应用［J］. 地理学报，2014，69（10）：1557-1574.

表 4-1　居民态度各二级指标的测量题项及设计依据

二级指标	测量题项	设计依据
支持度	对旅游业支持度	Nunkoo&Smith（2013），Nunkoo et al.（2012），Grzeskowiak et al.（2003），Luhiste（2006），王咏，陆林（2014），汪德根，等（2011），谢秋山，等（2012）
	对地方政府/管理局的支持度	
	对旅游开发公司的支持度	
	对中央政府的支持度	
满意度	对现状生活的总体满意程度	Gursoy & Rutherford（2004），McCool & Martin（1994），Lankford et al.（1994），卢松，张捷（2009），许振晓（2009），汪侠，等（2010）
	对环境保护的满意度	
	对地方文化传承发展的满意度	
	对个人经济状况的满意度	
	对未来生活的乐观程度	
公平感	参与旅游发展机会公平状况	李路路等（2012），Wu（2009），Colquitt et al.（2001）
	旅游收益分配结果公平状况	
相对剥夺感	横向相对剥夺程度	Zhang et al.（2011），王宁（2007），Seaton et al.（1997），Serge et al.（2002），张书维等（2010）
	纵向相对剥夺程度	
行为意向	意向行为的暴力化程度	Ajzen & Fishbein（1980）；Fabrigar，Petty，et al（2006）；张书维，等（2012）

2. 环境指标

国内外已有的研究表明，旅游资源的开发给旅游地带来了社会、经济、政治、文化、自然生态多方面的影响，而社区居民的旅游态度也取决于旅游地的经济、政治、文化、社会、自然等方面的改变（Andereck et al.，2005；Besculides，et al.，2002；宣国富 等，2002；Nepal，2008）。而在区域社会稳定和风险评价的相关研究中，上海《社会稳定指标体系》课题组（2002）主要从经济因素、政治因素、社会因素、价值观念四个方面予以测量①，宋林飞（1995）则主要从经济、政治、社会、自然、国际五个方面进行预警指数的构建②。旅游社区居民生活在旅游地特定的自然环境和社会文化环境中，环境因

① 上海《社会稳定指标体系》课题组．上海社会稳定指标体系纲要［J］．社会，2002（12）：8-11.

② 宋林飞．社会风险指标体系与社会波动机制［J］．社会学研究，1995（6）：90-95.

素是旅游地利益冲突产生的外生变量。

因此，本书综合旅游领域和社会领域的研究成果，在“环境”的二级指标设计中，将其细分为自然环境、经济环境、社会环境、文化环境、政治环境五个方面。

但在测量题项的设计上，本书基于旅游社区冲突预警的研究问题需要，综合了社会学领域和旅游领域的相关成果进行设计。二级指标下各测量题项及设计依据如表 4-2 所示。

表 4-2　环境指标各测量题项及设计依据

二级指标	测量题项	设计依据
自然环境	环境污染状况	彭宗超，等（2013）；Pizam（1978）；Edington（1986）
自然环境	生态破坏状况	彭宗超，等（2013）；Pizam（1978）；Edington（1986）
经济环境	产业结构单一性程度	唐晓云（2014）；曹峰，等（2014）；Horn & Simmons（2002）；保继刚，孙九霞（2008）
经济环境	政府税收对旅游依赖程度	唐晓云（2014）；曹峰，等（2014）；Horn & Simmons（2002）；保继刚，孙九霞（2008）
经济环境	外来资本进入程度	唐晓云（2014）；曹峰，等（2014）；Horn & Simmons（2002）；保继刚，孙九霞（2008）
经济环境	社区居民旅游参与程度	唐晓云（2014）；曹峰，等（2014）；Horn & Simmons（2002）；保继刚，孙九霞（2008）
社会环境	人口密度	宋林飞（2004）；宋林飞（1999）；阎耀军（2005）；彭宗超，等（2014）；左冰（2013）
社会环境	外来人口占当地总人口比重	宋林飞（2004）；宋林飞（1999）；阎耀军（2005）；彭宗超，等（2014）；左冰（2013）
社会环境	社区居民贫富分化状况	宋林飞（2004）；宋林飞（1999）；阎耀军（2005）；彭宗超，等（2014）；左冰（2013）
社会环境	当地居民可替代性的就业选择	宋林飞（2004）；宋林飞（1999）；阎耀军（2005）；彭宗超，等（2014）；左冰（2013）
文化环境	民族宗教文化商品化程度	孙九霞（2015）；郑向敏（1996）；保继刚（1999）；Cohen（1979）
文化环境	传统地域文化的传承程度	孙九霞（2015）；郑向敏（1996）；保继刚（1999）；Cohen（1979）
文化环境	日常生活中的文化使用程度	孙九霞（2015）；郑向敏（1996）；保继刚（1999）；Cohen（1979）
政治环境	地方政府腐败状况	上海《社会稳定指标体系》课题组（2002）等
政治环境	利益表达渠道畅通状况	上海《社会稳定指标体系》课题组（2002）等
政治环境	信访率	上海《社会稳定指标体系》课题组（2002）等
政治环境	上访率	上海《社会稳定指标体系》课题组（2002）等

3. 政府回应指标

关于政府回应指标体系的设计本书采用旅游社区的视角。这是由于在数据采集时，一方面我国现有的政府部门缺乏相应的定量统计数据；另一方面，政府的回应是为了解答旅游社区的疑惑，或对部分利益分歧的矛盾予以协调，因此对于地方政府部门回应质量可以从旅游社区居民的视角进行收集。

同时，鉴于在旅游研究领域尚没有学者将政府回应理论引入，故在政府回应指标的设计中，本书主要借鉴已有的政治学及社会学理论有关政府回应的相关成果，构建了回应态度、回应透明度、回应能力、回应完整度、回应制度化水平五个二级指标。具体各测量题项及设计依据如表 4-3 所示。

表 4-3　政府回应指标各测量题项及设计依据

二级指标	测量题项	设计依据
回应态度	对利益冲突的重视程度	Janet（2010），Russell（2013），James（2001），卢坤建（2009），马得勇，等（2014），李连江（2012），埃瑞·维戈达（2003），钱颖萍（2014）
	对冲突回应的及时性	
	回应渠道的多样性	
回应透明度	政策实施的公开透明程度	
	回应措施参与主体的广泛性	
回应能力	地方政府的突发事件应对能力	
回应完整度	是否存在选择性回应	
回应制度化水平	是否成立专门的组织机构	
	是否已达到成熟回应程度	

（二）指标体系的优化与调整

理论预选的指标体系基于已有的理论成果而来。为进一步优化指标体系，提高指标的科学性与可行性，本书通过应用德尔菲法，借助相关领域多位专家的智力专长，对指标体系的隶属度和相关性进行进一步的筛选①，以降低指标体系的不合理性，并尽量使其与旅游业发展需求相契合，从而提高指标体系的科学性与可操作性。

1. 专家的选取

旅游学术研究是应用性很强的研究。因此，本书在进行专家筛选时，不仅选取了从事专业学术研究的专家，而且选取了长期从事旅游业一线工作的从业人员，其中既有从事旅游规划与资源开发的企业从业者，也有从事旅游行政管理的政府工作人员。

由于德尔菲法并无确定的调查专家数量的规定，本书在兼顾科学性与可行

---

① 范柏乃，朱华. 我国地方政府绩效评价体系的构建和实际测度［J］. 政治学研究，2005（1）：85-95.

性的基础上，总计筛选了18名专家构成本次德尔菲法专家组。其中，从事学术研究的学者专家有9人，全部具有博士学位，主要研究方向为旅游社会学、旅游社区参与、旅游地居民感知、旅游影响等；从事旅游行政管理的政府工作人员有5人，其中既有省会城市旅游局的管理人员，也有区县及景区的一线旅游行政工作人员；从事旅游规划、资源开发及景区管理的企业人员有4人，全部具有10年以上工作经历。

2. 专家调查的过程

专家调查的过程主要分为两部分：

一是对专家进行半结构访谈。通过对理论文献的梳理，将建构出的概念模型与部分专家进行讨论，广泛听取专家意见。

二是对专家进行咨询问卷调查。专家调查的时间为2017年6月21日至7月14日。

6月21日至7月7日为第一轮专家调查阶段。这一阶段将理论预选的指标体系以问卷形式通过电子邮件发至专家手中，部分问卷采用书面打印形式当面邀请专家打分。为了使专家更好地理解问卷的设计，在发送邮件时，连同相关的问卷背景资料等内容一同发给专家。邀请专家依据其专业研究积累和工作经验对各项指标因子的“必要性”与“可行性”进行打分判断。“必要性”和“可行性”的维度划分均为1分至5分，1分为最不必要或最不可行，5分为非常必要或完全可行。

7月8日至14日为第二轮专家调查阶段。经过第一轮专家调查后，计算各指标因子的平均值，并将计算结果附在问卷中，再以电子邮件的形式反馈给各位专家，请其参照第一轮统计结果再次对各指标因子的必要性与可行性进行判断。为了便于专家阅读填写问卷，各指标统计均值以红色字体表示。同时，根据第一轮专家调查意见，在第二轮专家调查问卷中将“上访率”合并至“信访率”，新增“地方政府对旅游业重视程度”“社区居民对旅游公共服务的满意度”“地方政府公众信息的沟通能力”三个三级指标因子，并对原有八个三级指标因子进行了语句表述的修改。

经过两轮专家调查后，专家打分结果较为一致，结束专家调查，并依据最终的调查结果进行指标遴选。

3. 专家调查的结果

关于指标隶属度的分析，目前学界并无统一的筛选标准。因此，为了增强指标体系的科学性与操作可行性，本书在最终专家打分的基础上，将各指标中“必要性”或“可行性”均值低于3.5分的因子予以删除，实现指标体系的进一步筛选与优化。

根据专家对指标体系的必要性打分结果统计分析，一级指标和二级指标的必要性专家打分均在 3.5 分以上，予以保留。删除均值低于 3.5 分的三级指标因子五项：政府税收对旅游依赖程度（C22）、人口密度（C31）、旅游从业人员中外来人口所占比重（C32）、信访率（C53）、对中央政府的支持度（A14）。

专家调查的结果显示：政府税收对旅游依赖程度（C22）与人口密度（C31）与旅游社区冲突之间并不存在显著关系。旅游从业人员中外来人口所占比重（C32）与外来资本进入程度（C23）存在有一定的重叠性。旅游从业人员中的数量结构并不能有效地反映潜在的利益冲突。虽然信访率（C53）能够在一定程度上反映旅游地的利益冲突情况，但在调查中，更多的专家认为：现实中的信访率与旅游地的实际情形具有较大的差距。

同时，根据专家对指标体系的可行性判断结果统计分析，删除均值低于 3.5 分的二级指标两项：自然环境（C1）、政治环境（C5）；删除均值低于 3.5 分的三级指标因子四项：环境污染状况（C11）、生态破坏状况（C12）、地方政府廉洁状况（C51）、地方政府对旅游业重视程度（C54）。

综合专家的意见，我国当前的旅游业发展更多地被赋予推动旅游地的社会经济发展的责任，而并未对地方生态环境予以足够关注。而社区居民也同样更加关注如何借助旅游资源开发改善自身生活水平，对生态环境的破坏往往具有一定的包容性。另外，旅游资源的开发往往针对的是较为偏远的乡村地区、古镇古村或乡村区域的自然景区，环保部门尚未对该地区建立较为完善的环境监测数据库，关于旅游地的水体、大气、土壤等污染状况往往缺乏较为明确的监测记录。故本书删除环境污染状况（C11）与生态破坏状况（C12）两项指标因子。同时，地方政府廉洁状况（C51）、地方政府对旅游业重视程度（C54）在现实的调研中，也往往难以用数据表述，数据收集的可行性较低，同样删除。

此外，根据专家调查的汇总意见，将“对旅游开发公司的支持度（A13）”并入“对地方政府/景区管理局的支持度（A12）”之中；将“利益表达渠道畅通状况（C52）”并入“社会环境（C2）”之中；将“回应完整度（R4）”并入“回应态度（R1）”二级指标中。经过专家调查获得最终指标体系结果如表 4-4 所示。一级指标 3 项保持不变，二级指标计有 12 项，三级指标 31 项。

表 4-4 旅游社区冲突预警指数最终指标体系结果

一级指标	二级指标	三级指标	方向性
环境 C	经济环境 C1	产业结构单一性程度 C11	正向
		旅游业中外来资本进入程度 C12	正向
		社区居民旅游参与程度 C13	逆向
	社会环境 C2	社区居民贫富分化状况 C21	正向
		当地居民可替代性的就业选择 C22	逆向
		社区居民利益表达渠道状况 C23	逆向
	文化环境 C3	文化商业化程度 C31	正向
		文化的传承程度 C32	逆向
居民态度 A	支持度 A1	对旅游业支持度 A11	逆向
		对地方政府/景区管理局的支持度 A12	逆向
	满意度 A2	对现状生活的总体满意程度 A21	逆向
		对环境保护满意度 A22	逆向
		对文化保护的满意度 A23	逆向
		对家庭旅游收入的满意度 A24	逆向
		对公共服务的满意度 A25	逆向
		对未来生活的乐观程度 A26	逆向
	公平感 A3	参与旅游发展机会公平状况 A31	逆向
		旅游收益分配结果公平状况 A32	逆向
	相对剥夺感 A4	横向相对剥夺程度 A41	正向
		纵向相对剥夺程度 A42	正向
	行为意向 A5	意向行为的暴力化程度 A51	正向

表4-4(续)

一级指标	二级指标	三级指标	方向性
政府回应 R	回应态度 R1	对利益冲突的重视程度 R11	逆向
		对冲突回应的及时性 R12	逆向
		回应渠道多样性 R13	逆向
		回应内容的完整性 R14	逆向
	回应透明度 R2	回应政策的公开透明程度 R21	逆向
		回应措施参与主体的广泛性 R22	逆向
	回应能力 R3	公共事件的管理能力 R31	逆向
		公众信息沟通能力 R32	逆向
	回应制度化水平 R4	专门组织机构的健全程度 R41	逆向
		政府回应的程序化程度 R42	逆向

需要特别指出的是，上述得出的最终旅游社区冲突预警指数指标体系是遵循科学性与可行性双重原则之下进行的筛选。面对复杂的社会现实，上述的指标体系可能存在一定的不足，如自然环境、政治环境等指标，部分由于相关统计数据不规范或基层统计监测数据缺乏，部分由于保密、敏感性问题等难以收集，以致在进行指标体系的筛选时，为了实现数据收集的可行性，不得不忍痛割爱将这些指标予以删除。在这种情形之下，本书的旅游社区冲突指标研究不可避免地受到一定影响。

第二节　指标体系权重的确定

指标权重的确定是构建综合评价模型的核心问题①，同时也是社会指标研究的一大难点。在多样化的指标体系中，由于各项指标的重要性、敏感性等各不相同，因此在指标计算的过程中需要对指标的重要性予以区别对待，如此才能突出重点，更为准确地反映社会现实。早期的社会指标研究，由于指标因子较少，计算简便，并未对各项指标的权重差异化对待。但不分重点、对各项指

① 郭晓晶，何倩，张冬梅，等. 综合运用主客观方法确定科技评价指标权重［J］. 科技管理研究，2012，32（20）：64-67.

标予以均等赋分的指标体系，在面对如今复杂的社会现实时，无疑会极大地降低指标使用的科学性与可行性。

随着计算机技术的快速发展，当今社会指标体系权重的确定方法日趋多样，计算方法也更为复杂。总体而言，根据计算权重时原始数据的不同来源，确定指标体系权重的方法一般可分为主观赋权法和客观赋权法两大类①。其中，主观赋权法的原始数据是基于研究者的专业知识与经验，通过对指标因子之间的比较进行赋权，主要有主观加权法、专家咨询法、层次分析法、模糊统计法等；客观赋权法的原始数据是由各指标被测过程中的实际数据所得，主要有因子分析法、主成分分析法、熵权法、标准离差法等。但无论是主观赋权法还是客观赋权法，均有其自身的优势和劣势。因此，为了不断提升综合评价的科学性，主观赋权与客观赋权相结合的综合评价方法在实践中不断得到广泛发展和应用。

鉴于此，为了更好地提升旅游社区冲突预警指数评价模型的科学性和合理性，本书在指标权重的确定时拟采用客观熵权法与主观层次分析相结合的综合评价方法。

一、层次分析法

（一）层次分析法的操作步骤

层次分析法（analytic hierarchy process，AHP）是一种将定性与定量分析方法相结合的多目标决策分析法，由于它能将复杂的问题进行分解，从而为最佳方案的选择提供科学依据②，因此在社会管理及科学研究中被广泛采用。层次分析法是一种主观赋权法，主要倚重于专家的判断。其基本思路在于将复杂的待评价系统分解为不同层次的要素，构建目标层、准则层、指标层的多层次结构模型。邀请专家对各指标的相对重要性进行两两比较打分，从而构建两两比较的判断矩阵。对构造的判断矩阵进行综合运算，进而求得各个指标的权重。

层次分析法的具体操作步骤一般如下：

1. 构造判断矩阵

依据构造的多层次结构模型，邀请相关领域专家对各指标的重要性进行比较打分，根据指标重要性对其赋分 1 分至 9 分不等，判断标度如表 4-5 所示。

---

① 程启月. 评测指标权重确定的结构熵权法［J］系统工程理论与实践，2010，30（7）：1225-1228.

② 郭金玉，张忠彬，孙庆云. 层次分析法的研究与应用［J］. 中国安全科学学报，2008，18（5）：148-153.

由专家判断打分结果构造判断矩阵 $A=(A_{ij})_{m\times n}$（$i=1, 2\cdots n, j=1, 2\cdots m$）。判断矩阵的作用在于实现判断思维的数学化、定量化，从而使复杂的社会问题定量分析成为可能。

表 4-5　判断标度及说明

标度	判定规则
1	表示 i 和 j 相比，同样重要
3	表示 i 和 j 相比，i 比 j 稍微重要
5	表示 i 和 j 相比，i 比 j 明显重要
7	表示 i 和 j 相比，i 比 j 尤其重要
9	表示 i 和 j 相比，i 比 j 极端重要
2、4、6、8	上述两相邻判断的中值
1/3	表示 i 和 j 相比，i 比 j 稍微不重要
1/5	表示 i 和 j 相比，i 比 j 明显不重要
1/7	表示 i 和 j 相比，i 比 j 很不重要
1/9	表示 i 和 j 相比，i 比 j 极不重要

2. 判断矩阵一致性检验

判断矩阵一致性检验意在检查各专家在进行指标重要性判断时，各判断之间是否协调一致，是否存在自相矛盾的结果。尤其是随着阶数的增加，出现判断不一致的概率越会增加。根据矩阵原理，对判断矩阵一致性检验一般使用特征根的方法。即在层次分析中引入判断矩阵最大特征根之外的其余特征根的负平均值，作为度量判断矩阵偏离一致性的指标，常使用 $CI=(\lambda_{max}-n)/(n-1)$ 检查专家的判断思维一致性。

一般而言，当判断矩阵具有完全一致性时，$CI=0$。

同时，在衡量判断矩阵是否具有满意一致性时，还需要引入平均随机一致性指标 RI 值。对于 9 阶及以下的判断矩阵，其平均随机一致性指标 RI 值如表 4-6 所示[①]。

表 4-6　平均随机一致性指标（RI）对照表

阶数	1	2	3	4	5	6	7	8	9
RI	0.00	0.00	0.58	0.90	1.12	1.24	1.32	1.41	1.45

① 杜栋，庞庆华. 现代综合评价方法与案例精选［M］. 北京：清华大学出版社，2005：15.

判断矩阵的一致性指标 CI 与相同阶数的平均随机一致性指标 RI 的比值为随机一致性比率 CR，当 CR=CI/RI<0.10 时，即认为判断矩阵具有较为满意的一致性，否则需要对判断矩阵进行相应调整。

3. 层次单排序

层次单排序即根据判断计算出对于上一层某元素而言本层次与之有联系的元素重要性次序的权值。从数学上而言，层次单排序的计算即是求解判断矩阵的最大特征根和特征向量问题。本书采用根法进行求解：

①计算每一行元素的乘积 $M_i = \prod_{j=1}^{n} a_{ij} i = 1，2\cdots n$

②计算 M_i 的 n 次方根 $\overline{W}_i = \sqrt[n]{M_i}$

③对向量 $\overline{W} = [\overline{W}_1，\overline{W}_2，\cdots，\overline{W}_n]^T$，正规化

$W_i = \overline{W}_i / \sum_{j=1}^{m}$，则 $W = [W_1，W_2 \cdots W_n]^T$ 即为所求的特征向量。

④求得最大特征根 $\lambda_{\max} = \sum_{i=1}^{n} [(AW) i / nWi]$

4. 层次总排序

层次总排序即对于最高层次的排序，计算出最底层因素相对于最高层因素的重要性。

需要说明的是，虽然层次分析法得到了广泛的应用，但是在使用过程中，也有部分学者对其局限性提出了质疑，尤其是对于层次分析中的一致性问题、标度问题、排序方法等方面进行了较多讨论。其中，关于一致性问题，Saaty 提出用一致性比例 CR 检验判断矩阵是否具有一致性，如 CR≤0.1 则具有一致性，否则不具有①。在此之后，尽管有不少学者对 Saaty 的一致性指标临界值的设置提出了疑义，如认为 CR≤0.1 缺乏科学依据②，但后来的学者均没有提出更合理的检验方法和更具说服力的临界值指标③。因此，在实际应用中，用 Saaty 的 CR 检验一致性仍然是应用最为广泛的选择。而关于标度问题，Saaty 提出用 1~9 标度法构造判断矩阵，但有学者认为 1~9 标度法有可能导致判断矩阵一致性与思维一致性的不等价问题④。为此，有学者提出了 0~2 三标度

---

① SAATY T. The analytic hierarchy process [M]. New York：McGraw-Hillinc，1980.

② 兰继斌. 关于层次分析法优先权重及模糊多属性决策问题研究 [D]. 成都：西南交通大学，2002：3.

③ 朱建军. 层次分析法的若干问题研究及应用 [D]. 沈阳：东北大学，2005：8.

④ 徐泽水. 关于层次分析法中几种标度的模拟评估 [J]. 系统工程理论与实践，2000，20(7)：58-62.

法[①]、-1~1 三标度法[②]、-2~2 五标度法[③]以及指数标度法[④]等。但骆正清、杨善林通过对多种标度法的比价研究，认为在包序性、标度均匀性、可感知性等多重标准下，使用 1~9 标度更为合适[⑤]。

因此，虽然 Saaty 的层次分析法存在一定不足，但本书在层次分析法的应用过程中仍然选择 Saaty 提出的关于层次分析的具体规定。虽然后来学者对于层次分析法在具体应用环节如一致性检验、标度法等方面进行了较多的发展和创新，但是由于新的改进型的技术环节并未在实践中得到大量的验证，且后来学者提出的一致性检验方法、新的标度法等本身也存在诸如科学依据不足等众多局限，因此本书在计算过程中并未采用相关改进型技术环节。

（二）基于层次分析法的指标权重确定

本书将经过两轮专家调查获得的旅游社区冲突预警指数指标体系转化为专家问卷，邀请专家依据其专业知识及经验，对各指标因子进行两两比较，获得判断矩阵。本次参与咨询的专家共有 8 人，其中 4 人为从事旅游社区参与、民族村寨旅游、旅游社会学等领域学术研究的科研人员，职称为教授或副教授且全部具有博士学位；2 人为政府部门工作人员，2 人为旅游企业从业人员且均有研究生学历及 10 年以上工作经验。

在获得 8 位专家对指标体系各指标因子的两两比较判断数据后，构建相应的判断矩阵。本书按照上述层次分析法操作步骤，对各判断矩阵进行一致性检验，不符合 CR<0.1 的判断矩阵，则请做出该判断的专家对各指标因子的重要性进行相应调整，最终求解每个判断矩阵的最大特征根及特征向量，从而获得 8 位专家对各指标因子的权重判断。汇总 8 位专家对指标因子的权重结果求得指标因子的综合权重。

如表 4-7 所示，依据 8 位专家对一级指标的判断矩阵运算，其 CR 值均小于 0.1，说明判断矩阵具有较为满意的一致性。同时，根据对特征向量的求解获得各位专家对一级指标的权重，综合 8 位专家权重求解算数平均数，得到一级指标环境（C）、居民态度（A）、政府回应（R）的综合主观权重分别为 0.471 3、0.341 3 以及 0.187 4。

---

① 左军. 层次分析法中判断矩阵的间接给出法［J］. 系统工程，1988，10（6）：56-63.

② 徐泽水. 层次分析法中构造判断矩阵的新方法［J］. 系统工程，1997：204-206.

③ 徐泽水. 层次分析新标度法［J］. 系统工程理论与实践，1998，18（10）：74-77.

④ 舒康，梁镇伟. AHP 中的指数标度［J］. 系统工程理论与实践，1990，10（1）：6-8.

⑤ 骆正清，杨善林. 层次分析法中几种标度的比较［J］. 系统工程理论与实践，2004（9）：51-60.

表 4-7 旅游社区冲突预警指数一级指标权重的确定

专家	专家判断矩阵对应权重			λ_{max}	CI	RI	CR	CR<0.1
	C	A	R					
专家 1	0.637 0	0.104 7	0.258 3	3.038 5	0.019 2	0.58	0.033 1	是
专家 2	0.637 0	0.258 3	0.104 7	3.038 5	0.019 2	0.58	0.033 1	是
专家 3	0.236 4	0.681 7	0.081 9	3.001 5	0.000 7	0.58	0.001 2	是
专家 4	0.648 3	0.122 0	0.229 7	3.003 7	0.001 9	0.58	0.003 2	是
专家 5	0.122 0	0.558 4	0.319 6	3.018 3	0.009 2	0.58	0.015 8	是
专家 6	0.637 0	0.258 3	0.104 7	3.038 5	0.019 2	0.58	0.033 1	是
专家 7	0.730 6	0.188 4	0.081 0	3.064 9	0.032 5	0.58	0.055 9	是
专家 8	0.122 0	0.558 4	0.319 6	3.018 3	0.009 2	0.58	0.015 8	是
综合权重	0.471 3	0.341 3	0.187 4	—	—	—	—	—

同理，通过对判断矩阵的运算获得二级、三级各指标因子的权重。通过层次分析法运算对各级指标权重进行整理，实现指标因子权重的层次单排序。

在上述层次单排序基础上，再通过层次总排序得到各级指标因子相对于总目标旅游社区冲突预警指数的权重 θ_j，如表 4-8 所示。

表 4-8 层次总排序后各级指标因子对应总目标层的权重

一级指标	二级指标	三级指标
环境 C 0.471 3	经济环境 C1 0.328 7	产业结构单一性程度 C11（0.059 7）
		旅游业中外来资本进入程度 C12（0.043 4）
		社区居民旅游参与程度 C13（0.225 6）
	社会环境 C2 0.055 8	社区居民贫富分化状况 C21（0.028 4）
		当地居民可替代性的就业选择 C22（0.014 5）
		社区居民利益表达渠道状况 C23（0.012 9）
	文化环境 C3 0.086 8	文化商业化程度 C31（0.044 0）
		文化的传承程度 C32（0.042 8）

表4-8(续)

一级指标	二级指标	三级指标
居民态度 A 0.341 3	支持度 A1 0.121 7	对旅游业支持度 A11（0.059 6）
		对地方政府/景区管理局的支持度 A12（0.062 1）
	满意度 A2 0.065 9	对现状生活的总体满意程度 A21（0.019 4）
		对环境保护满意度 A22（0.005 4）
		对文化保护的满意度 A23（0.005 6）
		对家庭旅游收入的满意度 A24（0.015 6）
		对公共服务的满意度 A25（0.010 7）
		对未来生活的乐观程度 A26（0.009 2）
	公平感 A3 0.064 7	参与旅游发展机会公平状况 A31（0.036 0）
		旅游收益分配结果公平状况 A32（0.028 7）
	相对剥夺感 A4 0.046 7	横向相对剥夺程度 A41（0.037 0）
		纵向相对剥夺程度 A42（0.009 7）
	行为意向 A5 0.042 3	意向行为的暴力化程度 A51（0.042 3）
政府回应 R 0.187 4	回应态度 R1 0.071 8	对利益冲突的重视程度 R11（0.026 1）
		对冲突回应的及时性 R12（0.022 6）
		回应渠道多样性 R13（0.010 5）
		回应内容的完整性 R14（0.012 6）
	回应透明度 R2 0.065 4	回应政策的公开透明程度 R21（0.051 2）
		回应措施参与主体的广泛性 R22（0.014 2）
	回应能力 R3 0.021 0	公共事件的管理能力 R31（0.012 2）
		公众信息沟通能力 R32（0.008 8）
	回应制度化水平 R4（0.029 2）	专门组织机构的健全程度 R41（0.019 8）
		政府回应的程序化程度 R42（0.009 4）

二、熵权法

将层次分析法与熵权法相结合，综合确定各项指标的权重，既有利于发挥主观赋权的专业经验，也可以极大提高指标的客观性。将熵权法与层次分析法相结合的评价方法，近年来已经在越来越多的领域中得到应用，并取得了较好的评估效果。在旅游领域中，主客结合的熵权—层次分析法也已开始被应用于相关的评估研究中，如旅游地顾客满意度的评价①等方面。

利用熵值法确定指标权重的步骤如下：

（一）指标无量纲化处理

设有 m 个待评价方案，n 项评价指标，依据采集到的数据，可以构建初始矩阵：$X=（X_{ij}）_{n\times m}$（$i=1，2，\cdots，n$；$j=1，2，\cdots，m$）

应用公式 $Y=（X_{ij}-\min_j X_{ij}）/（\max_j X_{ij}-\min_j X_{ij}）$ 对初始矩阵进行无量纲化处理。

（二）计算每个指标的熵值

设 H_i 为第 i 个评价指标的熵值，则熵值 H_i 为

$$H_i = -k\sum_{j=1}^{m} f_{ij}\ln_{fij}，\quad 其中，f_{ij} = x_{ij}/\sum_{i=1}^{n} x_{ij}$$

其中，f_{ij} 为第 i 个指标下第 j 个系统的特征比重；x_{ij} 为第 j 个系统中的第 i 项指标的观测数据（$i=1，2，\cdots，n$；$j=1，2，\cdots，m$）；$\sum_{j=1}^{m}x_{ij}$ 为第 i 项指标的所有系统观测数据之和。

（三）计算每个指标的熵权

设 w_i 为第 i 个评价指标的熵权，则指标的熵权计算式为

$$W_i = (1-H_i)/(n-\sum_{i=1}^{n} H_i) \quad (i=1，2，3，\cdots，n)$$

（四）计算每个指标的复合权重

设 λ_i 为第 i 个评价指标的复合权重，则其计算式为

$$\lambda_i = W_i\theta_i/\sum_{i=1 i=1}^{n} W_{i=1}W_i\theta_i \quad (i=1，2，3，\cdots，n)$$

由于熵权法是基于所收集的数据对指标进行客观赋权的方法，因此采用熵权法的权重运算需要以数据的收集为前提。故在本章中，仅对此方法作一简述，依据熵权法计算的具体指标权重的确定详见下一章内容。

第三节　综合评价模型

一、旅游社区冲突预警指数综合评价模型

依据主观权重与客观权重计算获得综合指标权重 λ_i，采用多目标线性加权

① 王凯，唐承财，刘家明. 文化创意型旅游地游客满意度指数测评模型 [J]. 旅游学刊，2011，26（9）：36-44.

函数法得到旅游社区冲突预警指数的综合数学评价模型：

$$F = \sum_{i=1}^{n} f_i \quad f_i = \lambda_i \times Y_i$$

其中，F 为总体的旅游社区冲突预警指数，f_i为第 i 项指标的冲突指数，Y_i为第 i 项指标的无量纲化处理后的数值，λ_i为第 i 项指标的综合权重。

二、旅游社区冲突预警警级

通过上述综合评价模型对某一旅游地进行综合评价后，可以获得该旅游地的旅游社区冲突预警指数，根据表 4-9 可以明确旅游地所属的相应警级，从而为旅游目的地的治理和相关管理决策制定提供参考和借鉴。

表 4-9　旅游社区冲突预警指数警级评价表

预警指数	1~2	2~3	3~4	4~5
警级	轻警	中警	重警	极重警

在上表中，当预警指数处于 1~2 时，表示旅游地社会较为和谐；当预警指数处于 2~3 时，表示旅游地社会存在一定张力，旅游社区与地方政府之间的利益矛盾较多，社区居民具有较大的不满，需要引起地方政府的警惕和重视；当预警指数处于 3~4 时，表示旅游地社会张力较大程度显化，旅游社区与地方政府之间的利益矛盾已经公开化，社区居民明确表达自身的不满；当预警指数处于 4~5 时，表示旅游社区与地方政府之间的利益矛盾一触即发，随时有爆发冲突事件的可能。

第五章　旅游社区冲突预警的测量：实证研究

进入21世纪以来，随着社会资本大举进入旅游领域，以及中西部地区众多旅游资源的开发，社区居民与政府、企业等主体之间的矛盾不断凸显。尤其是在2008年金融危机之后，旅游业上升为国家战略性支柱产业，相关政府部门陆续出台了一系列旅游发展扶持政策。近年来，政策效应逐步显现，一是地方政府纷纷对旅游经济予以高度重视；二是资本在旅游领域不断跑马圈地，旅游景区、度假区、旅游小镇等的建设迎来发展高潮，地方政府在加大招商引资力度的同时，也纷纷成立地方政府下属的旅游开发投资公司，进行相应的旅游资源开发及旅游景区管理。

伴随着旅游资源开发进度的加快，利益矛盾和冲突事件也日益成为旅游地管理中不得不面对的新常态。从近年来被报道和研究的论文中，可以发现类似的冲突事件具有一定的普遍性，这也为本书的实证研究提供了较为多样的选择。政府主导型是当下我国旅游资源开发的主要模式，而与此相对，近年来的社区旅游研究也为我们呈现了社区主导型的旅游发展模式。为比较不同发展模式下旅游社区的利益冲突是否存在显著差异，经相关文献的梳理和专家推荐，基于可行性和田野调查的可进入性，本书最终选择贵州西江千户苗寨和朗德上寨两个案例地，展开旅游社区冲突预警测量的实证研究。

第一节　案例地的选择

在实证研究中，往往需要选择具有一定代表性和典型性的案例地。同时，已经形成部分相关研究成果的案例地则有助于背景资料的收集以及纵向上的比较分析。

经过文献的梳理和专家的推荐，基于本书研究问题的需要以及前期相关研究基础，本书认为西江千户苗寨景区是较为合适的案例地。第一，西江千户苗寨景区规模较大，社区内部社区分化较为显著，利益矛盾较为突出，与本书的研究主题较为契合；第二，西江千户苗寨景区发展较早，且先后经历了社区自主发展阶段和政府主导发展阶段；第三，在前期的调研中，本书已经掌握和了解了部分西江千户苗寨内的相关资料数据，有利于展开进一步的深入研究。同时，本书选择与西江千户苗寨旅游资源类似、发展历史相近、发展模式不同的朗德上寨作为参照案例地，以便于进行不同发展模式下的比较研究。

西江千户苗寨与朗德上寨均位于贵州省黔东南苗族侗族自治州雷江县境内。西江千户苗寨由平寨、也通、羊排、东引、南贵等十余个依山而建的自然村寨构成，是中国乃至世界最大的苗族聚居地。西江千户苗寨早在 1987 年即被贵州省人民政府列为贵州东线民族风情旅游景点，并在 1992 年被列入省级文物保护单位。西江千户苗寨在 2008 年迎来贵州省第三届旅游产业发展大会之后走上了旅游快速发展的道路。

朗德上寨距离雷山县政府 7 千米，距离州府凯里市 29 千米。西江千户苗寨与朗德上寨隔凯（里）雷（山）高速相望，西江千户苗寨与朗德上寨之间的公路距离仅为 25 千米。朗德上寨于 1986 年开始进行旅游接待，属于巴拉河流域七个著名苗族村寨群，既是贵州乡村旅游开发重点示范村寨①，也有贵州省第一座民族村寨博物馆。

西江千户苗寨发展的转折点是 2008 年贵州省旅游产业大会的召开。为了更好地进行二者的对比，以下从两个景区的旅游发展规模和社区居民的获益两个方面做一比较分析。

（一）旅游接待规模

朗德上寨虽然旅游发展起步较早，但在缺乏外来资本力量推动的情况下，旅游发展速度较为缓慢。至 2003 年年底，朗德上寨的游客接待量才突破一万人次，朗德上寨在 2005 年之后经历了短暂的繁荣发展阶段，在 2007 年游客量达到最高峰 18 万人次，此后便迅速减少。2009 年的游客接待量仅相当于 2007 年的六分之一。朗德上寨 2007 年之后游客量的锐减，很大原因在于地方政府对西江千户苗寨的重点扶持，尤其是在旅游宣传上，西江千户苗寨对朗德上寨形成了形象遮蔽效应，从而分流了朗德上寨的游客接待量。

朗德文旅公司 2017 年上半年度的总结报告显示：2017 年 1 月 1 日至 6 月

---

① 黄虹，曹兴平．基于文化适应性评价的社区主导旅游开发模式研究［J］．经济管理，2012（9）：112-120.

25 日，郎德苗寨景区入园人数达 3.28 万人（表 5-1），实现综合收入 38.58 万元。其中，门票收入 28.77 万元，观光车收入 7.23 万元，停车场收入 1.23 万元，其他收入 1.35 万元。而根据作者于 2017 年暑假旺季在朗德苗寨调研期间的观察和统计，景区日游客接待量不足 200 人，据此估算景区的年游客接待量应不足 10 万人次。

表 5-1　朗德景区 2017 年上半年游客接待量统计　单位：人次

月份	1~4 月	5 月	6 月
散客	23 796	2 849	1 668
团队		1 808	2 678
小计	23 796	4 657	4 346

资料来源：朗德文旅公司 2017 年上半年工作总结报告。

注：5 月之前，由于公司前期设施设备不完善，1~4 月数据由人工统计，未细分团队与散客。

西江千户苗寨的发展同样以 2008 年为界，经历了两个完全不同的发展阶段。2008 年之前为社区主导发展阶段，西江千户苗寨的游客接待量同样增长较为缓慢，与朗德上寨在游客接待量及旅游收入上并无显著差异。而在地方政府介入之后，借助余秋雨名人效应的市场营销，以及贵州省产业大会的契机，西江千户苗寨的市场知名度得到迅速提高。2009 年景区管理局及旅游公司的成立，改变了产品营销模式，旅游公司不断加强与旅行社之间的合作，吸引了大量的团队观光游客，进而促使西江游客接待量的爆发式增长。至 2016 年，西江千户苗寨景区游客接待量已经超过 484 万人次，旅游综合收入达 41.99 亿元，如表 5-2 所示。

表 5-2　西江千户苗寨游客接待量及旅游收入（2000—2016 年）

年份	游客量/万人次	旅游收入/万元	年份	游客量/万人次	旅游收入/万元
2000	0.76	17	2009	78.35	17 958
2001	0.8	20	2010	90.72	28 900
2002	0.86	20	2011	240.35	95 200
2003	0.92	23	2012	156.22	90 600
2004	1.164	30	2013	218.4	163 500
2005	1.352	33	2014	272.56	213 600
2006	6.8	544	2015	345.64	266 200

表5-4(续)

年份	游客量/万人次	旅游收入/万元	年份	游客量/万人次	旅游收入/万元
2007	11.5	575.73	2016	484.74	419 900
2008	77.7	10 200			

资料来源：贵州省西江千户苗寨文化旅游发展有限公司。

注：表中西江千户苗寨景区2012年游客接待量及旅游收入数据为黔东南州审核后的调整数据，西江千户苗寨旅游公司与雷山县政府公布的数据为：游客接待量352.81万人次，旅游收入20.46亿元。由于2012年之后的相关数据以黔东南州审核数据为基数，故本书也采用州局审核后的调整数据。

西江千户苗寨游客量的快速增长源自客源结构的重大转变。在地方政府介入之前，西江千户苗寨在社区主导下进行自发旅游接待，客源市场结构主要为本地及周边地区的休闲度假市场，以自驾游方式的散客为主。而在产业大会之后，旅游公司加强与省内外各大旅行社之间的合作，省外观光团队游客构成了西江千户苗寨的市场主体。

（二）社区居民的获益

在不同的发展模式下，西江千户苗寨与朗德上寨社区居民的经济收入来源存在较大的差异。

朗德上寨的社区居民旅游收益来源主要由三个部分组成：一是参与旅游表演的“工分”收入；二是开办家庭客栈的经营收入；三是旅游工艺品的销售收入。但在本书作者的调查中，发现唯有旅游表演的“工分”收入一直是朗德上寨村民的重要收入来源，一般一个成年人一个月的旅游表演“工分”收入为300~400元。一个家庭根据人口多少，每月旅游“工分”收入在500~2 000元不等。虽然在2008年之前，朗德上寨的村民普遍开始经营客栈，但由于受到西江千户苗寨景区旅游大发展的影响，2009年之后多数家庭客栈已经关门停业。至笔者2017年暑假调研时，朗德上寨内仍在正常经营的家庭客栈仅有10余家。部分客栈由于缺乏客源，只得以低价租给在朗德修路的工人居住。

而西江千户苗寨在地方政府的支持下，拓宽了社区居民收入来源的渠道，收入来源渠道较为多元化。主要有：一是家庭住房出租的租金收入，这是靠近白水河下半段苗寨居民家庭的最重要收入；二是开设旅馆客栈、餐馆等的经营收入；三是在街铺上摆摊出售手工艺品、小吃餐饮、农产品的销售收入；四是在旅游公司工作的工资收入；五是地方政府的补贴收入，包括政府奖励、对文物保护的补贴等。总之，2007年之后，在西江千户苗寨内从事旅游经营的个体户、工艺品店、苗家乐等的人员数量大大增加。

第二节　数据的收集与分析

由于本书构建的旅游社区冲突预警指数是主观指标与客观指标的综合，因此，在数据收集的方式上，本书综合采用了问卷调查、深度访谈，以及观察法等。

一、数据的收集

（一）问卷设计

问卷设计主要根据专家调查法获得的最终旅游社区冲突评价指标体系而制定。在31项具体指标因子中，由于社会环境指标及文化环境指标缺乏现成的统计数据，因此本书从社区居民的视角，采用李克特五级量表，请其对相应的指标予以判断。另外，在政府回应的指标体系中，同样缺乏现成的统计数据。地方政府的回应关键在于使社区居民关注的问题能够得到有效解决，因此，从社区居民的视角判断地方政府的回应指标不失为一种较为理想的路径选择。故在政府回应的四项二级指标中，R4指标根据对管理局工作人员的访谈予以量化评价，而R1、R2、R3的具体指标由社区居民进行主观判断予以量化。

因此，在31项具体指标因子中，有26项指标通过对社区居民的问卷调查获得数据，另外5项指标通过地方政府部门已有统计数据及对管理局工作人员的访谈进行量化。调查问卷的选项采用李克特式五级计分法。同时，为了便于后期数据的录入及运算，在对逆向指标的问卷进行设计时，采用了反向题的选项设置，问题的选项为“非常支持、较支持、一般、较不支持、非常不支持”或“非常满意、较满意、一般、较不满意、非常不满意”等，依次赋值1~5分，得分越高，则表示旅游社区与地方政府/管理局之间矛盾越大，爆发冲突的可能性及冲突的强度越高。最终问卷主要由两部分组成：第一部分是根据指标因子设计相应的问题，第二部分是受访者的社会人口特征信息。（问卷内容详见附录一）

（二）数据采集

本书作者先后多次进入苗寨景区展开田野调研。第一次预调研于2016年12月进入景区，主要目的在于充分了解景区内的发展现状，并对部分社区居民进行开放式访谈。正式调研于2017年7月16日至8月6日展开，主要是进行预警指数调查问卷的发放以及对相关利益群体的深度访谈。除田野调查外，对于部分问题还通过微信、电话等方式对部分居民进行了沟通访问。

正式调研期间笔者累计向社区居民发放问卷700份，回收700份，剔除信息不完整（如个人信息没有填写）、多选以及填写不规范问卷（如所有选项全部选C）等无效问卷114份，最终回收有效问卷586份，有效回收率83.71%。其中7月16日至31日在西江千户苗寨景区共计发放问卷580份，发放问卷数量约占社区居民总户数的40.56%，回收有效问卷492份，有效回收率84.83%；8月1日至6日在朗德上寨共计发放问卷120份，发放问卷数量约占社区居民总户数的85.71%，回收有效问卷94份，有效回收率78.33%。所有问卷发放均是通过随机入户调查的形式，由受访者当场填写并回收。

在调研期间，本书作者对社区居民展开46人次深度访谈，同时也对7位景区工作人员以及部分游客等展开深度访谈。

二、数据的分析

总计回收有效问卷586份，其中西江千户苗寨景区回收有效问卷492份，朗德上寨回收有效问卷94份。以下应用SPSS Statistics 17.0对其进行统计分析。

（一）人口统计特征分析

1. 西江千户苗寨人口统计特征分析

西江千户苗寨景区的调研对象，女性稍多于男性；在年龄特征上，以40岁以下中青年构成了被调查的主体，占总被调查者的77.1%；在文化程度上，以初中和高中或中专为主，约占62.2%，这与中青年的年龄构成相关；在职业构成中，以务农、餐饮/客栈经营、旅游工艺品经营等居多，约占54.2%；在家庭年收入上，5万元以下成为西江千户苗寨景区社区居民的主体收入水平，占72.4%，家庭年收入达10万元以上的占8.7%，如表5-3所示。

2. 朗德上寨人口统计特征分析

朗德上寨的调研对象，男性略多于女性；但在受访者的年龄结构上，与西江千户苗寨较为类似，40岁以下的中青年成为受访主体，约为68.1%；在受教育程度上，以初中最多，为45.7%，其次是小学及高中，可以看出，朗德上寨整体学历层次偏低；在职业构成上，餐饮/客栈经营及务农成为主要职业，占受访者总体的51.1%；虽然全村的村民几乎人人参与旅游接待，但农业生产仍然是社区至为重要的基础产业；在经济收入方面，从描述性统计中可以发现，家庭年收入5万元以下是朗德上寨社区居民家庭的主流，约占90.5%，家庭年收入达10万元以上的仅有4户，社区内部经济收入较为平均，如表5-4

所示。

表 5-3　西江千户苗寨景区受访者人口特征统计（N=492）

人口特征		频数	百分比	有效百分比	累计百分比
性别	男	231	47%	47%	47%
	女	261	53%	53%	100%
年龄	18~30 岁	232	47.2%	47.2%	47.2%
	31~40 岁	147	29.9%	29.9%	77.1%
	41~50 岁	65	13.2%	13.2%	90.3%
	51~60 岁	21	4.3%	4.3%	94.6%
	60 岁以上	27	5.5%	5.5%	100%
文化程度	小学及以下	102	20.7%	20.7%	20.7%
	初中	184	37.4%	37.4%	58.1%
	高中或中专	122	24.8%	24.8%	82.9%
	大学或大专	79	16.1%	16.1%	99%
	研究生	5	1%	1%	100%
职业	餐饮/客栈经营	99	20.1%	20.1%	20.1%
	旅游工艺品经营	63	12.8%	12.8%	32.9%
	服装租赁/摄影	38	7.7%	7.7%	40.6%
	务农	105	21.3%	21.3%	61.9%
	务工	58	11.8%	11.8%	73.7%
	在读学生	49	9.9%	9.9%	83.6%
	其他	80	16.4%	16.4%	100%
家庭年收入	5 万元以下	356	72.4%	72.4%	72.4%
	5 万~10 万元	93	18.9%	18.9%	91.3%
	10 万~15 万元	23	4.7%	4.7%	96%
	15 万~20 万元	13	2.6%	2.6%	98.6%
	20 万元以上	7	1.4%	1.4%	100%

表 5-4　朗德上寨景区受访者人口特征统计（N=94）

人口特征		频数	百分比	有效百分比	累计百分比
性别	男	51	54.3%	54.3%	54.3%
	女	43	45.7%	45.7%	100%
年龄	18~30 岁	31	33%	33%	33%
	31~40 岁	33	35.1%	35.1%	68.1%
	41~50 岁	22	23.4%	23.4%	91.5%
	51~60 岁	6	6.4%	6.4%	97.9%
	60 岁以上	2	2.1%	2.1%	100%
文化程度	小学及以下	22	23.4%	23.4%	23.4%
	初中	43	45.7%	45.7%	69.1%
	高中或中专	17	18.1%	18.1%	87.2%
	大学或大专	12	12.8%	12.8%	100%
	研究生	0	0	0	100%
职业	餐饮/客栈经营	23	24.5%	24.5%	24.5%
	旅游工艺品经营	11	11.7%	11.7%	36.2%
	服装租赁/摄影	9	9.6%	9.6%	45.8%
	务农	25	26.6%	26.6%	72.4%
	务工	6	6.4%	6.4%	78.8%
	在读学生	7	7.4%	7.4%	86.2%
	其他	13	13.8%	13.8%	100%
家庭年收入	5 万元以下	85	90.5%	90.5%	90.5%
	5 万~10 万元	5	5.3%	5.3%	95.8%
	10 万~15 万元	3	3.2%	3.2%	99%
	15 万~20 万元	1	1%	1%	100%
	20 万元以上	0	0	0	100%

（二）信度分析

通过运用 SPSS Statistics 17.0 中的克朗巴哈 a 信度系数法，对问卷中的 26 项指标数据进行信度检验。其中，贵州西江千户苗寨的 Cronbach’ s Alpha 系数为0.894，朗德上寨的Cronbach's Alpha系数为0.877，均在0.80以上，表明测量结果具有非常好的信度。

(三) 基于熵权法的指标客观权重运算

前文已经应用层次分析法运算出各指标的主观权重，本节将遵循前文所述的熵权法理论及技术步骤，对田野调查所得的问卷数据进行客观权重运算，从而得到各指标因子的综合权重。

1. 建立决策矩阵

通过SPSS对西江千户苗寨和朗德上寨的问卷数据进行处理，求得各项指标的均值和标准差，如表5-5所示。应用均值数据可以建立决策矩阵 $A=(a_{ij})\ m\times n$，其中 a_{ij} 表示第 i 个对象的第 j 个指标测度值。

表5-5　西江千户苗寨及朗德上寨各项指标的均值

指标	西江千户苗寨		朗德上寨		指标	西江千户苗寨		朗德上寨	
	均值	标准差	均值	标准差		均值	标准差	均值	标准差
C11	3	—	3.5	—	A31	3.22	0.929	2.44	0.968
C12	3	—	1	—	A32	3.35	0.982	2.63	0.950
C13	3	—	2	—	A41	3.25	0.886	3.02	0.747
C21	3.25	1.134	2.45	0.771	A42	2.51	0.801	2.35	0.758
C22	3.03	1.137	3.23	1.102	A51	2.62	1.265	2.40	1.264
C23	3.22	1.010	3.18	0.687	R11	2.88	1.004	2.74	0.717
C31	3.60	0.903	2.48	1.024	R12	3.15	0.972	3.03	0.809
C32	2.85	1.111	2.36	0.926	R13	3.36	0.963	3.14	0.824
A11	1.75	0.939	1.64	0.701	R14	3.26	1.046	3.10	0.843
A12	2.80	1.034	2.53	0.969	R21	3.20	0.947	3.07	0.806
A21	2.43	0.847	2.31	0.843	R22	2.88	0.915	2.77	0.725
A22	2.62	1.011	2.40	0.834	R31	2.92	0.946	2.82	0.718
A23	2.78	0.980	2.53	0.758	R32	3.11	0.982	3.01	0.810
A24	3.03	0.876	2.88	0.774	R41	2	—	3	—
A25	2.62	0.974	2.73	0.870	R42	3	—	4	—
A26	2.11	0.723	2.01	0.922					

在上述31项指标均值数值中，26项为通过问卷调查所获得，5项指标

（C11、C12、C13、R41、R42）为通过相关统计资料或对管理局工作人员的访谈获得，故在表中无标准差数据。

2. 矩阵标准化处理

为消除各指标间单位、量纲等不同带来的影响，按照正向指标 $a_{ij}/\max a_j$、逆向指标 $a_{ij}/\min a_j$对各元素进行标准化处理。标准化处理之后得到新的矩阵 $\boldsymbol{B} = (b_{ij})$ 31×2，标准化处理后的新矩阵 $\boldsymbol{B}$ 各元素取值在 0 至 1 之间，且均为正向指标。标准化后数值如附录三所示。

3. 计算各指标熵值

根据信息论理论，第 j 个指标输出的熵为

$E_j = -k\sum P_{ij}\ln P_{ij}$ （其中，$P_{ij} = b_{ij}/\sum b_{ij}$，$i = 1, 2$；$j = 1, 2, \cdots, 31$；常数 $k = 1/\ln 2 = 1.4428$）。其中，处理后的各指标对应 P_{ij} 以及各项指标的熵值 E_j、偏度差 D_j 及各观权重 W_j 如附录三所示。

根据偏度差公式 $D_j = 1 - E_j$，即可求出每项指标的变异度。

根据公式 $W_j = D_j/\sum D_j$，即可求出每项指标的客观权重 W_j。

求解综合权重。应用公式 $\lambda_j = W_j\theta_j/\sum_{i=1}^{n} W_j\theta_j$ （$j = 1, 2, 3\cdots 31$），θ_j 为上文中利用层次分析法求解得出的主观权重。各项指标的最终权重如表 5-6 所示。

表 5-6　各项指标的最终权重（λ_j）

指标	W_j	θ_j	λ_j	指标	W_j	θ_j	λ_j
C11	0.011 8	0.059 7	0.013 2	A31	0.039 5	0.036 0	0.026 6
C12	0.543 0	0.043 4	0.440 8	A32	0.030 2	0.028 7	0.016 3
C13	0.083 5	0.225 6	0.352 3	A41	0.002 9	0.037 0	0.002 1
C21	0.040 9	0.028 4	0.021 7	A42	0.001 7	0.009 7	0.000 3
C22	0.002 0	0.014 5	0.000 5	A51	0.004 0	0.042 3	0.003 3
C23	0.000 0	0.012 9	0.000 0	R11	0.000 8	0.026 1	0.000 4
C31	0.070 8	0.044 0	0.058 3	R12	0.000 6	0.022 6	0.000 3
C32	0.018 2	0.042 8	0.014 6	R13	0.002 3	0.010 5	0.000 4
A11	0.001 7	0.059 6	0.002 0	R14	0.000 8	0.012 6	0.000 1
A12	0.004 9	0.062 1	0.005 7	R21	0.000 6	0.051 2	0.000 6
A21	0.001 2	0.019 4	0.000 4	R22	0.001 2	0.014 2	0.000 3

表5-6(续)

指标	W_j	θ_j	λ_j	指标	W_j	θ_j	λ_j
A22	0.003 7	0.005 4	0.000 4	R31	0.000 6	0.012 2	0.000 1
A23	0.004 3	0.005 6	0.000 4	R32	0.000 0	0.008 8	0.000 0
A24	0.001 2	0.015 6	0.000 3	R41	0.083 5	0.019 8	0.030 9
A25	0.000 6	0.010 7	0.000 1	R42	0.042 3	0.009 4	0.007 4
A26	0.001 2	0.009 2	0.000 2				

综合上表内容，可以得到各级指标权重赋值，如表5-7所示。其中，括号内的数据为各级指标对应于总目标层（旅游社区冲突预警指数）的相应权重，括号外的数据为指标对应的上一级指标的相应权重。

需要说明的是，利用熵权法确定的指标权重主要依赖于问卷调查的客观数据。熵权法的原理是：对于某项指标，指标的观测值差距越大，其熵值越小，权重越大；指标的观测值之间差距越小，其熵值越大，权重就越小。因此，本书通过熵权法和层次分析法获得的最终指标权重中，部分指标的权重较小，甚至有两项指标（C23与R32）的最终权重为0，这并非意味着指标本身并不重要，而是表示在西江千户苗寨景区与朗德上寨景区的比较过程中，这些指标的权重相对较小。即在社区居民利益表达渠道指标和地方政府公众信息沟通能力指标上，西江千户苗寨景区的社区居民与朗德上寨景区的居民判断较为一致，指标的观测值差距非常小。

表5-7 旅游社区冲突预警指数指标体系综合权重确定

一级指标	二级指标	三级指标
环境C 0.901 4	经济环境C1 (0.806 3) 0.894 5	产业结构单一性程度C11（0.013 2）0.016 4
		旅游业中外来资本进入程度C12（0.440 8）0.546 7
		社区居民旅游参与程度C13（0.352 3）0.436 9
	社会环境C2 (0.022 2) 0.024 6	社区居民贫富分化状况C21（0.021 7）0.977 5
		当地居民可替代性的就业选择C22（0.000 5）0.022 5
		社区居民利益表达渠道状况C23（0.000 0）0.000 0
	文化环境C3 (0.072 9) 0.080 9	文化商业化程度C31（0.058 3）0.799 7
		文化的传承程度C32（0.014 6）0.200 3

表5-7(续)

一级指标	二级指标	三级指标
居民态度 A 0.058 1	支持度 A1 (0.007 7) 0.132 5	对旅游业的支持度 A11（0.002 0）0.259 7
		对地方政府/景区管理局的支持度 A12（0.005 7）0.740 3
	满意度 A2 (0.001 8) 0.031 0	对现状生活的总体满意程度 A21（0.000 4）0.222 2
		对环境保护满意度 A22（0.000 4）0.222 2
		对文化保护的满意度 A23（0.000 4）0.222 2
		对家庭旅游收入的满意度 A24（0.000 3）0.166 7
		对公共服务的满意度 A25（0.000 1）0.055 6
		对未来生活的乐观程度 A26（0.000 2）0.111 1
	公平感 A3 (0.042 9) 0.738 4	参与旅游发展机会公平状况 A31（0.026 6）0.620 0
		旅游收益分配结果公平状况 A32（0.016 3）0.380 0
	相对剥夺感 A4 (0.002 4) 0.041 3	横向相对剥夺程度 A41（0.002 1）0.875 0
		纵向相对剥夺程度 A42（0.000 3）0.125 0
	行为意向 A5 (0.003 3) 0.056 8	意向行为的暴力化程度 A51（0.003 3）1.000 0
政府回应 R 0.040 5	回应态度 R1 (0.001 2) 0.029 6	对利益冲突的重视程度 R11（0.000 4）0.333 3
		对冲突回应的及时性 R12（0.000 3）0.250
		回应渠道多样性 R13（0.000 4）0.333 3
		回应内容的完整性 R14（0.000 1）0.083 4
	回应透明度 R2 (0.000 9) 0.022 2	回应政策的公开透明程度 R21（0.000 6）0.666 7
		回应措施参与主体的广泛性 R22（0.000 3）0.333 3
	回应能力 R3 (0.000 1) 0.002 5	公共事件的管理能力 R31（0.000 1）1.000 0
		公众信息沟通能力 R32（0.000 0）0.000 0
	回应制度化水平 R4 (0.038 3) 0.945 7	专门组织机构的健全程度 R41（0.030 9）0.806 8
		政府回应的程序化程度 R42（0.007 4）0.193 2

注：括号内的数据为各级指标对应于总目标层的相应权重，括号外的数据为指标对应的上一级指标的相应权重。

（四）贵州苗寨的旅游社区冲突预警指数

根据上述内容运算各项指标的最终权重，将西江千户苗寨和朗德上寨的数据分别代入公式 $F = \sum_{j=1}^{31} f_j (f_j = \lambda_j \times Y_j$，其中 λ_j 为表 5-7 中各指标的综合权重，Y_j 为表 5-5 中各指标的均值)，可运算出贵州千户苗寨景区的旅游社区冲突预警指数。

经运算，西江千户苗寨旅游社区冲突预警指数为 3.013 9，处于重度预警区间，其中，环境指数为 3.042 7，居民态度指数为 3.109 6，政府回应指数为 2.243 0；朗德上寨旅游社区冲突预警指数为 1.699 1，处于轻度预警区间，其中，环境指数为 1.581 3，居民态度指数为 2.493 6，政府回应指数为 3.180 9。可以看出，在西江千户苗寨与朗德上寨之间存在较大的差异。

事实上，西江千户苗寨在借助政府的力量走上发展的快车道的同时，因旅游资源开发也带来了众多的社会矛盾，社区居民与地方政府及管理局之间的利益冲突时有发生。2008 年之后，旅游资源开发引致的利益矛盾和利益冲突明显增多，其中最为严重的是发生于 2012 年持续时间约为一周的因整治景区车辆而发生的社区居民封路的群体性事件。某种程度而言，2008 年之后西江千户苗寨旅游业的大发展与普遍存在的利益矛盾是我国进入 21 世纪以来旅游业发展的缩影。

从表 5-8 中可以看出，在西江千户苗寨内部潜伏着各类利益矛盾，社区居民的冲突意愿较高。但是与朗德上寨的预警指数相比，为何西江千户苗寨的冲突预警指数更高？两者之间的差异在哪里？是什么因素导致了西江千户苗寨更高的冲突意愿？这些仍然有待深入分析。

表 5-8　西江千户苗寨 2008 年后发生的部分冲突事件

时间	起因	持续时间	参与人数占总人数比重
2008	征地	数小时	约 20%
2009	征地、利益分配	数小时	约 25%
2010	“老人会”取缔	数小时	约 20%
2011	征地、中学搬迁	数小时	约 30%
2012.5	民族文化被破坏	数小时	约 20%
2012.6	中学、医院搬迁	一下午	约 50%
2012.8	利益分配、车辆整治	8 天	约 90%

资料来源：司亦含. 交换权利视域下的西南民族地区群体性事件分析：以贵州西江千户苗寨为例［D］. 重庆：重庆大学，2014：24.

第三节　旅游社区冲突预警指数分析

通过上文的数据分析，可以发现西江千户苗寨与朗德上寨的旅游社区冲突预警指数存在较大的差异。本章结合田野调查时的访谈材料、收集的相关统计资料等（深度谈提纲及受访者编码信息详见附录三），尝试对西江千户苗寨及朗德上寨的旅游社区冲突预警指数在抽象数据差异下的社会现象展开分析。

一、环境指数分析

通过对调查数据结果的分析，可以发现，在环境指数一项，西江千户苗寨指数 3.042 4 远高于朗德上寨 1.581 3。而在具体到二级指标时，西江千户苗寨的经济环境指数、社会环境指数、文化环境指数均高于朗德上寨，且均在 3.0 以上的重度预警区间，其中尤以文化环境指数最高，达到 3.8。而在差距方面，又以经济环境指数差异最甚，两者相差近 1.7，如表 5-9 所示。

表 5-9　环境指数差异均值分析

指标	环境指数（C）	经济环境（C1）	社会环境（C2）	文化环境（C3）
西江千户苗寨	3.042 4	3.328 2	3.600 0	3.827 2
朗德上寨	1.581 3	1.639 5	2.737 5	2.724 6

（一）经济环境指数分析

西江千户苗寨的经济环境指数为 3.328 2，朗德上寨的经济环境指数为 1.639 5，二者相差悬殊，也是环境指数三个二级指标中相差最为显著的项目。

经济环境指数下有三个三级指标，分别为产业结构的单一性程度、旅游业中外来资本的进入程度以及社区居民旅游的参与程度。由于西江千户苗寨与朗德上寨同属于贵州省黔东南州雷山县，西江千户苗寨所在的西江镇由于西江千户苗寨景区的发展，带动了周边农业生产、工程建设、交通运输、咨询服务等相关产业，虽然各产业的发展均高度依赖于西江旅游资源的开发，但是在产业结构上略好于朗德上寨所属的朗德镇。在产业结构的单一性程度上，二者较为同质，并无显著区别。造成经济环境指数差异的关键在于外来资本的进入程度以及社区居民的旅游参与程度，其中又以外来资本的进入程度影响最大。

1. 外来资本进入程度

景区内的商业业态主要为餐饮客栈及工艺品销售。以下从农家乐经营、门市门面店铺经营等方面对西江千户苗寨景区的外来资本进入程度予以分析。

（1）经营规模分析

雷山县西江千户苗寨景区管理局的统计数据显示，在西江千户苗寨景区约378户农家乐经营户中，西江村民开设的有135户，约占总经营户数的35.7%，如图5-1所示。

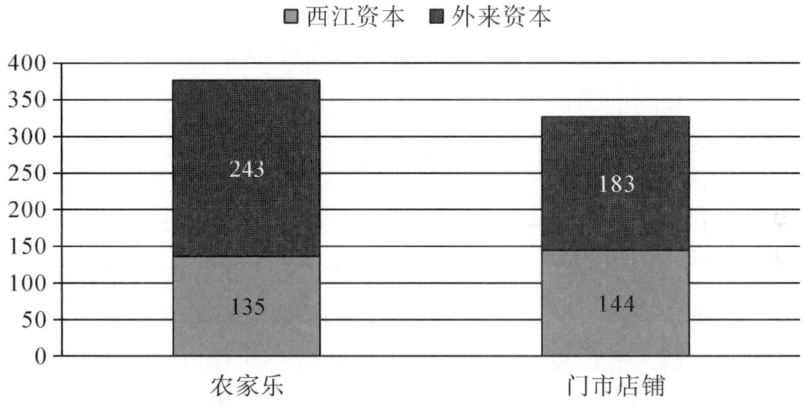

图5-1　西江千户苗寨景区农家乐及门市店铺不同资本的户数统计

数据来源：根据西江千户苗寨景区管理局统计数据整理所得。

截止日期：2017年3月1日。

而在门市店铺的经营中，西江千户苗寨景区总计有327户门市店铺，其中西江籍店铺有144户，约占总经营户数的44.04%（如图5-1所示）。且不论西江资本与外来经营资本在经营规模、接待能力、档次等之间的差距，即使是在数量上，外来资本也绝对处于统治地位，正如当地居民所言“临街的铺面基本上都是湖南人开的，靠河边的客栈基本上都是浙江人开的”。（2017-07-17-XJ-B①）

除此之外，西江千户苗寨景区内还有众多的经营摊位。根据景区管理局的统计资料，至2016年12月底，景区共有摊位386户，其中烧烤摊位27户、大北门小吃摊位30户、小吃一条街摊位109户、农贸市场摊位28户、服装照相

① 注：2017-07-17-XJ-B为本书的访谈编码，其中2017-07-17为访谈日期，XJ及LD为访谈的景区编码，分别为西江千户苗寨景区与朗德苗寨景区，B为对受访者的编号，下同。有关受访者编码的相关信息详见附录二。

老表演场摊位 31 户、观景台摊位 50 户、河滨道 64 户摊位、工艺品摊位 47 户。虽然摊位几乎全为西江社区居民所经营，但是摊位由旅游公司所提供，村民的经营资格依据每年抽签情况所决定，并无固定的经营业主，且摊位的盈利能力低，尤其是服装照相摊位和工艺品摊位。在笔者 2017 年 7 月的调研中，虽然正值暑假旺季，但是服装照相和工艺品摊位有近 1/3 处于歇业或半歇业状态之中。因此，本书在此并未将其作重点分析。

（2）接待能力分析

①西江千户苗寨分析

农家乐的经营接待能力可以从两个方面进行分析：一是农家乐经营户的从业人数，二是农家乐的床位数。从景区管理局提供的统计数据来看（表 5-10），西江千户苗寨景区西江籍农家乐从业人员总计有 481 人，户均从业人数为 3.5 人，多数为 2~4 人家庭式经营，仅有少量兼有住宿和餐饮的农家乐从业人数才超过 10 人，约占西江籍农家乐的 6.7%；外来资本经营的 243 户农家乐中，有从业人员 897 人，户均从业人员 3.7 人；西江籍农家乐床位数总数为 1 927 个，户均床位数为 14.3 个，外来资本经营农家乐有 6 114 个床位，户均床位 25.2 个。西江籍农家乐床位数基本上在 30 个床位以下，超过 50 个床位的仅有 3 家：分别为 51 个床位、72 个床位以及西江规模最大的 208 个床位。外来资本的农家乐床位数多数在 30~60 个，超过 50 个床位数的客栈宾馆有 30 家。

表 5-10　西江千户苗寨景区农家乐情况分析

资本来源	农家乐总数/家	从业人总数/人	户均从业人数/人	床位总数/个	户均床位数/个
西江	135	481	3.5	1 927	14.3
外来资本	243	897	3.7	6 114	25.2

数据来源：由西江千户苗寨景区管理局统计数据整理所得。

截止日期：至 2017 年 3 月 1 日。

农家乐的接待能力反映了社区居民与外来商户之间经营能力的差异。西江千户苗寨社区居民多从事农业生产，缺乏市场意识，经营管理能力也较低，限制其旅游参与的深度。如访谈中，将自家房屋租给外来商人经营的某村民就认为“我们很多本地人都是租给外地老板做了，主要是很多人都没有文化，不懂网络啊什么的（2017-07-25-XJ-P）”。而另一位自己经营客栈的村民也认为，相对于外来商人，本地居民的经营能力缺乏使其在激烈的市场竞争中往往处于劣势地位。“他们知道怎么弄，我们不会。他们知道哪里可以赚钱，他们有自己的关系，他们会弄 WiFi，在网上操作，客人还没有到西江千户苗寨，客房就已经卖出去了”。(2017-07-17-XJ-B)

而在门市店铺经营中，西江籍的店铺除了经营为当地居民服务的便利店、日用品、副食、维修等生活业态外，还有一部分主要经营旅游工艺品，如民族服饰、银饰、蜡染等旅游商业业态。虽然从官方的统计数据来看，社区居民在门市店铺经营中的比重并不低，但事实上，通过调研发现，当地社区居民的门市店铺一方面地理区位较为偏僻，远离核心区的古街与游方街；另一方面店铺缺乏装修，档次较低，因而并无多少游客游览。即使是在调研的暑假旅游旺季，在羊排及东引的众多店铺也都处于半歇业状态。

②朗德上寨分析

与西江千户苗寨景区相比，朗德上寨由于其旅游资源开发长期以来由社区居民自发组织，鲜有外来资本的进入。无论是在接待规模还是在经营能力上，朗德上寨的农家乐均并无太大差异。通过笔者的调研发现，朗德上寨的农家乐数量众多，超过 1/3 的农户开设农家乐，但农家乐的规模较小，多是由自家居住房屋改造而成，农家乐的客房基本上以 2~5 间为主，没有超过 20 间客房的客栈，即使是超过 10 间客房规模的客栈也很少。自家的居住生活仍然是房屋的主要功能，旅游服务接待只是居民的副业之一，在房屋的功能使用上并不占据过大比重。

农家乐的经营全为家庭式经营。虽然朗德上寨的旅游业发展已有 30 余年的历史，但在众多的村民看来，旅游服务至今仍然是副业，是增加经济收入的途径之一，而并非主业。而笔者在朗德上寨的调研中，也发现一个有趣的现象：朗德上寨并无专门接待游客的餐馆。游客在朗德上寨用餐，往往是和住宿的房东一起，主客之间的互动与交流明显多于其他商业景区。同时，由于经营规模较小，部分村民为了尽量增加经济效益，往往经营多种商业。除了住宿、餐饮之外，一楼还多被开设为工艺品店、照相、便利店等，多种业态的混合成为朗德上寨农家乐的典型特色。这种缺乏专业分工的小而全的发展模式，是在西江千户苗寨景区开发之后，朗德上寨成为旅游过境的背景下，社区居民实现利益最大化的理性选择。

虽然如此，但是在地方政府的干预下，朗德上寨村委最终同意与西江千户苗寨旅游公司合作，即由西江文旅公司对朗德上寨进行旅游资源开发及景区管理，并于 2017 年 5 月 1 日开始正式经营朗德上寨。随着公司的介入和发展模式的转变，如今已有部分外部资本踏至而来。在笔者调研时，朗德上寨内已有

4~6家外来资本进入，但规模仍然较小。而朗德上寨内更多的村民在搬离老寨，迁至新村之后，也开始有意将老宅出租。在笔者的调研中，就发现多所房屋挂上了“房屋出租”的横幅。可以预见，随着文旅公司在朗德上寨的开发深入，外来资本的增加将逐渐成为一个必然趋势。

2. 社区居民的旅游参与程度

在村民参与旅游方面，西江千户苗寨与朗德上寨均拥有较高的村民参与率。只是在参与形式及参与的特征等方面，两者呈现出一定的差异性：朗德上寨规模较小，自从2008年西江千户苗寨景区进行大开发之后，朗德上寨在雷山县内的旅游格局中，一直处于旅游过境地的地位，少有游客在此住宿，这也是朗德上寨的客栈住宿业发展缓慢的客观原因。

作为过境地的朗德上寨，游客的主要旅游活动内容就是看表演，因此，表演收入成为旅游收入的主体，其次才是住宿餐饮及工艺品的销售收入等。由于采用“工分制”的协作方式，保证了每一户村民均有资格参与旅游表演，挣取工分。因此，对于村民而言，旅游参与的机会是公平的，而挣取旅游收入的多少（挣取工分的多少）通常与家庭人口规模密切相关，村民具有较大的自主性和选择性。

而在西江千户苗寨景区，自2008年公司化管理之后，旅游公司主导了西江千户苗寨景区的资源开发，村民参与成为一种被动式的参与。且村民个体经营能力的欠缺，以及外来资本的大举进入，使得村民参与的层次不断下沉，参与的空间不断缩小。销售小工艺品、农产品、在客栈餐馆里务工、为游客照相、为宾馆拉游客等，成了村民的主要参与形式。虽然旅游公司在景区内建设了众多的临街摊位，为村民提供了更多的就业机会，但是事实上，摊位的大量增加加剧了村民之间的同质化竞争，稀释了每个摊位的经营利润。以致在西江千户苗寨景区内，除了靠近白水河核心游览区的小吃摊位全部正常经营之外，工艺品摊位、照相点等出现大量歇业的情况。

（二）社会环境指数分析

西江千户苗寨的社会环境指数为3.600 0，处于重度预警区间，朗德上寨的社会环境指数为2.737 5，处于中度预警区间，二者之间同样相差较大。社会环境指数下的三级指标分别为：社区居民贫富分化状况（C21）、当地居民可替代性的就业选择（C22）、社区居民利益表达渠道状况（C23）。而通过表5-11可以看出，在社区居民贫富分化状况（C21）方面，西江村民的感知显著高于朗德上寨，但在可替代性的就业选择（C22）方面，朗德上寨村民感知略高于西江千户苗寨。而在居民利益表达渠道状况（C23）方面，二者并无显著差别。

表 5-11　西江与朗德上寨社会环境三级指标统计比较

指标	均值		均值的标准误		标准差	
	西江	朗德	西江	朗德	西江	朗德
C21	3.25	2.45	0.051	0.079	1.134	0.771
C22	3.03	3.23	0.051	0.114	1.137	1.102
C23	3.22	3.18	0.046	0.071	1.010	0.687

1. 社区居民的贫富分化分析（C21）

在社区居民的贫富分化选项中，西江千户苗寨与朗德上寨选择“几乎没有”的均占 4.3%，但在西江千户苗寨中，选择“非常严重”的有 17.7%，选择“严重”的有 22.4%，总计有 40.1%；在朗德上寨中，选择“非常严重”的有 1.1%，选择“严重”的有 9.6%，总计有 10.7%。西江千户苗寨社区居民对贫富分化的感受远远强于朗德上寨。

如图 5-2 所示，在西江千户苗寨 492 份有效问卷中，家庭年收入在“5 万元以下”的有 72.4%，选择家庭年收入在“5 万~10 万元”的有 18.9%，年收入在“10 万~15 万元”“15 万~20 万元”以及“20 万元以上”的分别为 4.7%、2.6%、1.4%。从中可以看出，西江千户苗寨居民的经济收入基本形成了“金字塔”形的社会结构。虽然大部分西江村民的家庭年收入在 5 万元以下，但是不乏众多村民利用旅游业发展契机，凭借独特的区位优势及经营能力等，跻身 10 万元甚至 20 万元以上的高收入群体。

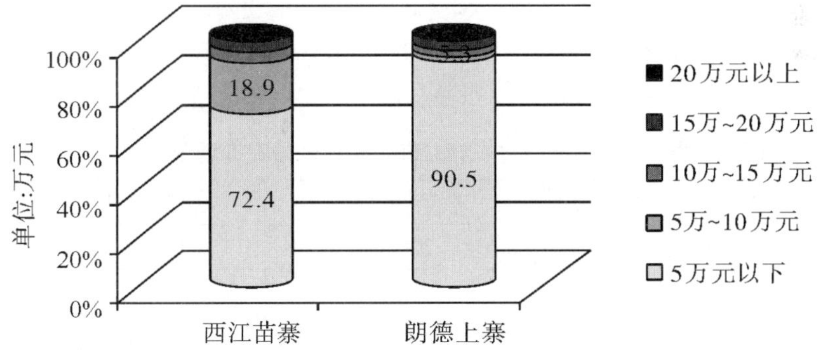

图 5-2　西江千户苗寨与朗德上寨家庭年收入比较分析

（1）西江千户苗寨贫富分化分析

从西江千户苗寨景区的整体格局而言，南贵村寨的经济收入最高，平寨次之，羊排及东引村寨则相对较低。正如村民所言，“我们西江就是穷的穷得要死，富的富得要死，南贵和平寨现在都发展起来了，就剩下我们羊排村和东引村最穷（2017-07-19-XJ-E）”。而造成如此贫富差异的因素主要有两个：

一是传统景观风貌的保护造就了“景观区”与“商业区”的功能差异。由于观景台在南贵村，因此，处在对面半山坡的羊排村及东引村成为游客的被观赏区。地方政府为了保护被观赏区的传统建筑风貌，对于羊排村及东引村的房屋改造及建设管制得较为严格，而对南贵村的管制则相对较松。政府限制了居民对房屋的扩建或新建，也就限制了房屋经营价值的实现途径。对此，居民也有着较为深刻的认识，如羊排村也东寨的L先生就认为“我们这边是游客要看的风景，所以政府说要保持原生态，不能动……让我们给游客看，但是我们这边不能改造，他们那边找钱，我们这边不找钱，他们吃肉，我们喝汤（2017-07-21-XJ-J）”。

在西江千户苗寨景区，房屋出租往往是增加居民家庭收入最为方便和快捷的途径。（在南贵村，一栋房屋依据其规模大小、微观区位、建设完善情况等，其年租金少则10万元，多则近百万元。）房屋不得改造间接地意味着房屋难以进行旅游经营接待，传统苗家风格的吊脚楼对于居民来说也就只是旅游资源，而难以转化成旅游资产。而南贵村虽然地形较为陡峭，但在用地条件较为紧张，以及巨大经济利益的驱动下，南贵村的村民纷纷展开了房屋建设。沿白水河拾级而上，一直到观景台处，鳞次栉比全部为客栈宾馆，南贵村成为名副其实的客栈聚居区。站在南贵村观景台远望，对面的羊排村与东引村仍然保存了较为完好的传统苗家吊脚楼建筑，但站在羊排村的山顶远望南贵村，则超过70%的建筑都是新建建筑，且每一栋建筑上都有一个客栈招牌，这与何景明的调查较为一致。何景明等（2012）的研究发现，在西江千户苗寨景区41家合格农家乐中，南贵村占53.66%，超过总数的一半，如表5-12所示。

表5-12　西江千户苗寨景区41家合格农家乐分布

自然村	数量/家	所占比重/%
南贵村	22	53.66
羊排村	3	7.32
平寨	6	14.63
古街	9	21.95
观景台	1	2.44
小计	41	100

资料来源：何景明，杨洋．旅游情境下民族村寨管理制度与经济绩效的比较研究［J］．贵州大学学报（社会科学版），2012，30（4）：82-89.

二是旅游发展模式的转变带来景区内旅游消费流向的转变。在2008年之前，西江千户苗寨景区作为开放式免门票景区，游客以散客及自驾游为主。散客的停留时间较久，且相对而言客流在景区内的分布较为均衡。虽然沿白水河区域是景区的核心游览区域，但其核心地位并不突出，且游客的住宿也较为分散。笔者在羊排上村后山的调研中发现在少数农家的门上仍然张贴着已经剥落的由雷山县旅游局及雷山县卫生局2002年时认定的“旅游接待户”的标识，而如今鲜有游客光顾。由此可见，在收费之前，旅游在西江千户苗寨的渗入广度远高于现在。

在实行封闭化的收费模式之后，客源结构的巨大转变也带来了西江千户苗寨景区内利益格局的大转变。随着大量的团队游客的不断进入并占据主导地位后，古街、游方街及白水河的核心游览地位不断凸显，而靠近羊排、东引村半山上的游客，随着山坡高度增加依次递减，羊排与东引的边缘地位不断被强化。除了少数散客登山直寻鼓藏头家参观游览外，团队游客短暂的停留时间使其游览活动空间难以越过古街至白水河的狭小区域。缺乏游客的到访更是进一步加剧了羊排村、东引村商业价值的贬值。

因此，与山脚下热火朝天的旅游商业相比，半山之上却显得冷冷清清。旅游也只是山脚下的旅游，而非西江的旅游。在笔者的访谈中，众多羊排村和东引村的村民都表达了如下类似的观点：“这个旅游开发啊，和我们普通老百姓也没什么关系。山下的是很有钱，但是我们山上的还是一样很穷。（2017-07-23-XJ-E）”

正如有文章指出，西江白水河两旁缓坡梯田被改造为商业街后，使得苗寨在垂直方向上有了一个断层：山脚下是商业店铺，山腰上是原生状态，山下的资本希望沿山而上获取更多的利益，而山上的居民受制于区位只能眼看着山下的繁荣却与自己无缘而遗憾①。

事实上，这样的断层不仅仅是旅游经营的断层，也是生活形态上的断层、民族文化的断层、社区关系的断层。正如植被的垂直带谱分布一样，西江千户苗寨的社区居民自山脚至山顶同样处于完全不同的世界，山脚下居民依赖区位优势获得了丰厚的房屋租金收入或是经营收入，山腰段的客栈餐馆经营主要依赖于短暂的旅游旺季。

故而，地处被俯视的景观区域，使得羊排与东引村村民难以得到政府的批

---

① 王羽．地域性村落的现代化之路：以黔东南西江千户苗寨与朗德上寨为例［D］．北京：中央美术学院，2016：54.

准进行房屋的扩建或改造以从事旅游经营；而旅游消费客流的转变又使得羊排村与东引村房屋缺乏商业经营价值。由此使得羊排村与东引村处于西江千户苗寨景区内旅游利益流向的边缘地位。

平寨村主要位于古街及白水河之间，虽然同属于被俯视的景观区域，但由于靠近古街和游方街，因此，平寨村的房屋较易出租从而获取租金收入，仅临街的房屋一楼年租金收入就可达十万元。但是在平寨村内也存在较大差异，即临街的房屋商业价值巨大，而没有临街靠平寨村内的房屋同样如羊排村、东引村一样，难以实现经济价值的变现。正如平寨村内的一位木匠所言："我们平寨村也有好几百户啊，富的只有沿路边的几户人家，我们大多数还是一样的啊。就像这个锅一样，只有这外面的一圈沾上旅游富起来了，我们里面的生活还是一样。(2017-07-25-XJ-Q)。"

可见，在很多周边的乡村居民看来，旅游业的发展让西江成了天堂，似乎西江的村民什么都不用做就可以坐着收钱。然而由于政策引导及客源结构转变等，旅游利益在西江各自然村寨内的分配具有较大的差异。在西江的村民看来，旅游也只是发生于南贵村与平寨村，因为地势较高的羊排村与位置相对较为偏僻的东引村，难以从旅游中获益，也少有游客前往羊排村与东引村。因此，南贵与平寨才是西江旅游的核心。然而，即使是平寨自然村也并非铁板一块，在狭小的平寨村内部也仍然是利益分化严重、收入差距巨大。在平寨村内，一条街或一道墙，往往就可能意味着不可逾越的贫富分界线，关键在于家庭房屋是在"线"里面还是在"线"外面。虽然如此，西江千户苗寨景区的多数村民仍然可以从旅游业发展中提升自身生活水平，用西江村民的话说就是"总体上是好的，反正比以前生活好多了，就是获益差异太大（2017-07-21-XJ-J）"。

（2）朗德上寨贫富分化分析

在朗德上寨的调查中，90.5%的受访者家庭年收入在"5万元以下"，5.3%的受访者家庭年收入在"5万~10万元"，年收入在"10万~15万元"和"15万~20万元"的分别占3.2%和1%，而家庭年收入达到"20万元以上"的则没有。从中可以看出，朗德上寨的家庭年收入普遍较低且较为均衡，社会分层并不显著。

正如上述经济环境所分析的，朗德上寨的旅游表演采用"工分制"，户户均可参与。而拉开村民之间贫富差距的主要是客栈的经营收入。但限于旅游过境地的地位，朗德上寨过夜游客较少，住宿产品的供给较为充足且产品同质，限制了客栈的规模化发展，从而使得各户农家乐的收入水平较为均等，这从上述受访者的家庭收入上可以看出。

虽然朗德上寨的贫富差距较小，但是新的旅游利益分配格局正在形成。朗德上寨在2017年之前一直由村民自发组织旅游接待。但从2017年5月1日开始，旅游公司对景区实行收门票的新政策。至笔者调研时，新政实施才3个月，政策的实施效应尚未充分表现出来。目前看来，朗德上寨的贫富差距较小，主要是过去自发组织的结果。但笔者在调研中也发现，随着景区收取门票之后，朗德上寨的客源结构已经逐步改变，游客的游览方式与消费方式也随之发生改变。朗德上寨核心节目歌舞表演的铜鼓场成为名副其实的旅游商业中心，而周边区域随着团队游客的增加将会被日益边缘化。以铜鼓场为核心，形成旅游利益分配逐渐稀薄的多圈层格局。部分村民的旅游经营也将因这一模式转变而受到较大影响。

旅游公司接管朗德上寨之后，按照西江千户苗寨模式将售卖旅游工艺品的摊位集中到风雨桥的路边上，形成一条商业街。然而，在笔者的调研中，十余个摊位仅有不足一半的摊位正常营业，且多位村民表示，自从收门票之后有时两三天都不开张。如卖工艺品的F大姐就表示，“没卖门票之前都还比较好。卖票的话，团队的多。团队的时间就比较匆忙，一来就到上面去看表演，看完表演就走了，就没有多余的时间逛啊。（2017-8-2-LD-F）”

收取门票后对于村寨内的客栈经营同样产生显著影响。如住在河对岸的G女士就表示“从五一到现在，像是去年的话每天都会有客人。现在的话一个月只来两三拨客人，一个月下来才几百块钱。现在一般游客一来就回去了，看完表演就走了。（2017-8-2-LD-G）”而即使是铜鼓场附近的客栈，同样生意冷清。“去年七八月份都已经有几万块钱了，今年都还没有什么游客（2017-8-4-LD-N）”。部分朗德新村的客栈更是将客房租给外来务工人员，以增加生活补贴。“有四间房，有十一二个床位。已经租给那些打工的人了，没有游客住，就只能租给做工的。（2017-8-1-LD-E）”而通过笔者调研期间的观察统计，收取门票之后，朗德上寨在暑假旺季期间日游客接待量仅为200人左右。而在朗德上寨过夜住宿的游客则每天不足20人。

2. 社区居民的可替代性就业选择（C22）

在社区居民可替代性的就业选择方面，西江千户苗寨居民选择“非常多”和“较多”选项的分别为8.5%、25.6%，远高于朗德上寨的6.4%、19.1%。这是因为西江千户苗寨的受访者相对朗德上寨更为年轻。在西江千户苗寨调查中，18~40岁的受访者占77.1%，朗德上寨为65.1%。这是因为旅游业的发展，使得西江的年轻人在旅游商业的潮流中得到了锻炼，无论是市场经济的意识还是个人能力都得到了提高。他们对自我身份的认同也摆脱了传统农民的认知。

而在朗德上寨，旅游仅被视为增加经济收入的副业，直至2016年朗德上寨村里的水田被征用之前，农业仍然是村民的主业。旅游只是农闲时节增加现金收入的一种补充。村民的市场经济意识和商业经营能力相对西江千户苗寨而言，普遍较低。同时，在访谈中，村民对自我身份的表述也显著不同于西江千户苗寨，朗德上寨的社区居民不断地说道“我们农民……”，可见朗德上寨的居民对于“农民”的自我身份认知并未发生根本改变。

3. 社区居民利益表达渠道（C23）

朗德上寨在由西江旅游公司管理之后，在管理模式、管理风格等方面均相一致。一方面，新成立的朗德文旅公司管理体制并不健全，且工作重心在于旅游服务设施的建设和旅游市场营销等，对社区居民的诉求较为忽略；另一方面，朗德上寨的新任村主任并不在朗德上寨内，因此对朗德上寨的旅游并不关心。而朗德上寨内部的旅游接待小组组长，仅管理朗德上寨内部的旅游表演事务，对于其他事务则缺乏管理的权利和热情。以致村民对于旅游管理公司的不满只能在私下里倾诉，而缺乏正式的利益表达渠道。这一点与西江千户苗寨景区并无差异。

（三）文化环境指数分析

西江千户苗寨的文化环境指数为3.827 2，朗德上寨的文化环境指数为2.724 6，两者之间差异较为明显。同时，西江千户苗寨的文化环境指数达到3.8，是西江千户苗寨景区环境指数中最高的一项。文化环境指数的三级指标主要有文化商业化程度（C31）和文化传承程度（C32）两项，在这两项指标中，西江千户苗寨景区的均值都高于朗德上寨（见表5-13）。

表5-13　西江千户苗寨与朗德上寨文化环境三级指标统计比较

指标	均值		均值的标准误		标准差	
	西江	朗德	西江	朗德	西江	朗德
C31	3.60	2.48	0.041	0.106	0.903	1.024
C32	2.85	2.36	0.050	0.095	1.111	0.926

1. 文化商业化程度

在文化商业化程度的认知中，西江千户苗寨的居民选择“较高”“非常高”的分别为42.3%、15%，远高于朗德上寨的7.4%、6.4%；而选择“非常低”“较低”选项的分别为1.2%、10%，远远低于朗德上寨的12.8%、

46.8%。以下仅从村寨景观即可看出西江千户苗寨与朗德上寨的显著差异。

（1）村落形态景观比较

在村落形态上，西江千户苗寨已经“面目全非”，而朗德上寨的传统民居仍然保存完好。对西江千户苗寨村落形态的破坏主要有两个方面：一是2007年为迎接产业大会的召开，地方政府征用了白水河沿岸的良田，进行了大量的道路建设、房屋建设、河堤硬化等；二是2010年之后，随着游客接待量的快速增长，大量村民加入客栈建设的运动中，并一直延续至今。不仅管制较松的南贵区域建设了大量的新的房屋，即使是在管制较严的羊排村与东引村等也出现了部分新建房屋，其中有很多均是没有通过景区管理局审批的违法建设。而朗德上寨为国家级重点文物保护单位，村寨内超过百年历史的民居建筑随处可见。在长期的旅游发展过程中，村民的保护意识不断提高。在访谈中，村民对于自己的村庄被纳入国家级文物保护单位具有较高的文化荣誉感，“我们这里是一个文物保护单位，和西江不太一样（2017-8-4-LD-M）”。即使新建房屋，也仍然采用传统的木结构建筑。仅在新村的新建建筑中，采用一楼砖结构，二三楼为木结构的砖木混合，从而保证了村寨整体传统民居氛围。

（2）村寨夜景比较

从村寨的夜景上看，西江千户苗寨早已是灯火辉煌，酒吧林立，西江嫣然已经成为一座“不夜城”。正如朗德上寨村民对于西江千户苗寨的评价“西江有点像城市那种差不多，到处都是店都是铺面，西江还有KTV啊，酒吧啊，一点都不像苗寨（2017-8-2-LD-G）”。而朗德上寨村寨内除在主要街道有部分路灯外，其他区域仍然一片漆黑，是典型的乡村环境氛围。

（3）村落声景观比较

最后，从村寨声景观来看，从早晨日出到凌晨，西江的街道都是被摇滚乐、轿车及导游的喇叭、餐馆入口的芦笙声所占据。“太吵”成为众多村民在评价西江千户苗寨时被频繁提到的一个词语。正如西江一位在读大学生所言，“对于西江，我最大的不满意就是：啊，好吵啊！每次回来都是又吵又挤，唉，这是我家哎，怎么这么吵！（2017-07-25-XJ-R）”而朗德上寨除了每天两场歌舞表演时喇叭的伴乐声外，再无其他的嘈杂声。朗德上寨没有喧嚣的流行音乐、摇滚、旅游团队和汽车的喇叭声，有的只是鸡鸣狗吠、虫吟蛙鸣，极具乡村生活气息。

2. 文化传承程度

在文化传承程度的认知中，西江千户苗寨的居民选择“较好”“非常好”的分别为10.4%、31.7%，远低于朗德上寨的18.1%、40.4%；而选择“不太好""非常不好"选项的分别为 21.5%、7.7%，远远高于朗德上寨的 12.8%、0%。

总体而言，旅游业的发展对于西江千户苗寨景区的文化变迁带来了较多的负面影响，而对于朗德上寨的文化变迁则较为积极，对文化保护及传承的促进作用更为显著。

二、居民态度指数分析

在居民态度指数中，西江千户苗寨为 3.109 6，显著高于朗德上寨的 2.493 6。在西江千户苗寨居民态度的二级指标指数中，有两项达到 3.0 以上：公平感（A3）和相对剥夺感（A4），处于重度预警状态，且又以公平感（A3）指数最高，相较于朗德上寨差距最大，如表 5-14 所示。

表 5-14 居民态度指数差异分析

指标	居民态度（A）	支持度（A1）	满意度（A2）	公平感（A3）	相对剥夺感（A4）	行为意向（A5）
西江千户苗寨	3.109 6	2.527 8	2.623 4	3.269 3	3.158 1	2.619 9
朗德上寨	2.493 6	2.299 4	2.462 4	2.512 1	2.936 8	2.399 9

（一）居民支持度分析

西江千户苗寨社区居民的支持度指数为 2.527 8，朗德上寨为 2.299 4，西江千户苗寨较高于朗德上寨，但两者均在 3.0 以下，处于中度预警区间。在本次研究中，居民支持度由对旅游业支持度（A11）和对地方政府/景区管理局的支持度（A12）两项构成。其中，在对旅游业支持度（A11）上，西江千户苗寨与朗德上寨的均值较为接近，均在 2.0 以下，表现出较高的支持度；对地方政府/景区管理局的支持度（A12）上，西江千户苗寨较高于朗德上寨，但也均在 3.0 以内（见表 5-15）。由此可以发现，影响社区居民支持度的关键因素在于居民对地方政府/景区管理局的不支持态度。

表 5-15 西江千户苗寨与朗德上寨居民支持度三级指标统计比较

指标	均值		均值的标准误		标准差	
	西江	朗德	西江	朗德	西江	朗德
A11	1.75	1.64	0.042	0.072	0.939	0.701
A12	2.80	2.53	0.047	0.100	1.034	0.969

1. 对旅游业支持度（A11）

在对旅游业支持度中，西江千户苗寨和朗德上寨的均值分别为 1.75 和 1.64，均表现出较高的支持度。从具体选项来看，西江千户苗寨选择"非常支持""较支持"的人数分别为51.0%和29.3%，总支持率为80.3%；朗德上寨的选择人数分别为46.8%和44.7%，总支持率为91.5%。无论是在西江千户苗寨还是朗德上寨，旅游业均是受居民欢迎的社会经济发展路径之一。

（1）西江千户苗寨分析

在西江千户苗寨景区，即使是因旅游业发展带来了自然环境破坏、生活成本的节节攀升、人际关系的淡漠等负面影响，多数居民也仍然将发展的希望寄托于旅游业之上。某种程度而言，这是社区居民在经历了对旅游发展积极、消极多方面影响的比较之后的理性选择。身处黔东南大山深处的苗寨，除了旅游，似乎难以有其他的方式可以如此快速地推进苗寨的社会经济发展。正如西江千户苗寨的某客栈老板所说："像通往凯里那条公路以前都没有开通，还要从雷山那边转过去，后来旅游开发了以后，那条路就通了。旅游产业大会宣传力度很大，才有很多外面的人知道我们这个西江。"（2017-07-22-XJ-N）

与周边其他村寨相比，西江千户苗寨无疑已经成为区域性的经济中心和就业中心。在笔者的调研中，频繁遇到来自开觉村、三棵树镇、朗德镇等周边地区村民在西江销售农产品或务工。而从对来自其他村寨的村民访谈中也可以看出其对西江发展旅游充满无限羡慕之情，"我们那里环境好有什么用呢，还不是没钱花，一样穷得要死。他们（西江村民）什么都不用干，坐着收钱就可以了。他们（西江村民）在下面随便找个什么工作，都有钱赚，还离家又近。（2017-07-20-XJ-F）"西江村民无疑也在类似的无数次的比较中，感受到旅游业发展给西江带来的巨大变化。虽然在旅游业的发展过程中出现了种种问题，诸如白水河的污染、人际关系的变化、生活区域的嘈杂等，但这些都没有提高生活水平，增加经济收入更为重要。

（2）朗德上寨分析

而朗德上寨的村民在经历了 30 多年的旅游发展之后，同样明显感受到旅游业带来的变化。对于朗德上寨的村民而言，不是要不要支持发展旅游的问题，而是如何发展旅游的问题，即选择什么样的旅游发展方式和模式的问题。尤其在 2016 年地方政府将朗德上寨的多数田地征用之后，旅游由朗德上寨村民的副业跃升为主业，村民对于旅游业发展所抱的希望更大，也更加坚定地支持。正如朗德的一位经营客栈已有 20 余年的老板所说："我们这里只能靠旅游啊，他们又已经把我们的田地征过去，一个人一个月只能挣 300 块钱左右的工

分收入，买油盐还差不多，还要买米呢?”（2017-8-2-LD-H）

2. 对地方政府/景区管理局的支持度（A12）

社区村民对于地方政府/景区管理局的支持度则相对较低，这典型地表现在对地方政府/景区管理局的日常管理工作的支持上。西江千户苗寨选择“非常支持”和“较支持”的分别为8.9%和30.7%，合计支持率为39.6%；朗德上寨选择“非常支持”和“较支持”的分别为13.8%和36.2%，合计支持率为50%。且无论是西江千户苗寨，还是朗德上寨，均有三分之一以上的居民对地方政府/景区管理局的日常管理工作持中立的保留态度。社区居民对地方政府/景区管理局的不支持更多源自村民对于地方政府的不信任以及相关日常管理工作的不满。

（1）西江千户苗寨分析

从对西江千户苗寨景区的调研来看，几乎每一类职业的村民群体都有众多针对景区管理局的意见。但从西江的总体情况来看，新建房屋的审批和房屋保护奖励补贴是最为突出的两项。

①新建房屋的审批。随着家庭人口规模的增长，分立门户，新建房屋无疑是再自然不过的事情。然而，当这样的事情发生在旅游景区时，则往往成为一个非常艰难的过程。在调研中，众多的村民均表示新建房屋审批程序存在不透明的情形。

②房屋保护奖励补贴。西江居民对于房屋保护奖励补贴的不满主要有两个方面：一是总的房屋保护奖励补贴较少，门票收入18%的比例较低。村民普遍认为景区每年仅门票收入就有数亿元，而用来补贴房屋保护的经费却只有几千万元，且是由一千多户居民分享。村民认为“和公司数亿元的收入相比，我们这个（18%）太少了（2017-07-21-XJ-J）”。而之所以认为18%的补贴“太少了”，关键在于村民认为公司对于西江千户苗寨景区的投入太少。二是奖励补贴的政策操作不透明。不少居民对房屋补贴政策表示了不满。

事实上，在调研中，由于信息的不对称多数的村民并不清楚到底是按照门票收入的百分之几进行发放，即使知道政策的规定是18%，但却并不知晓景区的实际门票收入。

雷山县人民政府官方网站上刊登的一篇《雷山县文化旅游产业发展调研报告》中对村寨文化保护经费有所提及。文中写道“截至目前（2016年10月9日），累计兑现民族文化保护经费3 300万元，使1 200余户农民群众直接受益，户均获得民族文化保护奖励资金 2.75 万元。”① 如以雷山县委、政府 2009 年出台的《西江千户苗寨民族文化保护评级奖励办法》为界，自 2010 年开始测算，则西江千户苗寨景区近 7 年累计兑现的民族文化保护经费 3 300 万元仅相当于累计门票总收入的不足 5%。

除了上述两项之外，景区内从事各职业的村民也都各有其自身对管理局的不满。如某客栈老板就认为景区管理局在维护市场秩序方面存在一定失职，他说“到处都是黄牛在拉客，扰乱市场秩序嘛。景区管理局完全应该有能力管的，抓到一个惩罚一个不就行啦。他们该管的不管，不该管的要去管”（2017-07-22-XJ-K）。而经营小吃摊位的村民认为，正是由于景区在小吃街背后新建了滨河栈道，加速了游客的流动，使得小吃摊位的生意受到严重影响。

（2）朗德上寨分析

虽然朗德文旅公司管理朗德上寨的旅游经营事务才三个月，但是从调查统计的数据来看，总体上是支持的较多。村民认为，公司的管理让朗德上寨的发展更为规范化，尤其体现在旅游工艺品的销售上。多位村民表示：“以前我们提着篮子追客人，客人都不想要，然后我们就接着说，客人被逼着要。政府一来管，就不这样了，那样不好，现在好多了（2017-8-1-LD-E）。”

朗德居民中同样有 13.8%的居民选择对日常管理工作的不支持，同时有 36.2%的村民持有中立态度。虽然有村民认为“自己搞的话，感觉收入要少些，公司搞可能更好些吧（2017-8-3-LD-J）”，但事实上，由于前述的公司管理模式带来村民旅游经营收入的锐减，以及由此带来的生活不便，致使有部分村民持不支持的态度。

（二）居民满意度分析

在居民满意度指数中，西江千户苗寨为 2.623 4，朗德上寨为 2.462 4，两者相差较小，均在中度预警区间之内。具体到各项指标来看，西江千户苗寨总体上略高于朗德上寨，但差距较小。在三级指标中，仅有西江千户苗寨居民在对家庭旅游收入的满意度（A24）上达到 3.0 分，其他均在 3.0 分以下，总体上表现出较高的满意度（见表 5-16）。

---

① 袁刚，张海学. 雷山县文化旅游产业发展调研报告［EB/OL］.［2021-10-30］. http：//www. leishan. gov. cn/ztzl/dxdyzf/201610/t20161009_ 1337757. html

表 5-16　西江与朗德上寨居民满意度三级指标统计比较

指标	均值		均值的标准误		标准差	
	西江	朗德	西江	朗德	西江	朗德
A21	2. 43	2. 31	0. 038	0. 087	0. 847	0. 843
A22	2. 62	2. 40	0. 046	0. 086	1. 011	0. 834
A23	2. 78	2. 53	0. 044	0. 078	0. 980	0. 758
A24	3. 03	2. 88	0. 039	0. 080	0. 876	0. 774
A25	2. 62	2. 73	0. 044	0. 090	0. 974	0. 870
A26	2. 11	2. 01	0. 033	0. 095	0. 723	0. 922

1. 对现状生活的总体满意程度（A21）

西江千户苗寨中选择“非常满意”“满意”的分别为 11. 4%和 44. 1%，满意率为 55. 5%，选择“较不满意”“非常不满意”的分别为 4. 9%和 2. 4%，不满意率为 7. 3%。朗德上寨中选择“非常满意”“满意”的分别为 19. 1%和 36. 2%，满意率为 55. 3%，不满意率为 5. 3%，二者基本相当。

（1）西江千户苗寨分析

旅游业的发展，尤其是在地方政府介入之后，在增加了游客接待量的同时，也无疑开拓了社区居民的就业渠道。纵向上而言，旅游业发展带来了比传统农业生产更多的经济收入以及更为完善的生活设施配套，如景区的某位导游就认为“对于我爷爷那一辈的人，他们就觉得旅游给他们带来更多的收入，他们觉得比以前更好”。(2017-07-25-XJ-R)；而横向上而言，西江千户苗寨的社区居民不用远赴异地即可找到较好的工作。离家近，也是多数西江村民留在村寨参与旅游的重要原因，如开早餐铺的老板就表示“我现在做这个也是只能维持生计，比在外面打工要好一点点，不用跑那么远（2017-07-19-XJ-E）”，而另外一位开米粉店的老板表达了较为类似的观点：“主要是离家近，如果有什么事情，可以随时回家帮忙，把门一关就可以走了，在外面打工就不行了，一年才回来一次。”（2017-07-20-XJ-G）

因此，总体而言，旅游业的发展使得西江千户苗寨景区的收入水平相对提高，而在收入提高的同时，与周边居民相比，西江居民不用远离家乡，就能够较好地协调外出挣钱与料理家务之间的关系。

（2）朗德上寨分析

虽然朗德上寨的经济收入相对西江千户苗寨较低，但与周边村寨相比，经济收入并无显著差异。且朗德社区内部收入较为平均，旅游的参与丰富了村民的文化生活，增强了社区凝聚力和村民的自豪感，如在访谈中，某位已经接近60岁的婆婆，在论及过去参与旅游的情形时，带着激动的语气说道“我都已经跳了30年啦！前几年的时候都不干活了，天天跳舞啊，饭都没有时间吃啊，衣服都不脱了，一直跳舞，一批来了又是一批，来来去去，来来去去，都没有时间休息的（2017-8-1-LD-A）”，而朗德社区的另一位青年村民认为，参与旅游表演不是为了挣工分，而是传承朗德上寨的传统，他说道“反正是村里面的一项活动，是村里的一项传统，既然是我们传承下来的，钱少我也会去，出一份力，也算是积极支持村里面的旅游业，是一种公益。如果大家都不参加的话，就没有意义了”（2017-8-4-LD-M）。可以看出，旅游参与为朗德上寨社区居民带来了更多的精神满足，进而提升了社区居民的满意度。

2. 对环境保护满意度（A22）

西江千户苗寨中选择“非常满意”“满意”的分别为11.6%和37.4%，满意率为49%；选择“较不满意”“非常不满意”的分别为13.0%和4.9%，不满意率为17.9%。朗德上寨中选择“非常满意”“满意”的分别为9.6%和51.1%，满意率为60.7%；选择“较不满意”“非常不满意”的分别为6.4%和2.1%，不满意率为8.5%。可见，在环境保护上，朗德上寨居民表现出更高的满意度。

在西江千户苗寨居民对环境保护的不满之中，除了嘈杂的声环境外，还有居民提到最多的白水河的污染问题。如西江镇某事业单位W女士就认为：“西江以前是个世外桃源，但现在却是个乱七八糟的世界。现在这条河已经毁了，虽然说从经济上村民都好多了，但是这个河是却最可惜的，而且还越来越糟糕，不断有污水排到河里。（2017-7-27-XJ-W）”年游客接待量达到400多万人次，这无疑给西江千户苗寨景区的环境保护带来了沉重的负担。

而在朗德上寨，村民却表示“发展旅游后，环境好了很多”（2017-8-1-LD-C）。朗德上寨寨前清澈的河水无疑是众多村民引以为傲的事情。朗德上寨的环境保护得较好，很大程度上源自较少的游客量以及较低的商业化开发。但是旅游公司进驻朗德上寨之后，正在村寨的河对岸建设一个旅游酒店。随着旅游公司开发的深入，朗德上寨的环境保护同样将面临严峻挑战。

3. 对文化保护的满意度（A23）

西江千户苗寨中选择“非常满意”“满意”的分别为8.1%和33.1%，满意率为41.2%；选择“较不满意”“非常不满意”的分别为18.9%和4.1%，不满意率为23%。朗德上寨中选择“非常满意”“满意”的分别为5.3%和

46.8%，满意率为52.1%；不满意率为10.6%。西江千户苗寨社区居民对文化保护的满意率较低于朗德上寨，而不满意率则较高于朗德上寨。

西江千户苗寨居民对文化保护的不满主要是旅游发展之后文化的过度商业化及文化的异化。而对于朗德上寨的居民而言，旅游业的发展一直坚持村民组织，也并未进行大刀阔斧的项目建设，商业化程度较低，旅游业的发展反而在一定程度上促进了当地的文化传承与保护。在朗德上寨的居民看来，村寨里的年轻人说苗语、吹芦笙，老年人唱飞歌、古歌，苗族妇女个个都有盛装银饰，相对于周边村寨而言无疑是值得自豪的事情。“至少我们寨子还有年轻人会吹芦笙，其他寨子的年轻人就都不会了。而且老年人会吹的也没有我们寨子多。”（2017-8-1-LD-C）

4. 对家庭旅游收入的满意度（A24）

西江千户苗寨中选择“非常满意”“满意”的分别为4.7%和17.1%，满意率为21.8%；选择“较不满意”“非常不满意”的分别为18.1%和5.7%，不满意率为23.8%。朗德上寨中选择“非常满意”“满意”的分别为4.3%和21.3%，满意率为25.6%；选择“较不满意”“非常不满意”的分别为13.8%和2.1%，不满意率为15.9%。西江千户苗寨社区居民对家庭旅游收入的满意率低于不满意率，也较低于朗德上寨的满意率，而西江居民的不满意率明显高于朗德上寨的不满意率。

对家庭经济收入的满意往往来源于两个方面：一是家庭经济收入与日常生活开支的比较；二是家庭收入与周边其他邻居比较的相对收入。在笔者的调研访谈中，大多数的西江村民还是认为自己的家庭收入相对以前有所提高，而影响其满意度的往往是和他人的比较。正如前文所述，西江千户苗寨高度的社区分化，已经较为严重地影响到居民的心理感知。“好是好一点，但是和人家比就不行了（2017-07-26-XJ-T）”。

朗德上寨的家庭经济收入从整体来看，显著低于西江千户苗寨。但是其满意度却高于西江千户苗寨，根本在于较为均等化且并无显著差异的收入格局。

5. 对公共服务的满意度（A25）

西江千户苗寨中选择选择“较不满意”“非常不满意”的分别为11.0%和4.3%，不满意率为15.3%。朗德上寨中选择“较不满意”“非常不满意”的分别为14.9%和2.1%，不满意率为17%。二者不满意率基本相当。而在同一公司同样的管理模式之下，两个景区居民对于公共服务的不满既有相同之处，也有不同之处。其中最大的不满在于景区收费之后带来的交通出行问题。

两个村寨共同的不满在于对收取门票之后的交通管制。在实行景区门票收费制之后，为了加强管理，景区建设大门围栏，使得村寨成为封闭的景区。而一切外来车辆均禁止驶入，村外的居民进入景区全部要购买门票，由此给居民生活带来严重不便。主要表现在三个方面：

一是村民进出不便。不仅是村寨以外人进出不便，即使是村民同样如此。朗德上寨人口较少，且公司管理初步实施，因此村民进出不便主要体现在西江千户苗寨景区。在景区实施门禁管理初期，景区工作人员凭证件实施进出管理，这对于习惯了自由进出的村民而言一时难以适应，村民对此也有一定怨言。

二是货物运输不便。对于景区而言，客栈宾馆的装修与翻新及新房的建设等，均需要从市里运输材料，但景区大门的阻隔，却让材料的运输异常艰难。西江千户苗寨南贵村的客栈老板就对此很不满意，她说“不让我们进来很不方便，我们买了东西就只让停在西门或北门，然后又让摆渡车拉到小北门那里，他们又不管了，让我们自己挑下来，气死了”（2017-07-25-XJ-P）。虽然，如今西江已经允许村民车辆进入景区，但这样的问题却在如今的朗德上寨同样出现。“车子不让进，我们赶集很不方便。买了东西还要提着一大包走路，旅游公司的车要45分钟才发一趟，像我们农民提的东西又重，一点都不方便（2017-8-2-LD-H）”。

三是亲戚到访不便。不论是西江千户苗寨还是朗德上寨，开放的村寨变身为封闭园区之后，村民的亲戚或是长期生活在城市的家人，一旦回村寨，都需要村里居民亲自前往景区大门处接人，否则只能购买门票进入。“来人了，都是打电话过去接啊，没有办法啊，不去接就不让进啊。不好也没有办法啊，抬什么东西也是不方便，以前买什么东西，车子都是开到下面的路口，就很方便，现在就不行啦，在景区大门的地方就被拦住了，一点都不方便啊，太麻烦了。（2017-8-1-LD-A）”

西江千户苗寨居民除了对公共交通进行管制的不满外，还存在对公共交通设施建设滞后的不满。羊排村与东引村由于居住在半山之上，交通出行非常不便。为此，村民强烈要求旅游公司修建一条环村公路，将后山的道路硬化并打通。虽然环村公路得以修建但至2017年暑期调研时，这条环村公路由于部分路段征地并未谈妥，尚有20余米并未贯通。而对于至今尚未完全建好的环村公路，东引村的村民也是颇有怨言，“你说那条公路修了四五年，老百姓火不火。每次回家一直像爬楼梯一样。（2017-07-19-XJ-E）”

6. 对未来生活的乐观程度（A26）

西江千户苗寨中选择“越来越好”　“有所改善”的分别为14.2%和

65.7%，合计有79.9%受访者对未来生活持积极乐观态度；朗德上寨中选择“越来越好”“有所改善”的分别为34.0%和39.4%，合计有73.4%受访者对未来生活持积极乐观态度。虽然西江受访者持乐观态度的人数略高于朗德上寨，但朗德上寨相信随着旅游业发展“越来越好”的人数显著高于西江千户苗寨。总体而言，二者并无显著差别，而对未来生活的乐观程度也与对旅游业的积极支持态度较为一致。

朗德上寨的村民将生活的希望寄托在旅游公司之上，希望能够借公司的经营管理吸引更多的游客。如某位客栈老板就认为“就是说只能看这两年能不能炒红，炒红的话还可以。炒红的话就是客人多，在这里吃饭住宿啊，我们的生意也做得起走。(2017-8-4-LD-K)”但是也有部分村民对于公司的经营管理表示怀疑，对于被征收了田地之后村民的生活前景并不乐观，“不知道这个形势会怎么样。他们年轻人巴不得快点壮大起来，我们的好田都被政府征收去了，现在我们是得些钱，但是这得的钱够用吗？我看还是很危险。现在只剩下高坡上还有很少的田地。以后的钱在哪里？还不是客人吗？现在这个公司垄断去经营了，我们反而还给公司打工嘛，说来不就是这样嘛。”(2017-8-2-LD-I)

（三）居民公平感分析

西江千户苗寨社区居民的公平感指数为3.269 3，处于重度预警区间，朗德上寨居民的公平感指数为2.512 1，处于中度预警区间，西江千户苗寨显著高于朗德上寨。再具体到三级指标因子中，西江千户苗寨在参与旅游发展机会公平状况（A31）和旅游收益分配结果公平状况（A32）两项均高于朗德上寨，这表明西江千户苗寨的不公平状况较为突出（见表5-17）。

表5-17　西江与朗德上寨居民公平感三级指标统计比较

指标	均值		均值的标准误		标准差	
	西江	朗德	西江	朗德	西江	朗德
A31	3.22	2.44	0.042	0.100	0.929	0.968
A32	3.35	2.63	0.044	0.098	0.982	0.950

1. 参与旅游发展机会公平状况（A31）

在西江千户苗寨的调查中，选择“非常公平”“较公平”的分别为2.4%和17.7%，选择“较不公平”“非常不公平”的分别为26.2%和9.3%，认为不公平的比例（35.5%）显著高于认为公平的比例（20.1%）。在朗德上寨的调查中，选择“非常公平”“较公平”的分别为18.1%和35.1%，选择“较不公平”“非常不公平”的分别为12.8%和1.1%，认为不公平的比例（13.9%）显著低于认为公平的比例（53.2%）。

从西江千户苗寨与朗德上寨之间的比较来看，西江千户苗寨居民认为参与旅游发展机会公平的比例（20.1%）不到朗德上寨53.2%的一半；而认为不公平的比例（35.5%）却是朗德上寨13.9%的近三倍。

西江千户苗寨社区居民的不公平感强烈的关键在于旅游参与的机会受到两方面因素的影响：一是家庭住房的微观区位。正如社会环境中所分析的，在2008年旅游公司全面管理西江千户苗寨景区之后，旅游客源市场结构的改变，使得依靠家庭住房能够经营旅游业务的范围仅局限于南贵村及平寨村的临街区域，而其他各自然村寨则逐渐沦为边缘位置，缺乏旅游参与的机会。二是旅游公司或景区管理局的政策引导。

景区管理局或旅游公司的政策引导具有多方面作用。从正向引导来看，一方面，旅游公司或景区管理局掌握了新建房屋的审批权，由于西江千户苗寨居民的传统吊脚楼建筑多是兄弟家庭住在一栋房屋内，且层数不高面积较小，一般仅够自家居住，能够出租的房间有限。同时，木结构房屋也难以进行改造实现旅游接待功能。因此，新建房屋成为旅游经营接待的最佳首选。而在景区管理局掌握了新建房屋的审批权之后，也就意味着景区管理局间接地决定了村民旅游参与的资格。新建房屋审批操作的不透明，也就成了村民感觉不公平最多的一项。

如前所述，房屋是西江千户苗寨景区内居民实现获益的最重要途径。因此，部分村民在利益的驱动和不公平感的驱使下，置管理局的规定于不顾，在未经审批的情形下建设房屋。在景区管理局对已经营的农家乐统计中，就发现有34户房屋为违法建筑，同时，景区内众多的房屋仍然在建设中。这无疑为景区的未来管理增加了难度。

另外，景区管理局可以有选择性地对景区内的农家乐、餐馆、工艺品店等进行扶持，在品牌营销、产品设计、业务合作等领域予以帮扶。在景区管理局组织公务接待及考察活动时，将被扶持农家列入考察范围之内，借助名人效应可以快速提高品牌知名度。

“比较大的客栈都是政府扶持起来的，以前政府扶持的是阿浓苗家，他们家就做大了，后来阿浓家超生了，政府就不扶持了，他们现在就没有以前做得好了，后来政府就扶持侯家庄，电视里报纸上都是报道采访他们家的（2017-07-22-XJ-M）。”M先生所说的侯家庄在羊排村，仅做餐饮业务，虽然处于半山腰的位置，但由于广告宣传做得好，游客络绎不绝，成为西江千户苗寨景区内餐饮品牌的代表。餐馆内挂满了社会各界名流，甚至包括政界名人等到访的照片，这无疑为侯家庄的品牌宣传带来良好的效果。而另外一户广被村民提起的则是政府对于鼓藏头的扶持，“他们什么都不用做，政府就花 60 万元给他们家建栋房子”“鼓藏头家，随便搭个房子，政府就甩钱给他，他们什么都不花”。(2017-07-23-XJ-E)

对于家庭住房的微观区位带来的旅游参与机会的差异，多数村民认为是自己的运气不好，只能羡慕别人。但是对于地方政府通过政策的措施干预村民的参与机会，村民对此则表示非常不满。

而朗德上寨的工分制则充分考虑了男女老少的旅游参与机会，正如一位村民所言，“如果不搞工分的话，像我们这样的就一点都分不到了”。(2017-8-1-LD-E)

2. 旅游收益分配结果公平状况（A32）

在西江千户苗寨的调查中，选择“非常公平”“较公平”的分别为 2.0%和 16.9%；选择“较不公平”“非常不公平”的分别为 28.3%和 13.8%，认为不公平的比例（42.1%）显著高于认为公平比例（18.9%）。在朗德上寨的调查中，选择“非常公平”“较公平”的分别为 11.7%和 35.1%；选择“较不公平”“非常不公平”的分别为 18.1%和 3.2%，认为不公平的比例（21.3%）显著低于认为公平的比例（46.8%）。同样，在收益分配结果公平上，西江千户苗寨居民认为不公平人数为 42.1%是朗德上寨的两倍，而认为公平的人数 18.9%却不到朗德上寨 46.8%的一半。

旅游参与机会的不公平必然引致旅游利益分配的不公平。而村民对于旅游利益分配不公平的不满除了因参与旅游市场机会不等造成的利益差异外，还被广为愤怒的则是房屋保护奖励补贴。关于房屋保护奖励补贴在上文对地方政府/景区管理局的支持度中已做分析，在此不再赘述。

相对于西江千户苗寨，朗德上寨的总体旅游利益规模较小。更为重要的是，所有收支明细及利益分配的操作完全透明公开。作为主要旅游收入的表演收入则完全是由村民自发组织、全员参与所得。村寨里的旅游管理接待小组也是由村民集体选举出来，而村寨里的所有收入及支出明细也是每月定期公布于旅游接待小组办公室外的张贴栏上，以供村民查询。也正因为参与机会的公平，使得即使在村寨中存在一定的收入差距，村民也能够较为坦然地接受。如经营旅游工艺品的老板 E 女士，虽然其工艺品销售“一年只能卖万把块钱”，在村寨中属于收入较低的阶层，但其将村庄内的收入差异归因为个体的经营能力。朗德上寨的村民面对村民之间的收入差异丝毫没有愤怒和不满，“会找钱的过得就比较好，不会找钱的就不好，哪里都是这样的（2017-8-1-LD-E）”。

因此，无论是机会公平还是结果公平，在朗德上寨有一半的居民认为总体上旅游业发展是公平的，而对于西江千户苗寨而言，有超过三分之一的居民认为无论是机会还是结果均不公平。

（四）居民相对剥夺感分析

经典的相对剥夺理论认为，相对剥夺是社会比较的心理过程。相对剥夺感是指个体或群体通过与参照群体比较而感知到自身处于不利地位，进而体验到愤怒和不满等负面情绪的一种主观认知和情绪体验①。这种相对剥夺感既可能来源于客观存在的社会不公正，也有可能源自弱势群体成员的错误认知或不切实际的预期。因此，相对剥夺与绝对剥夺并不相同，其最大差异在于相对剥夺与自身利益的实际增减并无直接联系。

西江千户苗寨社区居民的相对剥夺感指数为3.158 1，处于重度预警区间，朗德上寨社区居民的相对剥夺感指数为2.936 8，处于中度预警区间。具体到相对剥夺感的三级指标因子来看，西江千户苗寨在横向相对剥夺程度（A41）和纵向相对剥夺程度（A42）上均高于朗德上寨，如表5-18所示。

表5-18　西江千户苗寨与朗德上寨居民相对剥夺感三级指标统计比较

指标	均值		均值的标准误		标准差	
	西江	朗德	西江	朗德	西江	朗德
A41	3.25	3.02	0.040	0.077	0.886	0.747
A42	2.51	2.35	0.036	0.078	0.801	0.758

1. 横向相对剥夺程度（A41）

横向相对剥夺感主要是空间维度的社会比较。在横向相对剥夺感的测量中，本书将受访者与村寨内其他居民家庭相比，请受访者对其家庭经济状况进行比较。在西江千户苗寨的调研中，选择“较差”“更差”的分别为22.0%和10.2%，比较结果为负向的有32.2%。在朗德上寨的调研中，选择“较差”“更差”的分别为16.0%和3.2%，比较结果为负向的有19.2%，西江千户苗寨显著高于朗德上寨。

在西江千户苗寨的调查中，发现横向相对剥夺感在社区居民内广泛存在。

① 熊猛，叶一舵. 相对剥夺感：概念、测量、影响因素及作用［J］. 心理科学进展，2016，24（3）：438-453.

从历史发展的角度而言，旅游资源的开发无疑推动了西江千户苗寨的社会经济发展。西江由传统的农业村寨变身为旅游村寨，实现了居民收入来源渠道的多元化，众多社区居民的生活水平得到显著提升。虽然如此，西江千户苗寨景区内严重的贫富分化直接催生了西江社区的社会分层。如前所述，“金字塔”形的社会结构在西江千户苗寨景区内基本成型。处于金字塔底部的广大羊排村、东引村及部分平寨村的村民广泛存在着较为严重的横向相对剥夺心理感知。前文所述的羊排村也东寨J先生所说的“他们（南贵村）那边找钱，我们这边不找钱，他们（南贵村）吃肉，我们喝汤。（2017-07-21-XJ-J）”就是典型的横向相对剥夺心理感知。

2. 纵向相对剥夺程度（A42）

横向相对剥夺感主要是时间维度的社会比较。在纵向相对剥夺感的测量中，本书主要邀请受访者将其家庭经济状况与过去相比较。在西江千户苗寨的调研中，选择“较差”“更差”的分别为4.5%和2.8%，比较结果为负向的有7.3%。在朗德上寨的调研中，选择“较差”“更差”的分别为4.3%和0，比较结果为负向的有4.3%。二者基本相当。

这说明，无论是在西江千户苗寨还是朗德上寨，社区居民的家庭生活水平总体上随着旅游业的发展都发生了较为显著的改善。这样的结果与社区居民对于旅游业的支持度结论较为一致。

但是需要引起关注的是，在西江千户苗寨景区内也同样有很小部分社区居民存在较强的纵向相对剥夺感。即随着旅游业的发展，这一部分居民的生活水平不仅没有相应的提高，反而有所降低。平寨村的L大爷就是这一类型的典型代表。他说：“我们一家五口人，房子太小了，而且我们家房子又不临街，也没有人愿意租。”在论及与过去生活的比较时，他说“以前生活虽然困难，但是吃饭不用愁。现在家里田地早就没有了（2008年旅发大会时被征收），吃饭生活全部都要花钱买（2017-07-22-XJ-L）”。

在西江千户苗寨景区内，羊排村与东引村虽然在旅游业中的获益较少，但是仍然有部分农田可以耕种，因此这两个村的居民虽然缺乏现金收入，但是基本生活并没有问题。而平寨村的村民是被征收田地最早的一批，征收后的平寨村村民的生活已经与城市生活无异，一切生活支出全部都需要购买。对于平寨内部不临街的居民而言，在缺乏劳动技能增加收入的情形下，随着景区内物价上涨，生活压力必然严重高于以前，进而影响旅游景区的治理。

（五）居民行为意向分析

在社区居民的行为意向指数上，西江千户苗寨为2.619 9，朗德上寨为

2.399 9，西江千户苗寨略高于朗德上寨，但二者均处于中度预警区间，相差并不显著（见表5-19）。

表5-19 西江与朗德上寨居民行为意向三级指标统计比较

指标	均值		均值的标准误		标准差	
	西江	朗德	西江	朗德	西江	朗德
A51	2.62	2.40	0.057	0.130	1.265	1.264

在行为意向的测量中，仅有意向行为的暴力化程度（A51）一个题项。而在意向行为的选择中，西江千户苗寨与朗德上寨并无显著差异。需要注意的是，无论是西江千户苗寨还是朗德上寨，均有近一半的居民选择"忍耐让步"或"抱怨/发牢骚"。这是在缺乏利益表达渠道的情形下，社区居民不得已做出的暂时选择。"但是个人力量肯定搞不过大腿啊。（2017-07-21-XJ-J）"而这种不满情绪的长期郁积，将会严重影响到旅游景区的治理。

面对景区内失衡的利益格局，以及强势的旅游行政管理部门，社区居民针对景区管理局的日常管理工作主要采用"弱者的武器"的方式，增加自身利益。为防止破坏景观，虽然管理局禁止经营小吃摊位的村民撑起遮阳伞，但是在炎热而多暴雨的夏季，还是有部分村民趁管理局巡视工作人员不在时将遮阳伞打开；而经营工艺品的村民，也同样与管理局巡视人员玩起"猫与老鼠的游戏"，在巡视人员离开后，就迅速搬至游方街的路口进行工艺品售卖。但在面对涉及全体村民的重大利益问题时，如景区对村民车辆进入的限制、学校的搬迁等，则往往以集体行动的方式表达诉求。

在很多村民看来，18%的房屋保护奖励、方便出行的环村公路、车辆自由进出景区的权利等重大利益，都是村民自己争取的结果。而景区管理局在社会稳定的压力下，面对群体冲突也只能选择妥协让步，以换得片刻的"稳定"。然而，这样的"冲突—妥协"策略对于社区居民的行为无疑具有进一步的激励作用。地方政府在旅游目的地治理时，未能深入考虑社区居民的基本诉求，严重忽略居民参与的重要意义。而每一次针对利益矛盾的妥协也都为下一次的冲突解决设置了更高的成本壁垒。

另外，大量游客的进入以及网络技术的普及，催生了社区居民的权利意识。虽然景区内居民的权利意识相对较低，但是随着互联网技术的发展以及社区中青年群体的成长，维权意识正在不断提高。从中也可以看出，互联网技术正在实现对社区居民的赋权，虽然这一过程还较为缓慢。

因此，一个贫富严重分化且拥有5 000多居民的西江千户苗寨景区，随着社区居民权利意识的不断增加，如若不改变现有治理策略，其未来势必将对社会治理埋下更多不确定的因素。

三、政府回应指数分析

政府回应指数中，如表 5-20 所示，西江千户苗寨为 2.243 0，朗德上寨为 3.180 9，朗德上寨较高于西江千户苗寨景区。具体到二级指标，如表 5-22 所示，西江千户苗寨景区回应态度（R1）指数为 3.142 3，回应透明度（R2）指数为 3.096 4，均处于重度预警区间，回应能力（R3）指数为 2.884 0，回应制度化水平为 2.193 2，均为中度预警区间。而朗德上寨的回应态度（R1）指数为 2.978 8，回应透明度（R2）指数为 2.973 0，回应能力（R3）指数为 2.785 2，均处于中度预警区间，并略低于西江千户苗寨景区，但二者相差不大。在回应制度化水平（R4）指数上，朗德上寨为 3.193 1，显著高于西江千户苗寨景区。这主要是由于朗德上寨的文旅公司才开始接管朗德上寨景区，相关的管理体制机制并未完全建立，包括相关的应急管理体系等。正是应急管理的不完善，推高了朗德上寨的政府回应指数。也正是由于朗德文旅公司的管理时间较短，各项规章制度尚未完善，也并未完全实施，朗德社区居民对于旅游公司的众多认知尚不明确，这从下述各表的选项统计中，有超过50%的朗德社区居民对于旅游公司的态度持中立态度可以看出。

表 5-20　政府回应指数差异分析

指标	政府回应（R）	回应态度（R1）	回应透明度（R2）	回应能力（R3）	回应制度化水平（R4）
西江千户苗寨	2.243 0	3.142 3	3.096 4	2.884 0	2.193 2
朗德上寨	3.180 9	2.978 8	2.973 0	2.785 2	3.193 1

（一）回应态度分析

西江千户苗寨的回应态度指数为 3.142 3，朗德上寨的回应态度指数为 2.978 8。具体到三级指标上，在“对利益冲突的重视程度（R11）”上，西江千户苗寨景区与朗德上寨均值均低于 3.0 分，而在其他三项“对冲突回应的及时性（R12）”“回应渠道多样性（R13）”“回应内容的完整性（R14）”上二者得分均高于 3.0 分，并在总体上，西江千户苗寨略高于朗德上寨（见表 5-21）。

表 5-21　西江千户苗寨与朗德上寨政府回应态度三级指标统计比较

指标	均值		均值的标准误		标准差	
	西江	朗德	西江	朗德	西江	朗德
R11	2.88	2.74	0.045	0.074	1.004	0.717
R12	3.15	3.03	0.044	0.083	0.972	0.809
R13	3.36	3.14	0.043	0.085	0.963	0.824
R14	3.26	3.10	0.047	0.087	1.046	0.843

1. 对利益冲突的重视程度（R11）

在西江千户苗寨的社区居民中，24%的居民认为景区管理局/地方政府对旅游利益冲突缺乏重视，远高于朗德上寨的 10.6%。在西江千户苗寨的调查中，选择“较不重视”和“非常不重视”的分别为 17.9%和 6.1%，合计为 24%。在朗德上寨的调查中，选择“较不重视”和“非常不重视”的分别为 10.6%和 0。

西江千户苗寨景区人口规模庞大，虽然有景区管理局和旅游公司分别对西江千户苗寨实行行政管理和旅游行业管理，但是仍显得力不从心，且管理的重点还是放在旅游行业领域。复杂的旅游社区以及庞大的流动的游客群体，分散了管理局的管理重心，客观上使得对景区内利益冲突的重视不足。虽然在朗德上寨的居民中，仅有 10.6%的居民认为景区管理局/地方政府对旅游利益冲突缺乏重视，但是这并不意味着朗德文旅公司高度重视与社区之间的利益冲突，而是旅游社区与朗德文旅公司均处于磨合期，仍然处于相互了解的接触阶段。

2. 对冲突回应的及时性（R12）

西江千户苗寨 36.6%的社区居民认为景区管理局/地方政府对冲突回应不及时，远高于朗德上寨的 24.5%。在对冲突回应的及时性选项上，选择“较不及时”和“非常不及时”的分别为 29.1%和 7.5%。在朗德上寨的调查中，选择“较不及时”和“非常不及时”的分别为 21.3%和 3.2%，即朗德居民中认为不及时的有 24.5%。

西江千户苗寨景区自 2008 年地方政府介入以来，管理已十余年。西江千户苗寨景区社区居民在自身利益表达多次未果之后，管理局部门之间的推脱最终引致了居民的群体抗争。朗德上寨 24.5%的居民认为回应缺乏及时性。自朗德文旅公司管理景区以来，景区管理公司与朗德社区之间并未发生较大的冲突，社区居民的选择更多的是基于其对管理公司日常管理对居民生活带来的不便的不满。而之所以缺乏及时性回应关键在于表达渠道的缺乏。

3. 回应渠道多样性（R13）

无论是西江千户苗寨景区还是朗德上寨，社区居民均认为景区管理局/地方政府的回应渠道较少，占受访者人数的比重分别为45.8%和28.7%。西江千户苗寨景区居民中，34.6%的居民认为回应渠道“较少”，11.2%认为“非常少”。在朗德上寨中，选择“较少”和“非常少”的分别为23.4%和5.3%。

两个景区在同一的管理公司相同的管理模式之下，社区居民与管理公司之间缺乏利益表达的渠道，表现出一定程度的信息真空。在西江千户苗寨景区，虽然村级组织对于居民的利益表达以及管理局的政策回应具有一定作用，但是面对矛盾众多的西江千户苗寨景区，村级组织往往显得力不从心。

而在朗德上寨内，新选村长是朗德下寨的村民，并不在朗德上寨内，因此，无论是村委对上寨的利益需求的关心还是居民与村委之间的往来都受到严重影响，而旅游接待小组的管理人员，虽是上寨村民，却无心也无权力关心居民与公司之间的矛盾。因此，无论是在西江千户苗寨景区还是朗德上寨，均严重缺乏利益表达的机制和通道，旅游社区与管理局/旅游公司之间出现信息断层。

4. 回应内容的完整性（R14）

在回应内容的完整性上，28.7%的西江居民认为“少数部分回应”，13%受访者认为“很少部分回应”。而朗德上寨分别有27.7%和3.2%的居民选择“少数部分回应”和“很少部分回应”。在笔者的调研中，多数居民认为地方政府对社区居民的利益诉求“回应一半”以及避重就轻地有选择性地回应问题。而在西江千户苗寨景区内，经历与管理局近10年的利益博弈之后，社区居民已经更多地表现出对地方政府部门的不信任。

（二）回应透明度分析

西江千户苗寨的回应透明度指数为3.096 4，朗德上寨为2.973 0。具体到三级指标，西江千户苗寨在“回应政策的公开透明程度（R21）”和“回应措施参与主体的广泛性（R22）”两项均略高于朗德上寨，如表5-22所示。

表5-22 西江千户苗寨与朗德上寨政府回应透明度三级指标统计比较

指标	均值		均值的标准误		标准差	
	西江	朗德	西江	朗德	西江	朗德
R21	3.20	3.07	0.043	0.083	0.947	0.806
R22	2.88	2.77	0.041	0.075	0.915	0.725

1. 回应政策的公开透明程度（R21）

26. 8%的西江受访者认为回应政策“较不透明”，8. 9%的西江受访者认为“完全不透明”；朗德上寨的这一比例分别为 23. 4%和 3. 2%。西江千户苗寨与朗德上寨对地方政府/景区管理局回应政策的公开透明程度认知基本相当，认为不透明的受访者比例均在 30%左右。社区居民在与外来游客的频繁互动中，增加了对于雷山之外的景区的认知，并逐渐将本地景区与外部的景区做比较，而发现本地景区管理的不足。

在涉及社区旅游利益时，缺乏公开透明的政策程序，无疑加大了政策实施的成本，也进一步引发社区居民的怀疑和猜测。如西江千户苗寨景区管理局为解决社区内的用水供给问题，在上游拟修建水库，然而在社区居民看来，这样的政府行为却是逐利行为。

2. 回应措施参与主体的广泛性（R22）

在西江，17. 1%的受访者认为参与利益主体“较不广泛”，4. 5%的受访者认为“非常不广泛”；朗德上寨的选择比例分别为 8. 5%和 2. 1%。现阶段我国景区管理中，在政府主导之下，政府部门的领导往往决定了管理政策的制定，而缺乏不同利益相关者的充分讨论及沟通。

（三）回应能力分析

西江千户苗寨的回应能力指数为 2. 884 0，朗德上寨为 2. 785 2，均处于中度预警区间。具体到三级指标，在“公共事件的管理能力（R31）”“公众信息沟通能力（R32）”上，西江千户苗寨也均略高于朗德上寨，如表 5-23 所示。

表 5-23　西江千户苗寨与朗德上寨政府回应能力三级指标统计比较

指标	均值		均值的标准误		标准差	
	西江	朗德	西江	朗德	西江	朗德
R31	2. 92	2. 82	0. 043	0. 074	0. 946	0. 718
R32	3. 11	3. 01	0. 044	0. 084	0. 982	0. 810

1. 公共事件的管理能力（R31）

18. 7%西江受访者认为景区管理局/地方政府的公共事件管理能力“较差”，5. 7%的受访者认为“非常差”，而认为“较强”和“非常强”的累计有 32. 5%；朗德上寨的受访者认为地方政府公共事件管理能力“较强”和“非常强”的累计有 31. 9%。

无论是西江千户苗寨景区还是朗德上寨，虽然有接近一半的受访者对于地方政府的公共事件管理能力持中立的态度，但还是有三分之一的居民认为地方政府的公共事件管理能力较强。这表明在旅游社区居民看来，地方政府还是有能力应对景区内部的各类公共事件，能够保障景区的正常运行。

2. 公众信息沟通能力（R32）

19.5%的西江受访者认为景区管理局/地方政府的公众信息沟通能力“较差”，10.6%的受访者认为“非常差”；朗德上寨的选择人数比例为23.4%和2.1%。

可以看出，在公众信息沟通能力上，社区居民对于地方政府的评价显著低于公共事件的管理能力。这与社区居民缺乏利益表达渠道，以及地方政府对社区居民利益回应的缺乏有关。

（四）回应制度化水平分析

西江千户苗寨的回应制度化水平指数为2.193 2，朗德上寨为3.193 1，这一指数朗德上寨较高于西江千户苗寨，处于重度预警区间。西江千户苗寨景区管理局在近10年的管理过程中，已经积累了较为丰富的管理经验，尤其是在面对社区居民的群体冲突时，具有应急管理预案。而朗德文旅公司虽然作为西江旅游公司的分公司，但公司尚在起步发展阶段，人员编制与管理机制都尚不规范，无论是在“专门组织机构的健全程度（R41）”还是在“政府回应的程序化程度（R42）”方面都较西江千户苗寨景区差一些。

第六章　旅游社区居民冲突意愿的形成机制分析

在我国当前的旅游发展实践中，社区居民与地方政府部门等相关利益主体之间的冲突事件时有发生，这已成为社区旅游发展中较为普遍的现象[①]。但在冲突事件中，社区居民多数为行动发起一方，在冲突事件中地方政府部门沦为被动应对主体。因此，从社区居民的主观感知出发可以有效地对旅游社区冲突事件加以预警。上文正是在此思路下构建并实证了贵州苗寨的预警指数，实证结果显示，西江千户苗寨的预警指数为 3.013 9，处于重度预警区间，即西江千户苗寨旅游社区居民具有较强的冲突意愿。

组织行为学的研究认为人的心理需求和动机直接影响着人们的行为，因此，对于旅游社区冲突预警的研究有必要关注社区居民的冲突意愿的形成。即旅游社区居民的冲突意愿受到哪些心理感知因素的影响？哪些因素的影响对冲突意愿的形成具有决定性作用？各影响因素存在何种关系？等等。这些是本章所需要回答的问题。

为此，本章应用扎根理论（GT）和结构方程模型（SEM）对西江千户苗寨社区居民的冲突意愿的形成机制进行理论分析和实证检验，从而弥补学术研究中对于冲突意愿关注的不足，以便更好地对旅游社区冲突进行预防治理。

第一节　旅游地居民冲突意愿形成机制的概念模型及研究假设

一、社区居民冲突意愿形成机制的概念模型

由于旅游社区居民冲突意愿目前并无相关研究成果，本章对该问题的思考

---

① 罗辉. 社区参与旅游发展的利益冲突 [J]. 玉溪师范学院学报，2006，22 (11)：32-38.

仍然属于探索性研究。为此，本章首先将采用扎根理论研究方法，从主位的视角（当事人的角度）自下而上地建构理论模型。随后，本章再以定量的结构方程模型（SEM）对理论概念模型进行实证检验。

而扎根理论自巴尼·格拉泽（Barney Glaser）和安塞尔姆·施特劳斯（Anselm Strauss）于1967年创立之后，历经发展如今存在至少三种不同版本的扎根理论方法，即巴尼·格拉泽（Barney Glaser）和安塞尔姆·施特劳斯（Anselm Strauss）创立之初的原始版本扎根理论，安塞尔姆·施特劳斯（Anselm Strauss）和科宾（Corbin）的程序化版本扎根理论以及查美兹（Charmaz）的建构型版本扎根理论①。其中，程序化版本扎根理论和建构型版本扎根理论在学术研究中应用得较为广泛。本书的扎根理论采用的是程序化版本扎根理论，扎根理论编码的材料为对西江千户苗寨社区居民的访谈材料。

施特劳斯（Anselm Strauss）和科宾（Corbin）的程序化版本扎根理论的编码主要包括了开放性编码（open coding）、主轴性编码（axial coding）和选择性编码（selective coding）三个阶段。而在编码的过程中，又可以将其分解为两个基本的子过程：单元化和类别化②。单元化意为将信息单位从原始的材料中分离独立出来，将原始材料分解为众多相对独立的信息单元，类别化意为对分解后的信息单元依据意义的相似性组成不同的信息类别，再对信息类别进行整合提炼。编码的过程也就是持续不断地分解、比较和整合的过程，最终在类别数量饱和的基础上构建理论模型。

（一）开放性编码

开放性编码是对原始材料进行概念化和范畴化的编码过程，初始概念的提取一般尽量选择原始语句中的词语。本书遵循开放性编码“契合”和“相关”的原则，对访谈材料进行持续不断的比较，最终共提取42个初始概念和20个范畴。20个范畴为：基础设施改善、建房审批不公平、收入水平提高、知名度提高、文物补贴不公平、内部出行不便、政府监管不足、邻里关系淡漠、就业机会增加、文化异化、政策执行缺乏透明、环境卫生改善、生态环境破坏、政策标准不公平、横向相对剥夺、贫富悬殊、门票分配不公平、就业机会不公平、物价上涨、纵向相对剥夺。

限于篇幅，对于访谈材料的开放性编码本书仅列出示例，如表6-1所示。

---

① 费小冬. 扎根理论研究方法论：要素、研究程序和评判标准［J］. 公共行政评论，2008（3）：23-44.

② 克叶尔·埃瑞克·鲁德斯坦，雷·R. 牛顿. 顺利完成硕博论文［M］. 席仲恩，等译. 重庆：重庆大学出版社，2014：132-133.

表 6-1　开放性编码示例

原始语句	初始概念	范畴
像通往凯里那条公路以前都没有开通，还要从雷山那边转过去，旅游开发了以后，那条路就通了	旅游改善外部交通	基础设施改善
现在村寨里面多好走啊，原来都是泥巴路，一下雨就没法走了，现在方便多了	旅游改善内部交通	
①对于西江，我最大的不满意就是：啊，好吵啊！ ②以前我们只有过节时才会吹芦笙，现在街上的餐馆每天都要吹好多次，吵死了	噪声污染	生态环境破坏
①现在这条河已经毁了，而且还越来越糟糕。 ②下面餐馆客栈所有的污物都往河里排，那个河水难闻得很。 ③我们小时候还到河里捉鱼洗澡，现在那河里都是漂着垃圾	河流污染	
以前我们这寨子里还有好多田地和大树，现在还能看到什么？除了房子还是房子	生态退化	

（二）主轴性编码

主轴性编码是在开放性编码的基础上对所提取的范畴进行不断地比较，再按照“契合”和“相关”的原则对其进行进一步的合并和聚类，进而提炼出更为精炼和理论性的主范畴。在主轴性编码的过程中，同时也不断回到原始访谈材料中，以不断地比较检验主范畴的合理性和可靠性。通过主轴性编码，最终精练出 5 个主范畴：旅游收益感知、旅游成本感知、社会环境感知、旅游公平感知、相对剥夺感知，如表 6-2 所示。

表 6-2　主轴性编码提炼的主范畴

范畴	主范畴	范畴	主范畴
基础设施改善	旅游收益感知	贫富悬殊	社会环境感知
环境卫生改善		政策执行缺乏透明	
收入水平提高		政府监管不足	
就业机会增加		政策标准不公平	旅游公平感知
知名度提高		文物补贴不公平	
物价上涨	旅游成本感知	建房审批不公平	
内部出行不便		门票分配不公平	
生态环境破坏		就业机会不公平	
邻里关系淡漠		横向相对剥夺	相对剥夺感知
文化异化		纵向相对剥夺	

（三）选择性编码

选择性编码主要是在主轴性编码的基础上，通过识别核心范畴构建不同主范畴之间的联结关系，并通过故事线建立新的理论解释框架。本书中社区居民冲突意愿形成机制的故事线可以概括为：冲突意愿是社区居民对于旅游收益感知和旅游成本感知综合比较后所获得的社会环境感知、旅游公平感知、相对剥夺感知等相互作用的产物，如图 6-1 所示。

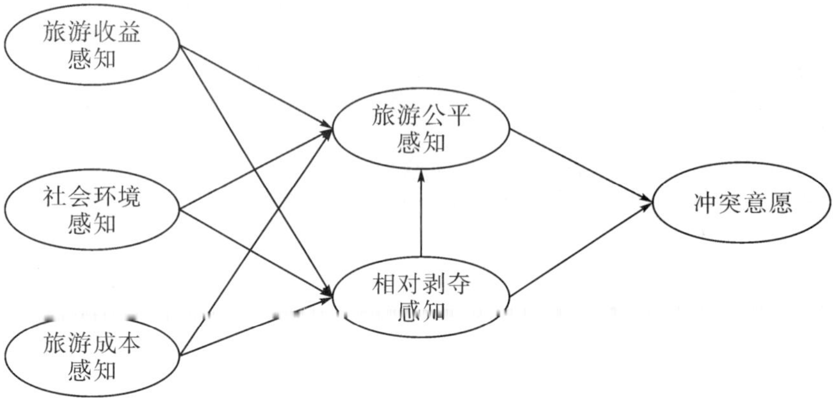

图 6-1　旅游社区居民冲突意愿形成机制的概念模型

（四）概念模型的理论解释

从上述构建的冲突意愿形成机制概念模型中可以看出，冲突意愿的形成是社区居民感知态度综合作用的结果，但其根本上还是在于社区居民对于旅游收益分配的反应。社区居民在综合考虑旅游发展的积极影响和消极影响后，衡量自身在旅游发展中所得是否大于其所付出的成本。不仅如此，社区居民也会将自身的利得利失与旅游公司、他人等进行比较，进而获得一种公平感知。一旦比较的结果是不公平感和相对剥夺感，社区居民的冲突意愿就会更为强烈。

同时，政府主导发展模式下的权力垄断与信息不对称，形成了旅游社区居民消极情绪的郁积。任何一项公共管理决策都不可能让所有的相关利益主体满意，重要的是要为相关主体的利益表达提供畅通的渠道，并对利益主体的不满予以情绪上的安抚。然而，现阶段在广大的中西部旅游目的地中，利益表达渠道不仅极为有限，而且严重不通畅。

一方面，底层社区居民缺乏自下而上的利益表达渠道。由于我国“凝闭型”的决策体制，并未从整体上得到改观①，这使得在公共政策的制定过程中，缺乏社区的声音，即使在公共政策的实施中，社区居民的意见同样是无处

① 彭勃，张振洋. 公共政策失败问题研究：基于利益平衡和政策支持度的分析［J］. 国家行政学院学报，2015（1）：63-68.

可诉。另一方面，地方政府部门缺乏对社区利益的回应。基层政府部门的公共管理能力和公众信息沟通能力往往较为薄弱，即使在面对突发事件时，也难以有效、快速地回应利益主体的诉求。对利益主体回应的“体制性迟钝”，往往造成了事件的升级。

因此，正是旅游社区与地方政府之间某种程度的信息真空，致使社区不满情绪的日积月累，并最终通过正面冲突的方式予以发泄和申诉。故从某种程度上而言，旅游社区冲突是社区居民主体在表达渠道不畅的情形下，所选择的一种较为极端的利益表达方式。

二、研究假设

通过上文的理论分析，本书构建了西江千户苗寨社区居民的冲突意愿形成机制概念模型。这一概念模型应用扎根理论对村民访谈材料逐级编码并不断抽象化而成，但这一概念模型是否具有普适性仍然有待进一步的验证。

（一）旅游影响感知与冲突意愿

旅游地居民的一切态度和行为均源于其对旅游影响的综合感知（李志飞，2006）[①]。对于旅游影响的国内外研究成果，多数基于居民感知的视角，社区居民对于旅游业发展的态度很大程度上取决于感知的旅游积极影响和旅游消极影响（Tosun，2003；Gursoy et al.，2004；卢小丽 等，2008；程绍文 等，2010；郭安禧 等，2017）。而上文通过对冲突意愿形成机制的扎根理论分析，发现居民的感知除了已有研究中涉及的积极/消极影响感知外，还有社会环境感知维度。因此，综合本书的扎根理论研究和已有相关理论成果，本书提出如下假设关系：

H1：旅游收益感知对冲突意愿有负向影响关系。

H2：社会环境感知对冲突意愿有正向影响关系。

H3：旅游成本感知对冲突意愿有正向影响关系。

（二）旅游公平感知与冲突意愿

公平理论是组织行为学的重要理论。经典的公平理论认为，个体不仅关注自身的利益得失，同时还会将其自身与他人相比较，进而做出公平或不公平的主观判断（Adams，1965；孙伟 等，2004）。在社会转型期，社会心态发生显著变化，社会个体的心理感知受到学界的关注。已有研究成果发现，社会个体

---

① 李志飞．少数民族山区居民对旅游影响的感知和态度：以柴埠溪国家森林公园为例［J］．旅游学刊，2006，1（2）：21-25．

的公平感知与冲突感知或参与群体性事件之间存在显著的负相关（Taylor et al.，1984；李路路 等，2012；吴祖兴 等，2014；李华胤，2016）。因此，基于上述研究成果，本书提出如下假设：

H4：旅游公平感知对冲突意愿有负向影响关系。

同时，基于社会交换理论的相关国内外研究也表明，社区居民在旅游资源开发中承受了物价上涨、环境污染等多重旅游成本，社区居民对旅游的态度取决于其旅游收益感知和旅游成本感知的比较。若不能获得相应的旅游收益，社区居民就会产生不公平感以及对旅游的消极态度等（Scheyvens，1999；Jurowski et al.，1997；Vargas et al.，2011；胥兴安 等，2015；Nunkoo，2015）。在本书的田野调查中，同样发现西江千户苗寨的社区居民对于旅游业的负面影响感知存在一定的不满和意见。另有研究表明，公平感知是对成本和收益进行比较之后的综合主观评价（Smith et al.，1999，刘静艳 等，2016）。因此基于上述分析，本书提出如下假设：

H5：旅游收益感知对旅游公平感知有正向影响关系。

H6：旅游成本感知对旅游公平感知有负向影响关系。

H7：社会环境感知对旅游公平感知有负向影响关系。

（三）相对剥夺感知与冲突意愿

相对剥夺感是与公平感知相伴随的另一重要感知态度。已有的相关研究已经表明，相对剥夺感会对个体或群体的行为产生重要影响，并且构成个体参与群体性事件的重要心理基础（Walker et al.，2001；马皑，2012；梁枫 等，2017；易承志 等，2017）。而在旅游研究领域，旅游地社区居民的相对剥夺感近年也引起了部分学者的关注。如李平和吕宛青（2014）认为社区居民的相对剥夺感知是解释旅游地社会冲突的关键因素①。因此，基于已有相关研究，本书提出如下假设：

H8：相对剥夺感知对冲突意愿有正向影响关系。

同时，社区居民的相对剥夺感知是基于与参照群体进行社会比较之后的主观评价，而在旅游社区内比较的内容仍然是旅游的收益及成本等。因此，结合在西江千户苗寨的田野调查资料，本书提出如下假设：

H9：旅游收益感知对相对剥夺感知有负向影响关系。

H10：社会环境感知对相对剥夺感知有正向影响关系。

---

① 李平，吕宛青. 浅析旅游弱势群体的“相对剥夺感”[J]. 中国人口·资源与环境，2014，24（3）：207-209.

H11：旅游成本感知对相对剥夺感知有正向影响关系。

（四）相对剥夺感知与旅游公平感知

相对剥夺感知与旅游公平感知都是社区居民个体的一种主观心理评价，不同的是相对剥夺感知更偏向于负面心理评价，而旅游公平感知为个体的正面心理评价。在社会学研究领域，关于相对剥夺感知与公平感知之间的关系，已有一定成果。如谢熠、罗教讲（2017）① 和孙薇薇、朱晓宇（2018）② 分别利用中国社会状况综合调查（Chinese Social Survey，2013）和 CGSS2010 的不同数据来源，对社会地位的研究均发现，居民个体的公平感知与相对剥夺之间均存在负向影响关系。而时勘（2015）等人对于员工离职倾向的研究也发现，分配公平负向影响相对剥夺感和离职倾向③。因此，基于上述分析，本书提出如下假设：

H12：相对剥夺感知对公平感知有负向影响关系。

由此，构建的各变量之间的假设关系如图 6-2 所示。

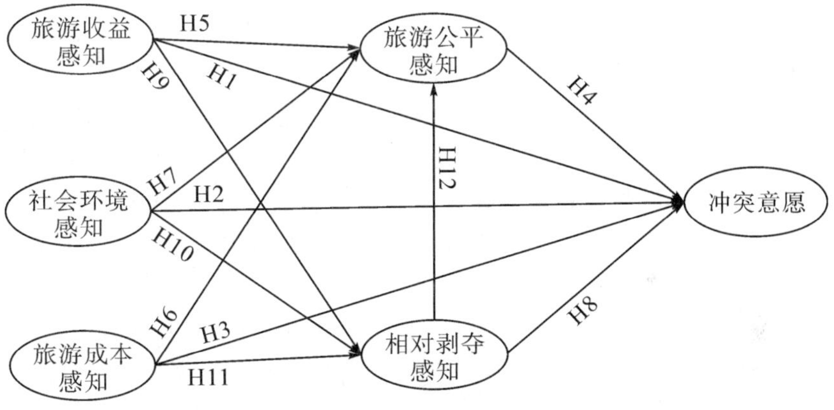

图 6-2　研究假设的概念模型图

① 谢熠，罗教讲. 中国居民社会公平感影响因素研究 [J]. 贵州师范大学学报（社会科学版），2017（3）：29-36.

② 孙薇薇，朱晓宇. 地位、相对剥夺与归因：教育年限对分配公平感的影响机制 [J]. 社会学评论，2018，6（3）：65-75.

③ 时勘，等. 分配公平对员工离职倾向的影响：相对剥夺感的中介作用 [J]. 现代管理科学，2015（10）：7-9.

第二节 问卷设计、发放及样本特征

一、问卷设计

本研究问卷由被访者的人口统计学特征和冲突意愿形成机制变量两个部分构成。其中，人口统计学变量包括被访者的性别、年龄、收入、学历、家庭住址等六个变量，形成机制模型由旅游收益感知、生活成本感知、社会环境感知、公平感知、相对剥夺感知以及冲突意愿 6 个变量、28 个观测变量构成。冲突意愿形成机制变量采用李克特五点量表，1. 为“非常不同意”，2. 为“不同意”，3. 为“中立”，4. 为“同意”，5. 为“非常同意”。社区居民冲突意愿形成机制六个量表的测量题项设计来源如下：

（一）旅游收益/旅游成本感知变量设计

已有研究成果指出社区居民对旅游收益和成本的感知显著影响居民的态度（Nicholas，et al.，2009；Nunkoo et al.，2011）。Lee & Back（2006）及卢小丽、肖贵蓉（2008）的研究也显示社区居民通过利益感知影响态度，而利益感知变量包含了对环境、经济、社会的收益和成本。故本书综合已有成果和扎根理论研究，对旅游收益感知和生活成本感知两个变量进行分别测量，旅游收益感知包含六个测量题项，旅游成本感知包含五个测量题项。

（二）社会环境感知变量设计

社会心理学的研究揭示个体对事物的价值判断深受其所处的社会、经济等外部环境的影响①。上文在对社区居民访谈材料进行扎根理论分析时也发现，社区居民的不满等消极情绪与西江千户苗寨的社会环境密切相关。因此，结合调研的实际情况，社会环境感知变量下设计了贫富悬殊、文物补贴政策、住房审批政策、政府监管四个测量题项的量表。

（三）旅游公平感知变量设计

旅游社区冲突源于利益分配不公（Smith，1999；左冰，2009；保继刚 等，2012）而公平是个体的主观心理感受和价值判断，结果公平和程序公平是对公平感知结构解释最为常用的两个维度（Adams et al.，1965；Thibaut et al.，1975）。在国内旅游本土化的研究中，胥兴安等（2015）将公平感知引入社区

---

① 斯滕伯格. 认知心理学［M］. 杨炳钧，陈燕，邹枝玲，译. 北京：中国轻工业出版社，2006.

参与旅游中进行了实证分析。因此，综合 Colquitt（2001）的结果公平、Leventhal（1980）的程序公平以及胥兴安等（2015）的公平感知研究成果，本书在公平感知维度设计了五个测量题项。

（四）相对剥夺感知变量设计

相对剥夺感是个体或群体对于自身相对状况所持有的态度，是一种主观的心理感受，来源于与参照群体进行社会比较的结果①。王宁（2007）通过对退休老人有关医疗保障体制转型体验的质性研究提出了"纵向相对剥夺感"的概念②。而在国内外旅游领域的研究中，同样发现主客互动以及社区内部交往的过程中存在着相对剥夺现象（Seaton，1997；左冰，2016）。社会心理学的研究表明，个体的相对剥夺感易引发相关群体之间的利益矛盾和旅游利益冲突（Serge et al.，2002；郭星华，2001；冯仕政，2006；Zhang et al.，2011）。综合已有研究，结合实际情况，本书设计了纵向相对剥夺和横向相对剥夺四个测量题项的量表。

（五）冲突意愿变量设计

冲突意愿是行动意愿的重要方面，在表现形式上更侧重于对较为激进手段与方式的选择。从旅游发展的实践以及本书的实地调查来看，旅游地社区居民所选择的激进手段主要有联合家族势力对景区进行堵路、扰乱景区正常秩序、以及诉诸网络等方式。结合已有对冲突意愿的研究成果（Guo，2001；邹秀清等，2013；雷开春 等，2015）和实际情况，本书设计了四个测量题项。

二、问卷预调研

为提高调查问卷的信度及效度等，作者在问卷设计完成后于 2018 年 10 月 23 日至 27 日对西江千户苗寨社区居民进行了问卷预调研。预调研在西江千户苗寨景区内总计发放了问卷 80 份，回收有效问卷 65 份。本书针对预调研的 65 份问卷进行信效度分析和因子分析，进而优化问卷结构，提高测量题项的科学性。

通过对 65 份预调研的问卷数据分析，发现：①旅游收益感知量表的 Cronbach's α 为 0.823，且每个项目的总计相关性（ITC）均大于 0.5，这表明量表信度较高，但在对其进行因子分析时，发现 LYSY4"发展旅游实现了西江知名度的提高"、LYSY5"发展旅游增加了村民的就业机会"和 LYSY6"发

① 默顿. 社会理论和社会结构［M］. 唐少杰，齐心，等译. 南京：译林出版社，2008：336-338.

② 王宁. 相对剥夺感：从横向到纵向：以城市退休老人对医疗保障体制转型的体验为例［J］. 西北师大学报（社会科学版），2007（4）：19-25.

展旅游实现生活水平的显著改善”三个测量题项的因子载荷均在0.5以下，从而删除测量题项LYSY4、LYSY5和LYSY6，且删除后的旅游收益感知量表α系数仍在0.7以上；②旅游成本感知量表的Cronbach's α初始值为0.673，处于可以接受区间，通过删除ITC值小于0.5的LYCB1测量题项“旅游发展造成了西江物价上涨”后，α系数增大到0.757，变量信度较高；③社会环境感知量表的α值为0.878，表明量表信度较高，但在对其进行因子分析时发现SHHJ3测量题项“地方政府部门对旅游公司监管不足”的因子载荷在0.5以下的水平，故对其进行删除；④旅游公平感知变量的α值为0.892，表明信度较高，但在对其进行因子分析时，GPGZ2测量题项“西江千户苗寨景区的相关旅游管理规定是公平合理的”的因子载荷不足0.5，同样对其进行剔除处理；⑤相对剥夺感知变量的初始α值为0.838，这说明变量内在信度较高，但在相对剥夺感知4个测量题项中，XDBD4“与过去相比，我的家庭生活水平更差”的ITC值仅为0.348，而通过删除该项后的α值增大至0.903，故对XDBD4测量题项进行删除处理；⑥冲突意愿变量的α值为0.847，表明变量的内在信度较高，虽然删除CTYY4测量题项“如果我们和旅游公司之间产生严重利益分歧，可能会选择暴力手段”后，α值可以提高为0.853，但CTYY4的ITC值在0.5以上，且删除CTYY4测量题项后α指增长的空间较低，综合考虑后不对其作删除处理，予以保留。

通过对预调查问卷的数据处理和分析，最终删除LYSY4、LYSY5、LYSY6、LYCB1、SHHJ3、GPGZ2、XDBD4七个测量题项，并对调整后的问卷测量题项进行重新编码。正式的社区居民冲突意愿调查问卷由6个潜变量、21个观测变量以及6个人口变量构成。有关社区居民冲突意愿形成机制完整的调查问卷详见附录三。

三、问卷发放

问卷的发放采用随机调查法，作者2019年1月7日至15日采用纸质问卷和问卷星电子问卷在西江千户苗寨内共发放调查问卷430份，其中通过问卷星平台收集问卷38份，现场发放并回收纸质问卷392份。剔除漏选、多选、填写不完整等无效问卷后，实际回收有效问卷349份，有效回收率为81.16%。对问卷数据的分析主要采用AMOS21.0和SPSS17.0统计软件。

四、样本特征

从表6-3中，可以看出在受访的349个社区居民中：男女性别大致相当；

在年龄组上，以 18~30 岁所占样本最多，达 39%，60 岁以上受访者较少，占样本总量的 3.7%；在文化程度上，初中文化学历最多，其次为大专以上、高中以及小学；在家庭住址上，居住于平寨村的村民较多，达 32.1%，其次为羊排村、东引村和南贵村；在职业上，务农/务工群体所占比重最高为 31.8%，其次为餐饮/客栈经营；在家庭收入上，家庭年收入在 5 万~10 万元群体所占比重最高，为 39.5%，其次为 10 万~15 万元，占 24.4%，家庭年收入在 5 万元以下的有 16.0%，而达到 20 万以上的有 9.2%，总体而言西江千户苗寨居民的家庭年收入主要处于 5 万~15 万元中等收入区间内，约占 63.9%，但同时也存在一定比重的低收入群体。

表 6-3　样本人口学统计描述性分析（N=349）

变量	属性	频数	百分比/%	变量	属性	频数	百分比/%
性别	男	175	50.1	职业	餐饮/客栈经营	64	18.3
	女	174	49.9		旅游工艺品/服装租赁经营	45	12.9
年龄	18~30 岁	136	39.0		学生	58	16.6
	31~40 岁	91	26.1		政府机关/企事业单位人员	12	3.4
	41~50 岁	80	22.9		务农/务工	112	31.8
	51~60 岁	29	8.3		司机	20	5.7
	60 岁以上	13	3.7		其他	39	11.2
文化程度	小学及以下	41	11.7	家庭年收入	5 万元以下	56	16.0
	初中	179	51.3		5 万~10 万元	138	39.5
	高中及中专	55	15.8		10 万~15 万元	85	24.4
	大专及以上	74	21.2		15 万~20 万元	38	10.9
家庭住址	南贵村	61	17.5		20 万元以上	32	9.2
	平寨村	112	32.1				
	羊排村	92	26.4				
	东引村	84	24.1				

第三节 结果分析

应用结构方程模型进行验证前一般需要对收集数据的正态分布性、量表信度、量表效度等进行检验，从而便于确定其是否适合因子分析方法。

一、正态分布检验

本书通过 SPSS17.0 对样本数据进行正态分布性检验，检验结果如表 6-4 所示。一般而言，通过正态分布检验的标准为所有测量项目的偏度绝对值小于 2.58 且峰度绝对值小于 10①。本研究中，偏度绝对值最高为 0.694，峰度绝对值最高为 1.432，均在合格标准范围以内，说明样本数据符合正态分布。

二、高低分组及独立样本 T 检验

问卷包含了旅游收益感知、旅游成本感知、社会环境感知、旅游公平感知、相对剥夺感知以及冲突意愿六个变量。首先对各变量的题项进行加总排序，然后按照样本数 27%的值进行高低分组，继而对各变量进行独立样本 T 检验。

根据检验结果，某题项的方差方程 Levene 检验 F 值的显著性 Sig 小于 0.05，则观察题项其对应的“假设方差不相等”的 t 值显著性，如果 t 值的 Sig（双侧）小于 0.05，那么说明其鉴别力很强；如果 Sig（双侧）大于 0.05，那么说明问卷鉴别力不显著，可以考虑删除。某题项的方差方程 Levene 检验 F 值的显著性 Sig 大于 0.05，则观察题项对应的“假设方差相等”的 t 值显著性，如果 t 值的 Sig（双侧）小于 0.05，那么说明其鉴别力很强；如果 Sig（双侧）大于 0.05，那么说明问卷鉴别力不显著，可以考虑删除。

综合表 6-5 和表 6-6 的分析结果可知，所有变量题项 t 值的 Sig（双侧）均显著，具有较好的鉴别度，通过检验，可以保留并做进一步的因子分析。

---

① KLINE R B. Principles and practice of structural equation modeling [M]. New York: The Guiford Press, 2005: 60 .

表 6-4　样本数据正态分布检验结果（N=349）

题项	均值		标准差	偏度		峰度	
	统计量	标准误	统计量	统计量	标准误	统计量	标准误
LYSY1	4.41	0.034	0.626	−0.794	0.131	0.654	0.260
LYSY2	4.17	0.042	0.787	−0.669	0.131	−0.095	0.260
LYSY3	4.44	0.034	0.634	−0.675	0.131	−0.526	0.260
LYCB1	3.92	0.049	0.911	−0.465	0.131	−0.520	0.260
LYCB2	3.93	0.047	0.875	−0.591	0.131	−0.118	0.260
LYCB3	3.61	0.057	1.071	−0.366	0.131	−0.869	0.260
LYCB4	3.53	0.055	1.021	−0.228	0.131	−0.768	0.260
SHHJ1	4.15	0.047	0.869	−1.118	0.131	1.361	0.260
SHHJ2	4.06	0.046	0.859	−0.751	0.131	0.422	0.260
SHHJ3	4.12	0.041	0.773	−0.930	0.131	1.432	0.260
GPGZ1	2.36	0.058	1.076	0.321	0.131	−0.893	0.260
GPGZ2	2.93	0.060	1.116	−0.158	0.131	−0.958	0.260
GPGZ3	2.88	0.059	1.103	0.052	0.131	−1.026	0.260
GPGZ4	2.63	0.064	1.198	0.367	0.131	−0.957	0.260
XDBD1	2.87	0.060	1.112	0.319	0.131	−0.797	0.260
XDBD2	2.55	0.055	1.032	0.694	0.131	0.253	0.260
XDBD3	2.93	0.050	0.932	0.106	0.131	0.011	0.260
CTYY1	2.85	0.054	1.001	0.170	0.131	−0.559	0.260
CTYY2	3.08	0.052	0.969	0.092	0.131	−0.772	0.260
CTYY3	3.12	0.052	0.975	0.018	0.131	−0.568	0.260
CTYY4	2.03	0.053	0.981	0.628	0.131	−0.333	0.260

表 6-5　各变量题项高低分组后的均值统计分析

变量	题项	高低分组	均值	标准差	均值的标准误	变量	题项	高低分组	均值	标准差	均值的标准误
旅游收益感知	LYSY1	1.00	3.88	0.523	0.046	旅游公平感知	GPGZ1	1.00	1.38	0.507	0.050
		2.00	5.00	0.000	0.000			2.00	3.36	0.811	0.081
	LYSY2	1.00	3.48	0.707	0.062		GPGZ2	1.00	1.76	0.701	0.068
		2.00	5.00	0.000	0.000			2.00	3.99	0.595	0.059
旅游成本感知	LYSY3	1.00	3.89	0.546	0.048		GPGZ3	1.00	1.92	0.661	0.064
		2.00	5.00	0.000	0.000			2.00	4.12	0.456	0.046
	LYCB1	1.00	3.18	0.733	0.061		GPGZ4	1.00	1.51	0.557	0.054
		2.00	4.91	0.296	0.052			2.00	4.04	0.665	0.067
	LYCB2	1.00	3.27	0.801	0.066	相对剥夺感知	XDBD1	1.00	1.72	0.476	0.050
		2.00	4.91	0.296	0.052			2.00	4.16	0.655	0.064
	LYCB3	1.00	2.68	0.830	0.069		XDBD2	1.00	1.63	0.507	0.053
		2.00	4.88	0.336	0.059			2.00	3.60	0.981	0.096
	LYCB4	1.00	2.68	0.768	0.064		XDBD3	1.00	1.97	0.637	0.066
		2.00	4.63	0.492	0.087			2.00	3.75	0.833	0.082
社会环境感知	SHHJ1	1.00	3.22	0.883	0.088	冲突意愿	CTYY1	1.00	1.96	0.571	0.051
		2.00	5.00	0.000	0.000			2.00	3.76	0.715	0.066
	SHHJ2	1.00	3.16	0.735	0.073		CTYY2	1.00	2.16	0.528	0.047
		2.00	5.00	0.000	0.000			2.00	4.00	0.630	0.058
	SHHJ3	1.00	3.46	0.834	0.083		CTYY3	1.00	2.31	0.675	0.060
		2.00	5.00	0.000	0.000			2.00	4.01	0.636	0.059
							CTYY4	1.00	1.25	0.472	0.042
								2.00	2.88	0.892	0.082

表 6-6　各变量题项独立样本 T 检验

题项	方差是否相等	方差方程的 Levene 检验		均值方程的 *T* 检验						
									差分的 95% 置信区间	
		F	Sig.	t	df	Sig.（双侧）	均值差值	标准误差值	下限	上限
LYSY1	假设方差相等	41.914	0.000	-17.954	199	0.000	-1.115	0.062	-1.238	-0.993
	假设方差不相等			-24.322	129.000	0.000	-1.115	0.046	-1.206	-1.025
LYSY2	假设方差相等	255.188	0.000	-18.042	199	0.000	-1.515	0.084	-1.681	-1.350
	假设方差不相等			-24.441	129.000	0.000	-1.515	0.062	-1.638	-1.393
LYSY3	假设方差相等	60.846	0.000	-17.067	199	0.000	-1.108	0.065	-1.236	-0.980
	假设方差不相等			-23.121	129.000	0.000	-1.108	0.048	-1.202	-1.013
LYCB1	假设方差相等	22.478	0.000	-13.021	176	0.000	-1.721	0.132	-1.982	-1.460
	假设方差不相等			-21.474	122.899	0.000	-1.721	0.080	-1.880	-1.563

表6-6(续)

题项	方差是否相等	方差方程的 Levene 检验		均值方程的 *T* 检验						
									差分的 95% 置信区间	
		F	Sig.	t	df	Sig.（双侧）	均值差值	标准误差值	下限	上限
LYCB2	假设方差相等	39.007	0.000	-11.337	176	0.000	-1.632	0.144	-1.916	-1.348
	假设方差不相等			-19.323	135.594	0.000	-1.632	0.084	-1.799	-1.465
LYCB3	假设方差相等	39.216	0.000	-14.686	176	0.000	-2.197	0.150	-2.492	-1.902
	假设方差不相等			-24.194	122.499	0.000	-2.197	0.091	-2.377	-2.017
LYCB4	假设方差相等	7.493	0.007	-13.673	176	0.000	-1.940	0.142	-2.220	-1.660
	假设方差不相等			-18.013	68.774	0.000	-1.940	0.108	-2.155	-1.725
SHHJ1	假设方差相等	104.821	0.000	-14.794	152	0.000	-1.780	0.120	-2.018	-1.542
	假设方差不相等			-20.162	99.000	0.000	-1.780	0.088	-1.955	-1.605
SHHJ2	假设方差相等	72.154	0.000	-18.376	152	0.000	-1.840	0.100	-2.038	-1.642
	假设方差不相等			-25.044	99.000	0.000	-1.840	0.073	-1.986	-1.694
SHHJ3	假设方差相等	138.141	0.000	-13.551	152	0.000	-1.540	0.114	-1.765	-1.315
	假设方差不相等			-18.468	99.000	0.000	-1.540	0.083	-1.705	-1.375
GPGZ1	假设方差相等	27.878	0.000	-21.062	203	0.000	-1.979	0.094	-2.164	-1.794
	假设方差不相等			-20.837	164.806	0.000	-1.979	0.095	-2.167	-1.792
GPGZ2	假设方差相等	11.206	0.001	-24.494	203	0.000	-2.228	0.091	-2.407	-2.049
	假设方差不相等			-24.592	200.381	0.000	-2.228	0.091	-2.407	-2.049
GPGZ3	假设方差相等	7.440	0.007	-27.576	203	0.000	-2.196	0.080	-2.353	-2.039
	假设方差不相等			-27.817	185.293	0.000	-2.196	0.079	-2.352	-2.040
GPGZ4	假设方差相等	2.920	0.089	-29.529	203	0.000	-2.526	0.086	-2.694	-2.357
	假设方差不相等			-29.401	193.232	0.000	-2.526	0.086	-2.695	-2.356
XDBD1	假设方差相等	1.474	0.226	-29.554	194	0.000	-2.446	0.083	-2.609	-2.283
	假设方差不相等			-30.120	187.212	0.000	-2.446	0.081	-2.606	-2.286
XDBD2	假设方差相等	57.114	0.000	-17.286	194	0.000	-1.966	0.114	-2.190	-1.741
	假设方差不相等			-17.911	158.378	0.000	-1.966	0.110	-2.182	-1.749
XDBD3	假设方差相等	15.203	0.000	-16.662	194	0.000	-1.783	0.107	-1.994	-1.572
	假设方差不相等			-16.933	190.114	0.000	-1.783	0.105	-1.990	-1.575
CTYY1	假设方差相等	21.625	0.000	-21.758	241	0.000	-1.800	0.083	-1.963	-1.637
	假设方差不相等			-21.581	221.933	0.000	-1.800	0.083	-1.965	-1.636
CTYY2	假设方差相等	0.250	0.618	-24.764	241	0.000	-1.841	0.074	-1.988	-1.695
	假设方差不相等			-24.604	227.048	0.000	-1.841	0.075	-1.989	-1.694
CTYY3	假设方差相等	8.610	0.004	-20.153	241	0.000	-1.699	0.084	-1.865	-1.533
	假设方差不相等			-20.197	240.939	0.000	-1.699	0.084	-1.865	-1.533
CTYY4	假设方差相等	21.955	0.000	-17.937	241	0.000	-1.626	0.091	-1.805	-1.448
	假设方差不相等			-17.566	173.321	0.000	-1.626	0.093	-1.809	-1.444

三、量表信度检验

利用 SPSS 对各变量的信度进行了分析，发现旅游收益感知、旅游成本感知、社会环境感知、旅游公平感知、相对剥夺感知以及冲突意愿六个变量的 a

信度系数分别为0.682、0.808、0.698、0.827、0.811、0.825。一般认为信度系数值以0.70以上为佳，但O'Rourke等（2008）认为，对于社会科学研究而言，由于研究对象的复杂性，可将0.55作为α的临界值①。虽然有两个变量的信度系数并未达到0.7，但是均在0.55以上，且非常接近0.7临界值，同时其他变量信度均在0.8以上。如表6-7所示，分析结果表明，各测量变量均具有较高的一致性，量表的信度通过检验，可以接受。

表6-7　各变量Cronbach's Alpha系数及项总计统计量

变量	题项	Cronbach's Alpha	项已删除的刻度均值	项已删除的刻度方差ɤ	校正的项总计相关性	多相关性的平方	项已删除的Cronbach's Alpha值
旅游收益感知	LYSY1	0.682	8.61	1.354	0.582	0.342	0.491
	LYSY2		8.85	1.181	0.464	0.233	0.655
	LYSY3		8.58	1.473	0.467	0.251	0.626
旅游成本感知	LYCB1	0.808	11.07	6.087	0.597	0.366	0.772
	LYCB2		11.06	6.131	0.624	0.391	0.761
	LYCB3		11.38	5.191	0.668	0.448	0.738
	LYCB4		11.46	5.577	0.618	0.392	0.762
社会环境感知	SHHJ1	0.698	8.19	1.928	0.507	0.280	0.616
	SHHJ2		8.28	1.809	0.590	0.349	0.505
	SHHJ3		8.21	2.261	0.452	0.217	0.679
旅游公平感知	GPGZ1	0.827	8.43	8.683	0.548	0.302	0.827
	GPGZ2		7.87	8.017	0.641	0.419	0.787
	GPGZ3		7.92	7.718	0.714	0.540	0.754
	GPGZ4		8.17	7.262	0.715	0.536	0.752
相对剥夺感知	XDBD1	0.811	5.48	2.836	0.754	0.574	0.638
	XDBD2		5.79	3.338	0.662	0.486	0.739
	XDBD3		5.42	3.893	0.581	0.360	0.818
冲突意愿	CTYY1	0.825	8.22	5.910	0.659	0.447	0.776
	CTYY2		7.99	5.747	0.739	0.569	0.739
	CTYY3		7.95	6.104	0.636	0.464	0.786
	CTYY4		9.05	6.331	0.572	0.339	0.815

① O'ROURKE N, HATCHER, L. STEPANSKI E J. A Step-by-step approach to using the SAS for univariate and multivariate statistics [M]. 2nd ed. NewYork: John Wiley & Sons, Ins. 2008.

四、KMO 与 Bartlett 球形检验

KMO 值（kaiser-meyer-olkin）和 Bartlett 球形检验一般是检验样本数据是否适合进行因子分析的重要工具。本书选择 Kaiser 等（1974）提出的 KMO 值大小和 Bartlett 球形检验标准予以衡量，其判定标准如表 6-8 所示。若 Bartlett 球形检验结果小于 0.05，表示净系数相关矩阵接近于单元矩阵，适合进行因子分析。

本书样本数据的 KMO 值和 Bartlett 球形检验结果如表 6-9 所示，结果表明，各变量的 KMO 值均在 Kaiser（1974）的 0.6 以上，Bartlett 球形检验结果均小于 0.05，表明通过检验，适合因子分析。

表 6-8　KMO 判定标准

0.90 以上	0.80 以上	0.70 以上	0.60 以上	0.50 以上	0.50 以下
非常适合因子分析	适合因子分析	尚可进行因子分析	勉强可以因子分析	不适合因子分析	非常不适合

表 6-9　各变量的 KMO 和 Bartlett 球形检验结果

	问卷总体	旅游收益感知	旅游成本感知	社会环境感知	旅游公平感知	相对剥夺感知	冲突意愿
KMO	0.819	0.644	0.794	0.644	0.791	0.667	0.777
近似卡方	2 915.574	185.593	435.946	190.957	520.656	381.711	520.787
df	210	3	6	3	6	3	6
Sig.	0.000	0.000	0.000	0.000	0.000	0.000	0.000

五、差异性分析

以下对冲突意愿影响变量进行单因素方差差异性检验，统计得到旅游收益感知、旅游成本感知、社会环境感知、旅游公平感知、相对剥夺感知、冲突意愿六个变量组的均值、标准差、标准误，进而检验性别、年龄、职业、文化程度、家庭住房、家庭收入等变量对上述变量是否具有差异。

（一）性别变量

从均值而言，不同性别在冲突意愿、旅游公平感知和社会环境感知方面存在一定差异，其中旅游公平感知差异最大，差值为 0.173，而在旅游收益感知、旅游成本感知、相对剥夺感知方面差异不大。从标准差来看，不同性别在冲突意愿、相对剥夺感知、旅游公平感知上并无显著差异，在旅游收益感知、

旅游成本感知、社会环境感知上差异更大。以性别为分组变量对样本进行独立性 T 检验，从表 6-10、表 6-11 中可以看出，受访居民的性别因素的影响在各个变量方面均不显著。

表 6-10　不同性别样本间的差异描述性分析

变量名	性别	均值	标准差	均值的标准误
旅游收益感知	男	4.350 5	0.550 48	0.041 61
	女	4.329 5	0.524 28	0.039 75
旅游成本感知	男	3.707 1	0.810 06	0.061 23
	女	3.788 8	0.737 32	0.055 90
社会环境感知	男	4.156 2	0.638 07	0.048 23
	女	4.069 0	0.678 30	0.051 43
旅游公平感知	男	2.612 9	0.900 86	0.068 10
	女	2.785 9	0.917 75	0.069 57
相对剥夺感知	男	2.756 2	0.876 97	0.066 29
	女	2.806 5	0.875 84	0.066 40
冲突意愿	男	2.837 1	0.794 14	0.060 03
	女	2.698 3	0.792 52	0.060 08

表 6-11　不同性别样本间的独立性 T 检验

	是否采用相等变异数	Levene 的变异数相等检验		针对平均值是否相等的 t 检验				
		F	Sig.	t	df	Sig.（双侧）	均值差值	标准误差值
旅游收益感知	采用相等变异数	0.983	0.322	0.364	347	0.716	0.020 97	0.057 55
	不采用相等变异数			0.364	346.360	0.716	0.020 97	0.057 54
旅游成本感知	采用相等变异数	3.305	0.070	−0.985	347	0.326	−0.081 65	0.082 93
	不采用相等变异数			−0.985	344.328	0.325	−0.081 65	0.082 91
社会环境感知	采用相等变异数	0.071	0.790	1.237	347	0.217	0.087 22	0.070 50
	不采用相等变异数			1.237	345.453	0.217	0.087 22	0.070 51
公平感知	采用相等变异数	0.458	0.499	−1.778	347	0.076	−0.173 06	0.097 35
	不采用相等变异数			−1.778	346.795	0.076	−0.173 06	0.097 36
相对剥夺感知	采用相等变异数	0.336	0.562	−0.536	347	0.592	−0.050 32	0.093 83
	不采用相等变异数			−0.536	346.993	0.592	−0.050 32	0.093 83

表6-11(续)

	是否采用相等变异数	Levene 的变异数相等检验		针对平均值是否相等的 t 检验				
		F	Sig.	t	df	Sig.（双侧）	均值差值	标准误差值
冲突意愿	采用相等变异数	0. 221	0. 639	1. 635	347	0. 103	0. 138 87	0. 084 93
	不采用相等变异数			1. 635	346. 995	0. 103	0. 138 87	0. 084 93

（二）年龄变量

如表 6-12 所示，从均值来看，在不同年龄居民在旅游收益感知方面，60 岁以上人群对收益感知最高，达 4. 487 2，其他各年龄阶段群体对于旅游收益感知较为相当；在旅游成本方面，均值最高的（3. 859 9）为 31～40 岁群体，最低的为 60 岁以上群体（3. 346 2）；在社会环境感知方面，各年龄阶段群体表现均较为一致，差异不大；在旅游公平感知方面，均值最高的为 41～50 岁群体，为 2. 868 8，最低的为 51～60 岁和 60 岁以上群体；在相对剥夺感知方面，60 岁以上群体表现最高为 3. 153 8，其他各年龄群体均在 2. 74～2. 79；在冲突意愿方面，41～50 岁群体的均值最低，为 2. 675 0，18～30 岁和 51～60 岁群体的冲突意愿相对较高。从标准差可以看出，不同年龄群体对不同变量的感知存在一定的差异。

表 6-12　不同年龄样本间的差异描述性分析

年龄变量	比较项	旅游收益感知	旅游成本感知	社会环境感知	旅游公平感知	相对剥夺感知	冲突意愿
18～30 岁	均值	4. 323 5	3. 784 9	4. 102 9	2. 608 5	2. 742 6	2. 801 5
	标准差	0. 550 26	0. 740 48	0. 709 16	0. 915 25	0. 957 51	0. 786 53
	均值的标准误	0. 047 18	0. 063 50	0. 060 81	0. 078 48	0. 082 11	0. 067 44
31～40 岁	均值	4. 381 0	3. 859 9	4. 098 9	2. 736 3	2. 791 2	2. 799 5
	标准差	0. 559 04	0. 763 95	0. 665 73	0. 949 68	0. 925 16	0. 864 60
	均值的标准误	0. 058 60	0. 080 08	0. 069 79	0. 099 55	0. 096 98	0. 090 63
41～50 岁	均值	4. 304 2	3. 703 1	4. 125 0	2. 868 8	2. 779 2	2. 675 0
	标准差	0. 503 70	0. 840 15	0. 610 22	0. 925 19	0. 807 74	0. 800 91
	均值的标准误	0. 056 31	0. 093 93	0. 068 22	0. 103 44	0. 090 31	0. 089 54
51～60 岁	均值	4. 321 8	3. 525 9	4. 172 4	2. 586 2	2. 770 1	2. 801 7
	标准差	0. 538 09	0. 720 69	0. 574 74	0. 819 07	0. 578 06	0. 711 45
	均值的标准误	0. 099 92	0. 133 83	0. 106 73	0. 152 10	0. 107 34	0. 132 11

表6-12(续)

年龄变量	比较项	旅游收益感知	旅游成本感知	社会环境感知	旅游公平感知	相对剥夺感知	冲突意愿
60 岁以上	均值	4.487 2	3.346 2	4.102 6	2.596 2	3.153 8	2.692 3
	标准差	0.463 79	0.760 61	0.614 40	0.633 59	0.502 13	0.531 84
	均值的标准误	0.128 63	0.210 95	0.170 41	0.175 73	0.139 27	0.147 51

以年龄为分组变量，进行 *K* 个独立样本非参数检验，结果如下表 6-13 所示。不同年龄群体在各个变量方面的渐进显著性系数均在 0.05 以上，说明居民的年龄变量的差异在旅游收益感知、旅游成本感知、社会环境感知、旅游公平感知、相对剥夺感知、冲突意愿感知方面并不显著。

表 6-13　不同年龄样本间的 *K* 个独立样本非参数检验

项目	旅游收益感知	旅游成本感知	社会环境感知	旅游公平感知	相对剥夺感知	冲突意愿
卡方	2.696	8.793	0.220	3.963	4.911	2.038
渐近显著性	0.610	0.066	0.994	0.411	0.297	0.729

a. Kruskal Wallis 检验。

b. 分组变量：AGE。

（三）学历变量

从表 6-14 可以看出，旅游收益感知、旅游成本感知、社会环境感知随着学历的升高，其均值出现递减的现象，但在大学（含大专）及以上的群体中，均值又增高，总体而言，在这三个方面，小学及以下群体的均值最高，高中学历的均值最低；在旅游公平感知变量中，初中群体均值最高，为 2.877 1，大学（含大专）及以上的群体表现最低，为 2.354 7；在相对剥夺感知变量中，均值最高的为小学及以下群体（3.097 6），最低为高中学历（2.624 2）；在冲突意愿方面，初中学历群体均值最低为 2.702 5，其他学历群体的均值表现较为接近，均在 2.84 左右。

以学历为分组变量，进行 *K* 个独立样本非参数检验，结果如表 6-15 所示。不同学历群体在旅游公平感知方面和相对剥夺感知方面的渐进显著性系数分别为 0.001 和 0.045，小于 0.05 的显著性水平，这表明居民的学历因素在旅游公平感知方面差异较为显著，而在其他方面则并不显著。

表 6-14　不同学历样本间差异描述性分析

学历变量	比较项	旅游收益感知	旅游成本感知	社会环境感知	旅游公平感知	相对剥夺感知	冲突意愿
小学及以下	均值	4.512 2	3.939 0	4.219 5	2.743 9	3.097 6	2.841 5
	标准差	0.402 06	0.634 38	0.540 63	0.824 41	0.834 15	0.907 88
	均值的标准误	0.062 79	0.099 07	0.084 43	0.128 75	0.130 27	0.141 79
初中	均值	4.329 6	3.716 5	4.059 6	2.877 1	2.711 4	2.702 5
	标准差	0.526 44	0.811 34	0.645 87	0.925 36	0.798 24	0.767 94
	均值的标准误	0.039 35	0.060 64	0.048 27	0.069 16	0.059 66	0.057 40
高中或中专	均值	4.230 3	3.713 6	4.054 5	2.550 0	2.624 2	2.854 5
	标准差	0.624 84	0.809 98	0.803 19	0.915 91	0.918 61	0.776 82
	均值的标准误	0.084 25	0.109 22	0.108 30	0.123 50	0.123 87	0.104 75
大学（含大专）及以上	均值	4.351 4	3.743 2	4.225 2	2.354 7	2.891 9	2.820 9
	标准差	0.543 10	0.725 01	0.622 04	0.818 25	0.997 88	0.810 38
	均值的标准误	0.063 13	0.084 28	0.072 31	0.095 12	0.116 00	0.094 20

表 6-15　不同学历样本间 K 个独立样本非参数检验

项目	旅游收益感知	旅游成本感知	社会环境感知	旅游公平感知	相对剥夺感知	冲突意愿
卡方	5.190	2.302	4.128	16.736	8.027	2.626
渐近显著性	0.158	0.512	0.248	0.001	0.045	0.453

a. Kruskal Wallis 检验。

b. 分组变量：EDU。

（四）职业变量

从均值来看，司机以及政府机关/企事业单位人员在旅游收益感知方面的均值最高；在旅游成本感知中，同样是司机职业群体的均值最高，为 4.087 5，均值最低的为餐饮/客栈经营群体，为 3.460 9；在社会环境感知方面，均值表现最高的为其他职业群体及学生，表现最低为餐饮/客栈经营及政府机关/企事业单位人员；在旅游公平感知中，学生群体的均值表现最低，为 2.275 9；在相对剥夺感知方面，务农/务工职业群体的均值表现最高，为 2.948 9，而司机群体和餐饮/客栈经营者的均值最低；在冲突意愿方面，餐饮/客栈经营者与学生群体表现较高，政府机关/企事业单位工作人员和旅游工艺品经营群体的表现较低（见表 6-16）。

表 6-16　不同职业样本间差异描述性分析

职业变量	比较项	旅游收益感知	旅游成本感知	社会环境感知	旅游公平感知	相对剥夺感知	冲突意愿
餐饮/客栈经营	均值	4. 333 3	3. 460 9	3. 906 3	2. 828 1	2. 526 0	2. 921 9
	标准差	0. 411 48	0. 862 83	0. 723 67	0. 771 36	0. 769 35	0. 730 40
	均值的标准误	0. 051 43	0. 107 85	0. 090 46	0. 096 42	0. 096 17	0. 091 30
旅游工艺品/服装租赁经营	均值	4. 422 2	3. 905 6	4. 148 1	3. 011 1	2. 703 7	2. 450 0
	标准差	0. 422 83	0. 711 69	0. 613 63	1. 022 41	0. 850 50	0. 739 70
	均值的标准误	0. 063 03	0. 106 09	0. 091 47	0. 152 41	0. 126 78	0. 110 27
学生	均值	4. 488 5	3. 754 3	4. 183 9	2. 275 9	2. 816 1	2. 935 3
	标准差	0. 500 35	0. 757 26	0. 717 84	0. 747 35	0. 989 56	0. 795 49
	均值的标准误	0. 065 70	0. 099 43	0. 094 26	0. 098 13	0. 129 94	0. 104 45
政府机关/企事业单位人员	均值	4. 666 7	3. 625 0	3. 916 7	2. 500 0	2. 333 6	2. 666 7
	标准差	0. 376 05	0. 719 06	0. 877 61	0. 593 53	0. 844 87	0. 861 64
	均值的标准误	0. 108 56	0. 207 57	0. 253 34	0. 171 34	0. 243 89	0. 248 73
务农/务工	均值	4. 348 3	3. 835 6	4. 168 2	2. 837 8	2. 948 9	2. 677 9
	标准差	0. 536 33	0. 771 29	0. 580 62	0. 929 11	0. 787 78	0. 779 27
	均值的标准误	0. 050 91	0. 073 21	0. 055 11	0. 088 19	0. 074 77	0. 073 96
司机	均值	4. 683 3	4. 087 5	4. 083 3	2. 937 5	2. 516 7	2. 725 0
	标准差	0. 366 35	0. 744 61	0. 629 44	1. 006 15	1. 146 95	1. 090 93
	均值的标准误	0. 081 92	0. 166 50	0. 140 75	0. 224 98	0. 256 47	0. 243 94
其他	均值	3. 735 0	3. 641 0	4. 222 2	2. 301 3	2. 965 8	2. 942 3
	标准差	0. 568 06	0. 630 36	0. 622 83	0. 894 39	0. 884 55	0. 703 52
	均值的标准误	0. 090 96	0. 100 94	0. 099 73	0. 143 22	0. 141 64	0. 112 65

以职业为分组变量，进行 *K* 个独立样本非参数检验，结果如表 6-17 所示。不同职业群体在旅游收益感知、旅游成本感知、旅游公平感知、相对剥夺感知、冲突意愿方面的渐进显著性系数均小于 0. 05 的显著性水平，这表明职业因素除在社会环境感知方面的差异并不显著外，其他各方面均存在显著差异。

表 6-17　不同职业样本间 K 个独立样本非参数检验

项目	旅游收益感知	旅游成本感知	社会环境感知	旅游公平感知	相对剥夺感知	冲突意愿
卡方	57.072	18.363	8.992	29.519	19.473	16.414
渐近显著性	0.000	0.005	0.174	0.000	0.003	0.012

a. Kruskal Wallis 检验。

b. 分组变量：JOB。

（五）家庭区位变量

对不同家庭区位的样本进行差异性描述分析，结果如表 6-18 所示。

从表 6-18 可以看出，在旅游收益感知和旅游成本感知方面，均值表现最高的均是南贵村居民，表现最低的均是羊排村居民；在社会环境感知方面，均值表现最高的是东引村居民，最低的是南贵村居民；旅游公平感知方面，表现最高的是南贵村，最低的是羊排村；在相对剥夺感知方面，表现最高和最低的分别是东引村和南贵村；在冲突意愿上，四个村居民总体差异不大，但以东引村居民表现最高，平寨村和南贵村表现较低。

表 6-18　不同家庭区位样本差异描述性分析

家庭区位	比较项	旅游收益感知	旅游成本感知	社会环境感知	旅游公平感知	相对剥夺感知	冲突意愿
南贵村	均值	4.453 6	3.885 2	3.989 1	2.844 3	2.393 4	2.745 9
	标准差	0.490 78	0.729 69	0.646 84	0.812 87	0.831 13	0.826 00
	均值的标准误	0.062 84	0.093 43	0.082 82	0.104 08	0.106 41	0.105 76
平寨村	均值	4.398 8	3.863 8	4.101 2	2.803 6	2.666 7	2.692 0
	标准差	0.499 93	0.698 20	0.619 73	0.867 60	0.768 50	0.741 30
	均值的标准误	0.047 24	0.065 97	0.058 56	0.081 98	0.072 62	0.070 05
羊排村	均值	4.246 4	3.497 3	4.141 3	2.481 0	2.952 9	2.755 4
	标准差	0.534 22	0.834 93	0.723 30	0.960 22	0.862 43	0.789 68
	均值的标准误	0.055 70	0.087 05	0.075 41	0.100 11	0.089 91	0.082 33
东引村	均值	4.281 7	3.767 9	4.186 5	2.693 5	3.027 8	2.898 8
	标准差	0.600 08	0.782 71	0.642 85	0.954 03	0.941 68	0.845 01
	均值的标准误	0.065 47	0.085 40	0.070 14	0.104 09	0.102 75	0.092 20

以家庭区位为分组变量，进行 K 个独立样本非参数检验，结果如表 6-19 所示。不同家庭区位群体在旅游成本感知、旅游公平感知、相对剥夺感知方面

的渐进显著性系数分别为 0.006、0.027、0.000，均小于 0.05 的显著性水平，这表明家庭区位因素在旅游成本感知、旅游公平感知、相对剥夺感知方面存在显著差异，而在旅游收益感知、社会环境感知、冲突意愿方面差异并不显著。

表 6-19 不同家庭区位样本 K 个独立样本非参数检验

项目	旅游收益感知	旅游成本感知	社会环境感知	旅游公平感知	相对剥夺感知	冲突意愿
卡方	7.655	12.379	4.028	9.193	21.389	2.665
渐近显著性	0.054	0.006	0.258	0.027	0.000	0.446

a. Kruskal Wallis 检验。

b. 分组变量：HOME。

（六）收入变量

从均值来看，在旅游收益感知方面，家庭收入越高，收益感知越高，但家庭年收入在 20 万元以上，收益感知则略有下降；在旅游成本感知方面，随着家庭收入的提高，旅游成本感知递增，但家庭收入在 15 万元以上时，成本感知降低，成本感知最低的为家庭收入在 20 万元以上群体，仅为 3.359 4；社会环境感知均值表现最低的为家庭收入在 5 万元以下的低收入群体，表现最高的为家庭收入在 20 万元以上的高收入群体，如表 6-20 所示。

表 6-20 不同家庭收入样本间差异的描述性分析

收入变量		旅游收益感知	旅游成本感知	社会环境感知	旅游公平感知	相对剥夺感知	冲突意愿
5 万元以下	均值	4.166 7	3.736 6	4.446 4	2.129 5	3.684 5	3.147 3
	标准差	0.632 46	0.745 32	0.655 29	0.786 23	0.774 39	0.748 90
	均值的标准误	0.084 52	0.099 60	0.087 57	0.105 06	0.103 48	0.100 08
5 万~10 万元	均值	4.268 1	3.806 2	4.183 6	2.780 8	2.874 4	2.654 0
	标准差	0.547 59	0.710 34	0.575 34	0.983 19	0.730 74	0.770 30
	均值的标准误	0.046 61	0.060 47	0.048 98	0.083 69	0.062 21	0.065 57
10 万~15 万元	均值	4.470 6	3.855 9	3.996 1	2.897 1	2.545 1	2.570 6
	标准差	0.460 89	0.767 04	0.607 48	0.873 12	0.808 11	0.827 01
	均值的标准误	0.049 99	0.083 20	0.065 89	0.094 70	0.087 65	0.089 70
15 万~20 万元	均值	4.517 5	3.638 2	4.035 1	2.664 5	2.157 9	2.875 0
	标准差	0.456 50	0.789 92	0.614 10	0.655 73	0.518 35	0.687 12
	均值的标准误	0.074 05	0.128 14	0.099 62	0.106 37	0.084 09	0.111 46

表6-20(续)

收入变量		旅游收益感知	旅游成本感知	社会环境感知	旅游公平感知	相对剥夺感知	冲突意愿
20万元以上	均值	4.395 8	3.359 4	3.625 0	2.859 4	2.166 7	2.992 2
	标准差	0.459 37	0.981 56	0.828 48	0.800 55	0.747 76	0.757 98
	均值的标准误	0.081 21	0.173 52	0.146 46	0.141 52	0.132 19	0.133 99

旅游公平感知均值表现最高的为10万~15万元及20万元以上群体，最低的为5万元以下的低收入群体，差异较大；相对剥夺感知总体上随家庭收入的增加呈现递减态势，均值最高的为5万元以下的低收入群体，为3.684 5，最低的为15万~20万元群体，为2.157 9；在冲突意愿上，均值最高的仍然为5万元以下低收入群体，为3.147 3，但15万~20万元群体、20万元以上群体同样表现较高，分别为2.875 0、2.992 2，收入处于中等的5万~10万元群体以及10万~15万元群体表现反而更低。不同家庭收入在各变量间均表现出一定的差异。

以家庭收入为分组变量，进行K个独立样本非参数检验，结果如表6-21所示。不同家庭收入群体在所有变量方面的渐进显著性系数均小于或等于0.05的显著性水平，这表明家庭收入因素在各方面均存在显著性差异。

表6-21　不同家庭收入样本间*K*个独立样本非参数检验

项目	旅游收益感知	旅游成本感知	社会环境感知	旅游公平感知	相对剥夺感知	冲突意愿
卡方	15.469	9.511	36.879	28.111	101.925	25.632
渐近显著性	0.004	0.050	0.000	0.000	0.000	0.000

a. Kruskal Wallis检验。

b. 分组变量：REV。

由上表可以看出，不同性别与年龄在所有变量间并不存在显著性差异；不同学历在旅游公平感知和相对剥夺感知变量方面表现出显著性差异；不同家庭区位在旅游成本感知、旅游公平感知和相对剥夺感知变量方面表现出显著性差异；不同职业在除社会环境感知变量外，其余各变量均存在显著性差异；而不同家庭收入群体在所有的变量上均存在显著性差异。

六、相关性分析

本书对各变量间的相关性展开分析，以确定变量间的不确定关系。但相关关系分析并不等于因果关系分析，相关性分析仅能确定各变量之间是否相互独立或相关，存在相关关系，并非一定意味着因果关系，对于变量间的因果关系需要通过结构方程模型予以验证。以下利用 SPSS 的 Pearson 相关性对变量展开分析。

由表 6-22 可知，各变量间存在相关关系，其中旅游收益感知与旅游成本感知、旅游收益感知与旅游公平感知、旅游成本感知与旅游公平感知、旅游成本感知与冲突意愿、社会环境感知与旅游公平感知、社会环境感知与相对剥夺感知、社会环境感知与冲突意愿、旅游公平感知与相对剥夺感知、旅游公平感知与冲突意愿、相对剥夺感知与冲突意愿等均在 0. 01 水平上显著相关。

表 6-22 变量间的 Pearson 相关性分析

项目	旅游收益感知	旅游成本感知	社会环境感知	旅游公平感知	相对剥夺感知	冲突意愿
旅游收益感知	1	0. 310**	-0. 070	0. 187**	-0. 089	-0. 099
旅游成本感知	0. 310**	1	0. 109*	0. 208**	-0. 073	-0. 154**
社会环境感知	-0. 070	0. 109*	1	-0. 472**	0. 270**	0. 272**
旅游公平感知	0. 187**	0. 208**	-0. 472**	1	-0. 307**	-0. 441**
相对剥夺感知	-0. 089	-0. 073	0. 270**	-0. 307**	1	0. 387**
冲突意愿	-0. 099	-0. 154**	0. 272**	-0. 441**	0. 387**	1

注：** 表示在 0. 01 水平（双侧）下显著相关，* 表示在 0. 05 水平（双侧）下显著相关。

七、测量模型检验

（一）模型拟合优度检验

关于模型拟合检验的指数较多，由于各类拟合指数受到样本量大小、对错误的敏感程度等多重影响，在实际操作中，不同的学者往往选择不同的评判标准和临界取值，多数的增值适配度指数临界值在 0. 9 左右。温忠麟（2008）等人对模型的多样性和复杂性进行了分析，并指出 SEM 中的各种拟合指数临界值不能通过所谓的研究来“科学地”确定，其通常是根据常识和经验约定俗成而来①。这也意味着并非模型的某一指数高于临界值就一定是正确模型，低于临界值就是错误模型，在实际应用中往往需要综合多个指标进行判断。

① 温忠麟，侯杰泰. 检验的临界值：真伪差距多大才能辨别？[J]. 心理学报，2008，40（1）：119-124.

总体而言，在 SEM 分析中，Hu 和 Bentler 所提出的七个指数是应用最为广泛的指标，包括 TLI（NNFI）、IFI（BL89）、CFI（RNI）、Mc、Gamma Hat、SRMR、RMSEA①，其中 CFI、IFI、RMSEA、SRMR 在实际应用中较为表现较好，也是应用最为广泛的指标。

运用 AMOS 软件对模型进行验证性因子分析（CFA），发现模型的卡方值为 451.475，自由度 174，X^2/df 为 2.595，RMSEA 为 0.068，SRMR 为 0.068，IFI 为 0.901，CFI 为 0.900。在各项拟合指数中，除 TLI 接近于临界值外，其他 X^2/df、RMSEA、SRMR、IFI、CFI、GFI、AGFI 等各项指数均达到判断标准（如表 6-23 所示），这说明假设模型与样本数据的拟合度良好，可以不用修正，适宜展开进一步分析。

表 6-23　模型拟合度指数

X^2/df	RMR	RMSEA	SRMR	IFI	TLI	CFI	GFI	AGFI	PGFI	PNFI
<3	<0.08	<0.08	<0.08	>0.9	>0.9	>0.9	>0.8	>0.8	>0.5	>0.5
2.595	0.062	0.068	0.068	0.901	0.879	0.900	0.889	0.853	0.670	0.703
通过	通过	通过	通过	通过	接近	通过	通过	通过	通过	通过

（二）模型内在结构适配度检验

对模型内在结构适配度检验一般使用标准化因子载荷、标准误（S. E）、临界比值（C. R）、组合信度（CR），以及平均变异量提取值（AVE）进行观察分析。判断标准为标准化因子载荷值在 0.5 以上同时不宜超过 0.95，临界比值（C. R）t 值大于 1.96 或 p 小于 0.1，组合信度（CR）0.7 是可接受门槛（Hair，1997），理想的平均变异量提取值（AVE）须大于 0.5（Fornell et al.，1981）②。本书对模型内在结构适配度的相应指标进行了分析，如表 6-24 所示。

可以看出，在旅游收益感知变量中，各测量题项的标准化因子负荷最低值为 0.583，均在 0.5 以上，临界比值为 8.125 和 7.847，均远远大于 1.96，而且均在 p 小于 0.001 水平下显著；组合信度为 0.831，达到理想标准，平均变异量提取值为 0.624，大于 0.5 的要求，说明模型的内在适配度较高。

在旅游成本感知变量中，各测量题项的标准化因子负荷在 0.666～0.775，

---

① HU L，BENTLER P M. Fit indices in covariance structure modeling：sensitivity to underparameterized model misspecification［J］. Psychological methods，1998（3）：424-453.

② FORNELL C，LARCKER D. Evaluating structural equationmodels with unobservable and measurement error［J］. Journal of Marketing Research，1981，18（1）：39-50.

均大于0.5，临界比值为10.658~11.347，远大于1.96，且均在p小于0.001水平下显著；组合信度为0.821，达到理想标准，平均变异量提取值大于0.5，说明模型的内在适配度较高。

在社会环境感知变量中，各测量题项的标准化因子负荷在0.545~0.714，均大于0.5，临界比值为8.268和9.863，均大于1.96，而且均在p小于0.001水平下显著；组合信度为0.776，大于0.7，平均变异量提取（AVE）为0.540，大于0.5，说明模型的内在适配度较高。

在旅游公平感知变量中，各测量题项的标准化因子负荷在0.545~0.725，均大于0.5，临界比值为10.444~11.662，均大于1.96，而且均在p小于0.001水平下显著；组合信度为0.799，大于0.7，平均变异量提取值大于0.5，说明模型的内在适配度较高。

表6-24 测量模型CFA相关检验结果

模型名称	观测变量	标准化因子负荷	标准误	T值（C.R）	组合信度（CR）	平均变异量提取（AVE）
旅游收益感知	LYSY1	0.750	/	/	0.831	0.624
	LYSY2	0.647	0.133	8.125***		
	LYSY3	0.583	0.100	7.847***		
旅游成本感知	LYCB1	0.666	/	/	0.821	0.535
	LYCB2	0.703	0.095	10.658***		
	LYCB3	0.775	0.121	11.347***		
	LYCB4	0.725	0.112	10.896***		
社会环境感知	SHHJ1	0.714	/	/	0.776	0.540
	SHHJ2	0.725	0.102	9.863***		
	SHHJ3	0.545	0.082	8.268***		
旅游公平感知	GPGZ1	0.614	/	/	0.799	0.501
	GPGZ2	0.705	0.114	10.444***		
	GPGZ3	0.795	0.117	11.316***		
	GPGZ4	0.843	0.131	11.662***		

表6-24(续)

模型名称	观测变量	标准化因子负荷	标准误	T值(C. R)	组合信度(CR)	平均变异量提取(AVE)
相对剥夺感知	XDBD1	0.926	/	/	0.823	0.613
	XDBD2	0.741	0.055	13.428***		
	XDBD3	0.650	0.049	11.942***		
冲突意愿	CTYY1	0.716	/	/	0.834	0.560
	CTYY2	0.864	0.084	13.934***		
	CTYY3	0.754	0.080	12.759***		
	CTYY4	0.613	0.080	10.496***		

注：*** 表示T在 $p<0.001$ 水平上显著。

在相对剥夺感知变量中，各测量题项的标准化因子负荷在0.650~0.926，均大于0.5且未超过0.95，临界比值为11.942和13.428，均远远大于1.96，而且均在p小于0.001水平下显著；组合信度为0.823，大于0.7，平均变异量提取值为0.613，大于0.5，说明模型的内在适配度较高。

在冲突意愿变量中，各测量题项的标准化因子负荷在0.613~0.864，均大于0.5，临界比值为10.496~13.934，均大于1.96，而且均在p小于0.001水平下显著；组合信度为0.834，大于0.7，平均变异量提取值为0.560，大于0.5，说明模型的内在适配度较高。

八、模型验证与结果讨论

（一）结构方程模型验证

结构方程模型验证的主要目的在于检验各变量之间的假设关系是否成立。由于样本量在800份以下，故利用AMOS软件的最大似然法（maximum likelihood，ML）对变量间的假设关系进行验证，验证结果如表6-25所示。

表6-25　假设验证结果

假设	假设内容	路径系数	标准误(S. E)	T值(C. R)	显著性	标准化路径系数	验证结果
H1	旅游收益感知对冲突意愿有负向影响	0.130	0.105	1.235	0.217	0.085	不支持

表6-25(续)

假设	假设内容	路径系数	标准误(S. E)	T 值(C. R)	显著性	标准化路径系数	验证结果
H2	社会环境感知对冲突意愿有正向影响	0.075	0.110	0.679	0.497	0.065	不支持
H3	旅游成本感知对冲突意愿有正向影响	−0.082	0.090	−0.910	0.363	−0.069	不支持
H4	旅游公平感知对冲突意愿有负向影响	−0.439	0.106	−4.144	***	−0.404	支持
H5	旅游收益感知对旅游公平感知有正向影响	0.013	0.095	0.137	0.891	0.009	不支持
H6	旅游成本感知对旅游公平感知有负向影响	−0.384	0.079	4.840	***	−0.353	支持
H7	社会环境感知对旅游公平感知有负向影响	−0.629	0.094	−6.679	***	−0.591	支持
H8	相对剥夺感知对冲突意愿有正向影响	0.167	0.044	3.847	***	0.240	支持
H9	旅游收益感知对相对剥夺感知有负向影响	−0.109	0.163	−0.670	0.503	−0.050	不支持
H10	社会环境感知对相对剥夺感有正向影响	0.625	0.117	5.329	***	0.376	支持
H11	旅游成本感知对相对剥夺感有正向影响	−0.200	0.119	−1.671	0.095	−0.117	不支持
H12	相对剥夺感知对旅游公平感知有负向影响	−0.061	0.039	−1.562	0.118	−0.094	不支持

注：*** 表示 T 在 $p<0.001$ 水平下显著。

（二）结果讨论

1. 结构模型中的效应影响

结合上述表 6-25 和图 6-3 可以看出，旅游收益感知对于旅游公平感知（$\beta=0.009$，$p=0.891$）、旅游收益感知对于相对剥夺感知（$\beta=-0.050$，$p=0.503$），以及旅游收益感知对于冲突意愿（$\beta=0.085$，$p=0.217$）均不存在显著性影响关系。结合前文表 6-22，可以看出，虽然旅游收益感知与旅游公平感知在 $p<0.01$ 水平下（双侧）存在相关关系，相关系数为 0.187，但并不存在因果关系。这可能是受到两个方面的因素影响：一是西江千户苗寨景区内的旅游收益日益多元化，而受访居民更倾向于以自身所得较少的旅游收益作为比较旅游公平的依据，从而一定程度上偏离了真实的旅游收益，以致不同阶层不同收入的居民均认为自身处于分配不公平的处境中；二是西江千户苗寨的旅游开发带来了社区居民价值观念的多元化，缺乏一个较为统一的公平基准。社区

居民已经转变为高度理性化的“经济人”，往往夸大自身的付出，而将自身所得的收益视为理所当然。多种因素最终导致旅游收益感知与旅游公平感知之间并不存在显著因果关系。故旅游收益感知对旅游公平感知、相对剥夺感知以及冲突意愿均不存在显著因果关系，无论是旅游收益感知→冲突意愿的直接影响路径，还是旅游收益感知→旅游公平感知→冲突意愿和旅游收益感知→相对剥夺感知→冲突意愿的间接影响路径均不成立。

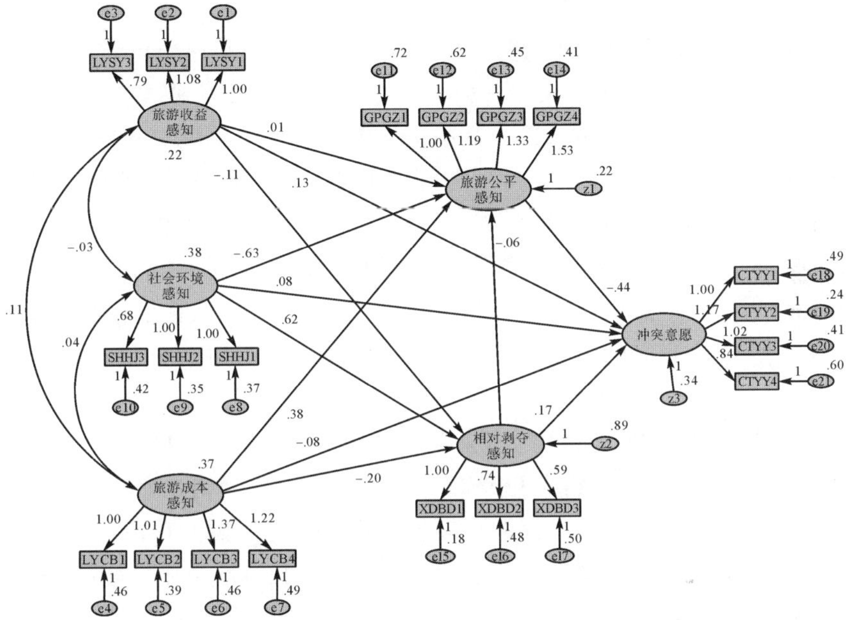

图 6-3　社区居民冲突意愿形成机制模型路径图及路径系数

（1）社会环境感知对旅游公平感知（$\beta=-0.591$，$p<0.001$）存在显著负向影响关系，社会环境感知对相对剥夺感知（$\beta=0.376$，$p<0.001$）存在显著正向影响关系，而社会环境感知对冲突意愿（$\beta=0.065$，$p=0.497$）并不存在直接显著影响关系。简言之，社区居民的社会环境感知对于冲突意愿存在因果关系，但这一影响关系是通过旅游公平感知和相对剥夺感知间接路径产生的，并不直接影响冲突意愿。社会环境感知→冲突意愿的直接影响路径不成立，但是社会环境感知→旅游公平感知→冲突意愿和社会环境感知→相对剥夺感知→冲突意愿的间接影响路径成立。

（2）旅游成本感知对相对剥夺感知（$\beta=-0.117$，$p=0.095$）不存在显著影响关系，旅游成本感知对冲突意愿（$\beta=-0.069$，$p=0.363$）不存在显著影响关系，旅游成本感知对旅游公平感知（$\beta=-0.353$，$p<0.001$）存在显著负

向影响关系。旅游成本感知对冲突意愿并不存在直接显著影响关系，但其可通过旅游公平感知间接路径影响冲突意愿。而旅游成本感知对相对剥夺感知不存在显著影响关系，这可能主要是由于社区居民的相对剥夺来源于与他人的比较，而比较的结果往往决定于比较的对象。因此，无论是旅游成本感知较高的群体，还是旅游成本感知较低的群体，都易获得一种相对剥夺的心理感知。故旅游成本感知→旅游公平感知→冲突意愿的影响关系成立，但旅游成本感知对相对剥夺感知以及冲突意愿的影响路径均不成立。

（3）结构方程模型验证表明旅游公平感知对冲突意愿（$\beta=-0.404$，$p<0.001$）存在显著负向影响关系，相对剥夺感知对冲突意愿（$\beta=0.240$，$p<0.001$）存在显著正向影响关系。其中，旅游公平感知的影响系数为-0.404，相对剥夺感知的影响系数为0.240，这就意味着，在其他条件不变时，社区居民的旅游公平感知每下降1个单位，社区居民的旅游冲突意愿就会上升0.404个单位；而在其他条件不变时，社区居民的相对剥夺感知每增加1个单位，社区居民的旅游冲突意愿就会上升0.240个单位。这一方面实证了相对剥夺感知是产生旅游利益冲突的重要因素①，另一方面也表明旅游公平感知的影响更大。

（4）相对剥夺感知与旅游公平感知（$\beta=-0.094$，$p=0.118$）之间并不存在显著负向影响关系。虽然从表6-22中可以看出，相对剥夺感知与旅游公平感知之间在$p<0.01$水平下（双侧）显著相关，相关系数为-0.307，但这一相关关系并非为因果关系。事实上，旅游公平感知和相对剥夺感知均受到社会环境感知变量的影响。

社会环境感知、旅游成本感知、旅游公平感知、相对剥夺感知各变量对冲突意愿的直接影响效应、间接影响效应、总影响效应如表6-26所示。

表6-26　各变量对冲突意愿的影响效应

变量	冲突意愿		
	直接影响	间接影响	总影响
旅游收益感知	0.085	-0.018	0.067
社会环境感知	0.065	0.344	0.408
旅游成本感知	-0.069	-0.175	-0.245

① 蔡克信，潘金玉，贺海. 利益、权力和制度：旅游利益冲突的成因机制［J］. 四川师范大学学报（社会科学版），2017（1）：48-55.

表6-26(续)

变量	冲突意愿		
	直接影响	间接影响	总影响
旅游公平感知	-0.404	/	-0.404
相对剥夺感知	0.240	0.038	0.279

综上所述，旅游公平感知与相对剥夺感知均对旅游冲突意愿存在显著影响关系，且旅游公平感知的影响效应大于相对剥夺感知。而旅游公平感知受到社会环境感知以及旅游成本感知的双重影响，相对剥夺感知仅受到社会环境感知影响。相对剥夺感知与旅游公平感知之间虽存在相关关系，但并不存在显著因果关系。而旅游收益感知、社会环境感知以及旅游成本感知对于旅游冲突意愿均不存在显著的直接影响关系。这一方面证实了左冰（2016）的理论观点，即“旅游冲突的核心，并不在于各方所获得的旅游收益的具体比例，它实质上反映的是人们对于公平的渴望和对社会正义的追求”①。另一方面，研究也表明无论是旅游收益感知还是旅游成本感知对旅游冲突意愿的影响效应均较小，这导致社区居民产生冲突意愿的关键在于居民社会心态的变化，典型的表现为旅游公平感知与相对剥夺感知。

2. 测量模型中的效应影响

由表6-27中标准化系数结果，可得到测量模型中观测变量与潜在变量间的效应影响有以下几方面：

一是在旅游成本感知的测量模型中，LYCB3指标（旅游发展造成了亲戚邻里关系的冷漠）可以解释旅游成本感知的程度最强，其标准化路径系数为0.775，其次是LYCB4指标（旅游发展造成了苗族文化的破坏），其标准化路径系数为0.725，这表明西江千户苗寨的社区居民对于邻里关系和苗族文化的破坏是构成成本感知的重要方面。

表6-27　测量模型中相关路径系数估计表

变量之间因果关系	路径系数	标准误（S. E）	T值（C. R）	显著性	标准化路径系数
LYCB1←旅游成本感知	1.000	/	/	***	0.666
LYCB2←旅游成本感知	1.014	0.095	10.658	***	0.703

① 左冰. 分配正义：旅游发展中的利益博弈与均衡［J］. 旅游学刊，2016，31（1）：12-21.

表6-27(续)

变量之间因果关系	路径系数	标准误(S. E)	T值(C. R)	显著性	标准化路径系数
LYCB3←旅游成本感知	1.369	0.121	11.347	***	0.775
LYCB4←旅游成本感知	1.221	0.112	10.896	***	0.725
LYSY1←旅游收益感知	1.000	/	/	***	0.750
LYSY2←旅游收益感知	1.085	0.133	8.125	***	0.647
LYSY3←旅游收益感知	0.786	0.100	7.847	***	0.583
SHHJ1←社会环境感知	1.000	/	/	***	0.714
SHHJ2←社会环境感知	1.003	0.102	9.863	***	0.725
SHHJ3←社会环境感知	0.679	0.082	8.268	***	0.545
GPGZ1←旅游公平感知	1.000	/	/	***	0.614
GPGZ2←旅游公平感知	1.190	0.114	10.444	***	0.705
GPGZ3←旅游公平感知	1.328	0.117	11.316	***	0.795
GPGZ4←旅游公平感知	1.529	0.131	11.662	***	0.843
XDBD1←相对剥夺感知	1.000	/	/	***	0.926
XDBD2←相对剥夺感知	0.742	0.055	13.428	***	0.741
XDBD3←相对剥夺感知	0.588	0.049	11.942	***	0.650
CTYY1←冲突意愿感知	1.000	/	/	***	0.716
CTYY2←冲突意愿感知	1.167	0.084	13.934	***	0.864
CTYY3←冲突意愿感知	1.025	0.080	12.759	***	0.754
CTYY4←冲突意愿感知	0.838	0.080	10.496	***	0.613

注：*** 表示 T 在 $p<0.001$ 水平下显著。

二是在旅游收益感知的测量模型中，LYSY1 指标（发展旅游实现西江基础设施和公共服务设施改善）可以解释旅游收益感知的程度最强，其标准化路径系数为 0.750，这表明基础设施与公共服务设施的改善对于社区居民的旅游收益感知具有突出影响。

三是在社会环境感知的测量模型中，SHHJ2 指标（旅游公司在西江千户苗寨景区的文物补贴政策不够透明）可以解释社会环境感知的程度最强，其标准化路径系数为 0.725，这表明社区居民对于景区的文物补贴政策感知最为强烈。

四是在旅游公平感知测量模型中，GPGZ4 指标（每个村民都能够平等地获得景区发展的决策信息）对旅游公平感知的解释程度最强，其标准化路径系数达 0. 843，这表明平等地获得景区发展的决策信息对于旅游公平感知具有突出影响。

五是在相对剥夺感知测量模型中，XDBD1 指标（与本村其他村民相比，我家生活水平更差）对社区居民相对剥夺感的解释程度最强，其标准化路径系数高达 0. 926，具有突出性影响。这表明，居住于同一旅游社区的邻居是居民进行频繁社会比较的首要对象。

六是在冲突意愿的测量模型中，CTYY2 指标（如果我们和旅游公司之间产生利益分歧，可能会把事件通过微信/QQ 发到网络）的解释程度最强，其标准化路径系数为 0. 864，这表明社区居民在产生利益矛盾和社区冲突时，更可能采用网络手段，这会对地方政府部门构成社会舆论压力。

第七章 旅游社区冲突的预防及治理建议

习近平同志（2016）强调“不断改善民生是发展的根本目的”，将旅游业培育成为人民群众更加满意的现代服务业是国务院文件确定的旅游发展重要战略目标。当前，在西部旅游社区中，存在着一定的利益冲突现象，而本书的研究也揭示了旅游社区居民存在一定的冲突意愿，其关键在于旅游资源的开发引致了社区居民的不公平感和相对剥夺感。因此，实现旅游业发展让“人民群众更加满意”的战略目标，需要地方政府部门转变治理理念，从“以游客为本”转向“以人为本”，在旅游目的地各项公共管理决策中，既要考虑到游客的体验满意度，也需要充分考虑到社区居民的旅游幸福感和旅游获得感。公共管理决策应努力在游客体验、居民生活、外来投资者的经营管理之间寻找到一个平衡点。

基于前文的理论分析和实证研究结论，本章就如何加强对旅游社区冲突的预防及治理提出政策建议。

第一节 防治结合，建立旅游社区冲突长效预警机制

从前文的研究中，可以看出旅游社区居民的冲突意愿源于旅游目的地社会经济环境的深刻变迁。因此，对于旅游社区冲突的预警需要跳出“就预警而预警”的窠臼，而需要在旅游地的日常治理中加强对利益冲突的预防，实行防治结合，构建长效的旅游社区冲突预警机制。

一、成立冲突预警及应急管理部门

在社会转型阶段，加强对突发公共事件的预警和应急管理是地方政府治理的重要内容。2018 年国务院进行了大刀阔斧的机构改革，新设立应急管理部，

以加强对突发自然危机事件和社会危机事件的应急处置。针对当前阶段我国社会治理要求和旅游社区的治理现状，建议在旅游目的地管理机构中设立冲突预警及应急管理部门，以专业从事旅游目的地的预警和应急管理工作。

在地方政府的主导下，冲突预警及应急管理部门应积极吸纳社区精英、非政府组织、地方企业家、村寨寨老等相关利益主体，以多种形式参与到冲突预警和应急管理中。冲突预警及应急管理部门在日常工作中，要强化对社区的冲突预警监测，保持与其他平行部门之间的信息沟通，及时发现问题，及早协调相关利益冲突和社会矛盾，切实做到冲突预警的“防患于未然”，保障旅游社区的可持续发展。

二、建立冲突预警信息监测系统

加强对旅游社区相关信息的采集。社区旅游管理机构可与相关高等院校等展开校地合作，建立预警信息监测站。冲突预警及应急管理部门可委托第三方院校机构等，就旅游社区的冲突预警展开持续性跟踪研究，实现冲突预警的实时跟进和常态化。由第三方机构定期对社区预警警级进行评估。在旅游社区开展较大规模旅游开发以及涉及多数村寨居民利益的公共决策时，由第三方机构提前进行相关舆情评估，从而为旅游地公共决策提供参照。

三、健全旅游社区居民的利益表达机制

没有有效的利益表达机制，其他的利益协调机制都无从谈起（孙立平，2006）①。在各项体制机制建设中，旅游社区居民的利益表达机制无疑是最为重要的基础性机制，也是实现旅游利益冲突预防及治理的前提和关键。

健全旅游社区居民的利益表达渠道，主要有两种方式：一是适当调整制度化利益表达机制，降低制度化表达渠道的参与门槛。二是创新形式，旅游目的地可以因地制宜建立新型旅游社区居民表达渠道。如在旅游社区中，可因地制宜建立旅游议事会制度。旅游议事会的理事皆为村民选举产生的当地常住居民，这样做能够深入社区内部，广泛收集并反映社区居民的意见和诉求，从而为社区利益的表达增加更多途径。

积极利用新媒体技术，打造信息沟通的新平台。借助互联网等信息技术手段，丰富信息沟通的渠道。如建立旅游社区微信群、在旅游网站上增设论坛

---

① 孙立平. 博弈：断裂社会的利益冲突与和谐 [M]. 北京：社会科学文献出版社，2006：32-36.

（BBS）板块，邀请社区居民利用网络针对景区当下发展中存在的问题以及未来发展愿景等展开充分讨论，地方政府在进行旅游公共决策以及规划编制时可以将社区居民的意见作为参考，对合理意见予以吸收采纳。

简言之，健全利益表达机制的关键在于，通过增加制度化的表达渠道替代非制度化的利益表达。利益表达是社会公众与政治系统进行沟通与互动的基本环节[①]，也是旅游社区居民参与旅游发展的重要内容。而旅游社区的利益分化，使得地方政府在制定任何旅游公共决策时，必须充分尊重社区居民作为目的地的主人地位，为社区居民的意见表达提供多样化的渠道和沟通平台。也只有制度化、合理化的沟通渠道畅通无阻，非制度化的表达渠道才缺乏生存与发展的空间及条件。

第二节　多维共治，建设韧性旅游目的地

韧性（resilience）一词源自拉丁语“resilio”，其本意为“受到挫折后恢复到原始状态（Alexander，2013）”[②]。作为学术概念，其起源及含义较为模糊。但总体而言，对韧性理论的研究，学界相继有工程韧性、生态韧性和演进韧性的观点。工程韧性主要来源于工程力学的基本思想，将韧性理解为恢复原初的能力。生态韧性则源自生态系统的运行规律，强调系统能够吸收外界的扰动，从而形成新的平衡状态。演进韧性的观点认为系统是不断发生变化的，而外界的扰动恰恰是系统发生变革的源头。因此，演进韧性主张韧性不仅是恢复到原初的状态，还包含了系统的自组织能力和适应能力[③]。借鉴演进韧性理论的思想，本书认为在当前社会转型阶段，旅游目的地尤其需要注重“韧性”的建设，提高抗风险和化解冲突的能力。

韧性旅游目的地的核心是目的地系统具有较强的自组织能力，不仅能够抵抗各类社会风险与自然风险，而且能通过学习和纠正不断提高应对未来不确定性的能力，从而将每一次的风险与危机转化为系统发展和改进的契机，增强目

---

① 张贤明. 低成本利益表达机制的构建之道［J］. 吉林大学社会科学学报，2014，54（2）：13-20.

② ALEXANDER D E. Resilience and disaster risk reduction：an etymological journey［J］. Natural hazards and earth system science，2013，13（11）：2707-2716.

③ FOLKE C. Resilience：the emergence of a perspective forsocial-ecological systems analysis［J］. Global environmental change，2006（16）：253-267.

的地的社会整合。为此，需要在政府、旅游企业、旅游社区等的多元参与下，以利益相关者的共同治理，建设旅游共同体。

一、在县级政府主导下，扩大基层社区管理自治

县级政府主导下的基层社区自治。之所以突出在县级政府的主导之下，主要有三点考虑：一是在政府的主导下，有助于保障基层社区自治管理的方向与成效。提高基层旅游社区的自治管理水平，本质上是推进旅游社区的自组织发展。而基层旅游社区自组织发展的反面，即意味着乡镇政府行政责任边界的缩小，故旅游社区自组织发展的空间和程度，往往取决于基层政府尤其是县级政府的授权和放权。因此，在县级政府的主导下，相关政策的出台，不仅明确了旅游社区和社会组织的自治空间，而且为旅游社区的自组织管理提供了合法性保障。二是当前的旅游社区的矛盾主要集中于旅游社区与乡镇政府部门之间，这是矛盾最为突出的方面。这也成为旅游目的地所在的县级政府社会治理的重点和难点。三是在县级政府主导下，更易推进基层社区协商治理的展开，并取得成功。

设立旅游议事会，改善基层治理结构。改革开放以前的全能型政府理念在当前的社会中仍然普遍存在，但在经济、社会和政治等均处于深度转型的背景下，全能型政府的弊端也充分显现。虽然改革开放后，政府为市场让渡了部分权力空间，但是社会长期以来发展缓慢。在当前旅游目的地的发展中，仅仅依靠政府和市场难以解决旅游业发展中存在的风险和问题。加强对社会的培育，发挥基层社区的自主性和能动性，成为创新旅游目的地治理的重要内容。为此，建议在县级人民政府的引导下，设立旅游议事会。旅游议事会并非作为单独的行政管理部门，而是作为社区自治的社会组织，受县级人民政府指导，与乡镇政府、旅游公司等共同行使旅游目的地治理职能。从而形成县级人民政府主导之下的乡镇人民政府、文化旅游企业和旅游议事会的旅游目的地治理结构。简言之，旅游目的地的有效治理不仅在于政企分离，还需要政社分治，发挥社会组织和居民个体的能动性，以协商治理的方式使其在基层旅游社区治理中发挥更重要的作用。

旅游议事会的主要功能在于促进旅游社区自治，激发社区活力。具体而言，其功能定位主要为辅助决策、政策反馈以及监督等。旅游议事会下设理事长、副理事长、秘书长以及理事若干。旅游议事会的所有成员均需经全体居民选举产生，报镇政府审核备案后经公示确认资格。

旅游议事会作为沟通旅游社区与景区管理局/旅游公司的中间桥梁，承担

信息联络的角色与职责。旅游社区居民可将自身关于景区发展的问题与建议通过旅游议事会的理事向上传达。旅游理事的数量依旅游社区规模大小而定，其来源必须是长期生活居住于旅游社区内，由旅游社区居民直接选举产生并具有固定的任职年限（如两年）。同时，旅游理事为非正式的工作职位，无偿或仅对其发放部分误工补贴。

在社区自治的理念下，旅游议事会等主体的协商治理有两个层次三种结果。协商治理的两个层面，一是旅游议事会内部的社区层次协商，重在社区内部达成共识。如旅游议事会可就本旅游社区内居民提出的针对景区的管理意见或建议等展开讨论，达成共识后可以文件、报告等形式向景区管理局、镇政府等递交；对旅游社区内部的利益矛盾进行协商或调解，及时缓解居民的不满和紧张的社会关系；组织安排社区内的文化娱乐活动，凝聚社区意识，增强社区认同等，社区层次的协商重在行动层面关注如何解决问题、组织实施等内容。二是旅游议事会与景区管理局、镇政府等主体展开的旅游目的地层次协商，部分重大决策的公共协商还可能引入专家学者、非政府组织代表，甚至上级行政管理部门等。即旅游社区居民通过旅游议事会参与到旅游目的地的公共决策过程中。在县级政府的主导下，景区管理局等的所有事关全体社区居民利益的公共决策，均引入旅游议事会的讨论程序。这使得景区管理的重要公共决策，在制定前，广泛听取征询旅游社区居民的意见；在制定后，吸收采纳居民的反馈并进行决策修正。

旅游目的地协商治理，并不意味着以旅游议事会为代表的所有社区居民意见均得到充分采纳。协商治理的结果有三种：完全采纳、部分采纳或未采纳。部分居民意见即使只是部分采纳或未被采纳，仍然具有重要意义。只有经过充分讨论后，旅游社区或景区管理局等才可能发现自身认识中的不足，以及对于利益相关方需求的忽略。对事关旅游目的地发展的重要议题展开公共讨论，既是消除偏见、达成共识的过程，也是优化决策、增强认同的过程。同时，这也是让旅游社区居民回归主体性地位，培育其参与旅游公共服务能力的增权过程。

二、利益相关者共同治理，建设旅游共同体

虽然地方政府在旅游业的发展中发挥了重要影响，但是政府不是万能的。由于地方政府领导具有一定任期、政府部门对旅游市场的跟踪滞后等因素，同样存在着“政府失灵”的问题。而改革当前普遍存在的“全能型政府”，打造“有限政府”和“服务型政府”正成为我国行政管理体制全面深化改革的重要

内容。故在政府部门之外，还需要积极培育各类社会组织。除了上文中所提出的设立旅游议事会外，还需引导社区内行业协会在社区治理中发挥重要作用，并积极借助社区外部的智力资源。

一是，加强行业协会自治。旅游社区除了按照村委自治条例等进行社区居民的民主选举、村民自治外，还可以积极组建旅游行业协会。行业协会的功能主要有：社区居民的利益表达渠道；社区居民旅游培训的组织力量；社区内部利益矛盾的调节平台；旅游目的地治理的重要力量。

同时行业协会的建设，也有助于旅游社区冲突的治理。行业协会的建设，使得社区居民的利益诉求表达更多样化，通过协会平台理性地与景区管理局沟通，从而避免了地方政府面对一群无组织社区居民的抗议，减少了行政资源的浪费；从而将各类利益冲突与利益矛盾化解在制度化的轨道之内，降低了旅游冲突的强度与烈度，有助于旅游目的地的社会稳定与发展；进而在管理局与旅游社区之间保持理性的沟通，而非采用制度外的渠道表达不满。

二是，加强与相关研究机构的合作治理。积极引入高等院校、研究机构等，展开“校—景”“校—社”之间的合作，形成旅游智力与景区、社区需求之间的无缝对接。同时，引入研究机构等第三方主体，对旅游目的地治理进行调查研究，有助于收集旅游社区的真实意见，进而对景区公共管理决策予以评估和修正。在发挥高等院校及科研机构的社会服务功能的同时，也进一步推动目的地的发展。

三是，促进非政府组织（NGO）参与旅游社区治理。非政府组织是社会发展的重要力量，在旅游社区参与的过程中，同样具有重要的影响作用。在社区治理中，通过引入非政府组织可在居民培训与旅游参与、社区发展、环境保护、文化传承等方面，大大降低地方政府的行政负担。

因此，各类社会组织的建设既有助于社区居民的能力提升，进而拓宽旅游参与深度与广度，从根源上减少因利益分配不均而产生的旅游利益冲突；又有助于增加社区居民的利益表达渠道，提升旅游社区的社会柔韧性，并将利益矛盾纳入规范化的解决机制中，以维持各利益主体之间的沟通与对话。

第三节　分配正义，增强社区居民旅游获得感

习近平总书记在多个公开场合反复强调要“让人民群众有更多获得感”。旅游作为惠民产业和幸福产业，理应在增强人民群众获得感中发展重要作用。

然而，当前部分地区存在的利益冲突等现象，说明在旅游社区中，部分社区居民的旅游获得感和幸福感较低，并未能充分享受到旅游经济发展所带来的实际利益。因此，加强对旅游社区冲突的预防，更需要促进旅游社区内部的分配正义，切实增强社区居民的旅游获得感和满意度。

一、以旅游包容性发展增强社区居民旅游获得感

包容性发展源于包容性增长理论，旨在解决市场经济主导下的贫困问题和机会不均等问题。习近平同志（2014）强调“发展必须是遵循经济规律的科学发展，必须是遵循自然规律的可持续发展，必须是遵循社会规律的包容性发展。”

我国广大地区在旅游经济引导下，社会经济总量得到了迅速增长，但其未来可持续发展需要转变发展理念，结合自身实践，探索包容性发展模式。逐步解决旅游经济发展中的参与机会不均等、利益分配不公平、社会关系不和谐等问题。只有改变传统旅游经济发展中对数量的追求，转而注重旅游经济发展的质量与内涵，才能增强旅游社区居民的旅游获得感，也才能最终实现旅游的包容性发展和可持续发展。

二、以旅游社区参与提升社区居民旅游获得感

当前，社区居民参与旅游的热情高度膨胀，旅游参与的意识不断增强，但居民的旅游参与能力仍然较弱。能力因素是限制社区居民参与旅游的最大障碍。尤其是面对外来的旅游资本，在激烈的竞争中，社区居民只能无奈地退出。因此，让社区居民参与能力培训，是提高社区旅游参与水平的关键。

一是，加强旅游接待及经营技能的精准培训，提高居民旅游参与能力。旅游资源的开发为旅游地社会经济的发展带来了众多的参与机会，然而这样的机会是有门槛的，需要一定的技能。即使是农家乐的经营往往也需要一定的服务技能，如对厨艺、对客房装饰、对客栈的管理等均具有一定的要求。而在农家乐经营之外，如工艺品制作、农产品的种养殖、工程建设等同样需要技能培训。在当前的旅游社区参与中，居民参与能力的缺乏使其往往难以与外来资本相竞争，最终形成了外来资本经营，少数本地居民收取房屋租金的分利形式。因此，加强社区居民旅游参与能力培训，必须根据村民的现实需求进行针对性的分类精准培训。

二是，注重网络技术在旅游经营中的应用培训，提高居民旅游参与能力。网络已经改变了现代社会的消费方式和生活方式。对于游客而言，网络已经成为游客旅游消费必不可少的手段。从目的地的选择、旅游产品的预定、旅游支

付到旅游体验分享等，网络在旅游消费的全过程中发挥着越来越重要作用。对于旅游社区而言，有效利用网络已经成为旅游经营的必备技能。但在本书的调研中，无论是西江千户苗寨还是朗德上寨，能够熟练使用网络的本地经营者非常少。众多的社区居民虽然知道利用网络技术可以增加旅游产品销售，但并不掌握这一技能。本书的调研也发现，使用网络技术的客栈，无论是在客房价格还是在客房入住率上，相较于缺乏网络使用的同等水平客栈都更高。

三是，旅游参与的过程是实现参与能力提升的最直接途径。居民旅游参与能力的提升是一个从实践中不断反复练习的循序渐进的过程。参与的过程本身也是学习与受教育的过程，参与得越深入，参与的能力就越强，参与的制度也就越易得到维持。唯有在旅游参与的过程中，才能得以不断地尝试与总结。地方政府部门以及各类社会组织机构，应鼓励社区居民通过多种形式积极参与，在参与的过程中为其提供技术指导。

三、以相对剥夺感的疏导提升社区居民旅游获得感

相对剥夺感对于旅游社区居民的冲突意愿具有显著影响。相对剥夺感作为一种社会比较的产物，在旅游社区内部的不同收入阶层居民中均有较为广泛的存在。相对剥夺感的产生除了个体在利益分配格局中处于不公平地位外，还可能是由于不恰当的选择参照群体以及不当的归因方式。因此，对于旅游社区居民的相对剥夺感疏导可以从以下三个方面着手。

一是，促进旅游社区利益的公平分配。旅游公平感知的降低是影响社区居民旅游冲突意愿的重要因素，促进旅游地利益的公平分配可以从参与旅游发展的机会公平和享受旅游发展成果的结果公平两个维度进行。即景区管理者一方面为社区居民平等地参与旅游经营接待提供良好的营商环境，另一方面，景区相关管理者针对景区内部的贫困弱势群体等在文物补贴等方面予以适当倾斜，增强弱势居民的旅游获得感。

二是，对社区居民选择的参照对象进行适当引导。景区管理方可通过公平理念的宣传教育、旅游资源开发前后的社会经济成就展等多种手段，增强社区居民纵向比较的获得感和满足感，从而缩小社区内部因贫富差距带来的负面影响。同时，也可引导社区居民将自己的社区与周边未开发旅游的社区相比较，让居民切实感受到旅游资源开发带来的经济发展与社会进步果实。

三是，帮助社区居民进行适当的归因。社区居民的归因方式有内因和外因之分，景区管理者需要通过宣传教育引导居民进行更多的内在归因，从而激励其增强自身旅游参与能力。

第八章　研究结论、不足与展望

因旅游收益分配问题导致的利益冲突在当前已经成为影响中国农村社会稳定和旅游发展的重大问题之一①。如何加强对日益常态化、复杂化的旅游利益矛盾的疏解和预警，成为旅游目的地治理的突出内容。但相比之下，当前学界对此的关注与研究成果明显不足。本书从冲突预警的视角对旅游社区冲突现象进行了初步研究，并结合理论分析与实证研究成果对旅游社区冲突的系统治理提出了几点建议。加强对旅游利益冲突的学术研究，对于推进旅游业的健康发展，更好地发挥旅游业在乡村振兴与乡村旅游发展中的积极作用无疑具有重要参考价值。

第一节　研究结论

虽然我国旅游业发展的总体形势是稳定的，但是对旅游社区冲突的预警同样不可放松警惕。尤其是当前广大中西部地区基层政府部门对于旅游社区冲突缺乏全面认识，在冲突的治理中往往盲目地采用习惯性思维方式予以抑制，这么做不仅使利益矛盾难以得到协调，而且会进一步增加社会失范的可能，加剧社会治理的成本。第三届国际预警大会的资料显示：预警机制的收益成本为2~4倍，因此是一种低成本高收益的公共管理工具。因此，加强旅游社区冲突的预警研究，具有重要的理论意义和现实价值，不仅可以深化旅游目的地治理研究成果，而且可为旅游目的地的社区治理提供有益的理论借鉴和指导，从而实现冲突治理成本的最小化。

在如何实现社会稳定与和谐发展方面，治理理论的发展为我们指明了新的方向，即以“疏”为主的“动态稳定”应逐渐替代以“堵”为主的“静态稳

① 保继刚，左冰. 为旅游吸引物权立法［J］. 旅游学刊，2012，27（7）：11-18.

定”①。社会的稳定应是一种动态中的平衡，而非禁止的、绝对的、狭隘的“稳定”。正是基于此，本书应用相关理论与方法，对旅游目的地的社区冲突预警指数进行了理论研究和实证分析。

综合规范分析和实证研究，本书的研究结论主要有以下六点。

一、旅游社区冲突（非对称—强影响型冲突）是旅游地主要矛盾

通过类型学的规范分析发现，旅游社区与地方政府部门以及旅游企业之间的非对称—强影响型旅游冲突是社区旅游发展中的主要利益冲突，在学术研究中应予以重点关注。本书对旅游社区四大核心利益相关者群体之间以及群体内部的冲突进行展开分析，发现共存在九组冲突项。本书依据冲突对旅游地社会经济的影响程度和冲突双方的权力对称性，将社区旅游中的九组冲突项细分为四种类型，其中非对称—强影响型旅游冲突由于其冲突强度与烈度较高、影响较大等，是旅游社区中的主要利益矛盾。马克思辩证唯物主义理论告诉我们，在认识事物时需要区分主要矛盾和次要矛盾，每种矛盾所处的地位和对事物发展所起的作用是各不相同的，而主要矛盾则决定着事物发展的方向和进程。类型学分析不仅深化了对于旅游社区利益冲突的认识，而且明确了研究对象。

缺乏对旅游冲突的类型细分，是当前研究中存在的显著不足，这不仅使得研究对象模糊不清，而且研究结论及对策建议也往往缺乏针对性，更严重阻碍了理论的发展与对话。本书对旅游冲突的规范分析一定程度上弥补了当前研究中存在的这一不足。

二、旅游社区冲突在性质上仍属可调节的工具性冲突

通过比较研究发现，旅游资源的开发与旅游经济的发展，使得旅游冲突与其他农村地区的社会冲突相比，具有其自身的显著特征，具体而言主要表现在“冲突主体更加多元、冲突成因更加复杂、冲突强度与烈度更高、冲突更具持续性、冲突影响更加深远、冲突治理难度更大”六个方面。

虽然旅游利益冲突具有其自身特殊性，但是在性质上，旅游社区冲突作为利益相关者主体进行利益博弈的一种手段和工具，并不存在涉及意识形态及政治方面的诉求，属于可调节、可治理的工具性冲突。

对当前旅游社区冲突的性质判定具有极为重要的指导意义，不同性质的冲突

---

① 俞可平. 中国治理变迁 30 年（1978—2008）［J］. 吉林大学社会科学学报，2008，48（3）：5-18.

决定了不同的治理策略与路径。在我国社会转型的时代背景下，深刻认识旅游社区冲突的工具性、现实性的属性，有助于在冲突预警和治理上做到有的放矢。同时，这一研究结论也弥补了当前研究中对旅游社区冲突属性认识不清的不足。

三、不同模式下旅游社区冲突预警指数有显著差异

通过冲突预警的实证测度发现，不同发展模式下的旅游社区冲突预警指数具有较大差异。政府主导模式下的西江千户苗寨旅游社区的冲突预警指数为3.013 9，处于重度预警区间，而在社区主导下的朗德上寨旅游社区冲突预警指数为1.699 1，处于轻度预警区间。两者之间的最大差异在于环境指数方面，其中朗德上寨为1.581 3，西江千户苗寨为3.042 7。

作者通过对访谈材料的进一步分析，发现：造成上述的差异关键在于，在政府主导下，西江千户苗寨的过度商业化开发，大量外来资本的进入挤压了本地社区居民的旅游参与空间。正是旅游获益空间的不断压缩和旅游成本的不断提升，为利益冲突产生创造了条件。而在正规化的表达机制不畅的情形下，冲突成为底层旅游社区居民所选择的一种制度外的利益表达方式。

立足于利益表达方式的视角，为旅游社区冲突的预警和预防提供了有益的启示。相关管理机构在旅游地治理中，需充分考虑已有利益表达途径的可能局限性及不足，并因地制宜为社区居民创设更多的表达渠道，实现各相关利益主体之间的信息畅通。

四、旅游公平感的降低是居民冲突意愿形成的首要因素

本书应用结构方程模型（SEM）的实证研究表明：社区居民的旅游公平感知与冲突意愿（$\beta=-0.404$，$p<0.001$）存在显著负向影响关系，其影响系数为-0.404。即在其他条件不变时，社区居民的旅游公平感知每下降1个单位，社区居民的旅游冲突意愿就会上升0.404个单位。

这一研究结论与李路路等人（2012）的研究观点较为一致，即社会个体的公平性认知与其冲突意愿之间具有紧密的关联。所不同的是，本书的研究同时揭示出旅游收益感知和旅游成本感知与冲突意愿均无显著性影响关系。这一发现证实了左冰（2016）的理论观点，即旅游冲突和利益矛盾的出现，本质上是社会公平缺失的体现，它实质上反映的是人们对于公平的渴望和对社会正义的追求①。在旅游社区治理中，降低社区居民的冲突意愿关键在于增强其旅

① 左冰. 分配正义：旅游发展中的利益博弈与均衡［J］. 旅游学刊，2016，31（1）：12-21.

游公平感知，而对社区居民旅游公平感知的引导，除了促进旅游经济收益在客观层面的分配公平外，还需要从制度环境、社区治理中的个体参与、宣传教育等方面增强居民主观层面的旅游获得感与幸福感。

五、相对剥夺感的提高是社区居民冲突意愿形成的另一因素

结构方程模型（SEM）验证结果显示：社区居民的相对剥夺感知与冲突意愿（$\beta=0.240$，$p<0.001$）存在显著正向影响关系，其影响系数为0.240。即在其他条件不变时，社区居民的相对剥夺感知每增加1个单位，社区居民的旅游冲突意愿就会上升0.240个单位。

这一结论与张书维等人（2010）的研究观点较为一致。张书维等人（2010）通过实验法，发现相对剥夺的个体更有可能参与集群行为[①]。而本书通过在旅游社区的问卷调查分析，证实了个体的相对剥夺感与冲突意愿之间的正向关系。

六、社会环境感知和旅游成本感知与冲突意愿存在间接影响关系

实证研究还发现：社区居民的社会环境感知和旅游成本感知与冲突意愿存在间接影响关系。其中，社会环境感知对冲突意愿的间接影响效应为0.344，总影响效应为0.408，其间接影响路径有两条：社会环境感知→旅游公平感知→冲突意愿和社会环境感知→相对剥夺感知→冲突意愿。社区居民的旅游成本感知对冲突意愿的间接影响效应为-0.175，总影响效应为-0.245，其间接影响路径为：旅游成本感知→旅游公平感知→冲突意愿。而社区居民的旅游收益感知对于冲突意愿（$\beta=0.085$，$p=0.217$）、社会环境感知对冲突意愿（$\beta=0.065$，$p=0.497$）、旅游成本感知对冲突意愿（$\beta=-0.069$，$p=0.363$）均不存在显著性影响关系。

政府部门深入了解公众的社会态度，有助于提高公共政策的制定质量和可接受性[②]。虽然本书对旅游社区居民的冲突意愿进行了实证分析，发现居民冲突意愿的若干影响因素，但限于居民态度的内隐性、多变性，以及态度与行为之间关系的复杂性等，本书研究仍然存在较多不足，有待进一步的深入研究。

---

① 张书维，王二平，周洁. 相对剥夺与相对满意：群体性事件的动因分析［J］. 公共管理学报，2010，7（3）：95-103.

② 李大治，王二平. 公共政策制定程序对政策可接受性的影响［J］. 心理学报，2007，39（6）：1093-1101.

第二节　研究的不足与展望

虽然本书综合应用了多种研究方法，并将理论与实证研究相结合，对旅游社区冲突进行了初步研究。但是一方面，旅游社区冲突是较为复杂的社会现象，在冲突过程中涉及多方利益主体，而冲突的强度与烈度也是深受多要素的综合作用。因此，本书的研究相对于庞大而复杂的旅游冲突现象只是迈出了微弱的一小步。另一方面，囿于自身的研究能力有限，以及在对于理论的理解与方法的应用过程中可能存在的局限，本书仍然存在几点不足，这也是在未来的研究中需要开拓和深化的内容。

一、研究的不足

首先，指标体系的研究不足。正如郑杭生教授所述，“一般而言，中国社会风险进行监测和评估的难度在于：①很难具有普遍共识的监测指标体系；②现行统计系统很难提供必需的规范化的时间序列数据；③评估风险的严重程度很难达成一致意见。”[①] 而在本书的研究中，旅游社区冲突预警指数的指标体系同样存在两点不足。①指标体系的完整性。在指标体系的选取过程中，一方面指标体系是从已有的研究成果中梳理归纳得来，对于现有的研究成果具有较大的依赖性，这就忽视了部分可能存在但是在已有研究中并未被发现或被重视的影响因子，从而使其被排除在外。另一方面，基层统计数据的缺乏，也严重影响了指标体系的构建。当前旅游地基层政府部门更加关注对景区游客量与旅游收入的统计，而对于景区内的自然环境监测、文化传承等方面缺乏详细的统计数据。由此造成本书的旅游社区冲突预警指数的指标体系中，出现以主观社会指标为主，而客观指标较少的情况。②指标体系的科学性。在指标体系的选取时，主要采用文献分析与德尔菲法，而德尔菲法受到被调查专家数量和质量的双重影响。限于多方面因素，在专家选取时，专家数量有待进一步增加，相关领域专家的代表性也有待进一步优化。

其次，所构建的旅游社区冲突预警指数评价模型是否具有普适性，还需要展开进一步的实证研究。在实证研究时，本书选取了贵州苗寨景区，表明预警

---

① 郑杭生. 中国人民大学中国社会发展研究报告（2004）：走向更加安全的社会［M］. 北京：中国人民大学出版社，2004：16.

指数具有一定的适用性。虽然有研究指出民族、宗教信仰等对于人们是否参与群体性事件没有显著影响①，但我国的地域差异较大，旅游社区冲突预警指数是否适用于其他类型、其他区域，即理论的普适性仍然有待进一步的实证研究和比较分析。

再次，构建的社区居民冲突意愿形成机制是否具有普适性，也需进一步实证检验。已有的研究文献中并没有关注社区居民冲突意愿，因此本书尝试对冲突意愿进行探索性研究，通过扎根理论构建了西江千户苗寨社区居民冲突意愿的形成机制模型。因此，本书构建的冲突意愿形成机制模型具有较强的“西江特征”，其是否适用于其他旅游社区等，仍然有待进一步的实证检验。

最后，旅游社区居民的态度具有内隐性和多变性，在内隐态度与外显行为之间也并非简单的线性关系。因此，如何更好地分析社区居民的冲突意愿、更为真实地测量社区居民的态度等，仍然有待进一步研究。

因此，如何更为准确、更为科学地构建旅游社区冲突预警模型，更为客观地分析社区居民的内在态度和行为意愿，仍然有待应用新的理论视角、新的方法、新的技术路径进行不断的探索和尝试。

二、研究展望

2016 年 5 月，习近平同志《在哲学社会科学工作座谈会上的讲话》中指出，哲学社会科学“要按照立足中国、借鉴国外，挖掘历史、把握当代，关怀人类、面向未来的思路，着力构建中国特色哲学社会科学，在指导思想、学科体系、学术体系、话语体系等方面充分体现中国特色、中国风格、中国气派。”② 相信随着中国经济的持续发展以及中国社会的深刻转型，大量社会经济发展中出现的新问题、新现象等，必将产生更多围绕中国问题的学术研究成果，并在全球社会科学研究中贡献中国智慧。

旅游已经成为中国社会、政治、经济、文化发展的重要内容，但是在旅游快速发展的过程中，也涌现出了众多的新问题有待学术界的理论解释和理论回应。本书围绕旅游社区冲突的预警展开了初步研究，并对旅游社区冲突的治理提出了治理建议。但在我国正奋力迈向优质旅游新时代的背景下，围绕旅游冲突治理和旅游目的地稳定问题，还有众多研究工作有待深入开展。在此基础

---

① 梁枫，任荣明. 基于家庭阶层流动的社会冲突影响因素研究 [J]. 上海交通大学学报（哲学社会科学版），2017，25（1）：96-105.

② 习近平. 在哲学社会科学工作座谈会上的讲话 [EB/OL]. [2021-12-30]. http://news.xinhuanet.com/politics/2016-05/18/c_1118891128.

上，未来可进一步研究的方向有以下几个方面：

一是借鉴其他相关理论成果，进一步增强指标体系的科学性。任何社会不稳定事件都有其经济的、社会的、心理的诱因和过程，单一学科的研究难以深入揭示它们①。旅游社区冲突作为复杂的社会现象，未来的研究可以进一步借鉴管理学、地理学、心理学等其他学科理论，从不同的理论视角进一步丰富和拓展关于旅游社区冲突的理论研究。同时，也可以借用新的技术手段，如大数据等进行旅游社区冲突的预警研究。

二是转型社会时代下的韧性旅游目的地建设。旅游目的地发展不仅面临着如利益冲突等影响社会秩序稳定的因素，同时也有各类自然风险。韧性旅游目的地的提出虽然是针对当前广泛存在的社区冲突事件，但其现实意义不止于此。本书只是对韧性旅游目的地提出了初步构想，但如何建设韧性旅游目的地仍然有待深入的系统研究。

三是旅游目的地中弱势社区居民的相对剥夺感研究。在目前，中国大多数老百姓的不满基本上来自相对剥夺感而不是绝对剥夺感②。虽然在田野调查的过程中，作者也发现了相对剥夺感的存在，但是限于时间与精力，在本次研究中并未对旅游地社区居民的相对剥夺感展开深入的研究。旅游社区居民的相对剥夺感的形成机制是什么？相对剥夺感对社区居民的行为有何影响？其对于旅游地的社会经济发展具有怎样的潜在和显在影响？这些也是有待深入研究的重要议题。

四是旅游社区居民的态度—行为意愿研究。态度—行为理论虽已在旅游领域研究中得到一定的应用，但是其对于旅游社区居民的关注显然不足。

党的十九大报告指出，“我国社会主要矛盾已经转化为人民日益增长的美好生活需要和不平衡不充分的发展之间的矛盾”③。旅游目的地的各类冲突正是旅游经济发展不平衡不充分的产物。在社会经济转型发展背景下，建设和谐旅游目的地需要地方政府部门由被动应急管理走向积极主动治理，不断提高执政能力，从而将旅游社会矛盾和冲突纳入制度化轨道。对于学界而言，加强旅游冲突的系统研究同样任重而道远。没有旅游地和谐的社会关系，就不会有目

---

① 王二平，张本波，陈毅文，等. 社会预警系统与心理学［J］. 心理科学进展，2003，11（4）：363-367.

② 赵鼎新. 社会与政治运动讲义［M］. 北京：社会科学文献出版社，2012：298.

③ 习近平. 决胜全面建成小康社会 夺取新时代中国特色社会主义伟大胜利——在中国共产党第十九次全国代表大会上的报告［EB/OL］.［2021-12-10］. http：//news. xinhuanet. com/politics/19cpcnc/2017-10/27/c_ 1121867529. htm，2017-10-27.

的地旅游业的可持续发展。希望本书的研究能够引起更多的学者关注旅游发展中的社会问题，也希望通过对旅游社区冲突的理论研究，能够在旅游发展的实践中少一些冲突，多一点和谐，让社区居民拥有更多的获得感和幸福感，使旅游早日成为人民群众满意的现代幸福产业。

附　录

附录一　旅游冲突预警调查问卷

尊敬的先生/女士，您好！

首先，感谢您对本次问卷调查的配合。填写该问卷不需要任何专业知识，您的回答没有对错之分，只要反映出您的真实想法即可。请在您认为相符的选项中画（√）。其次，本次问卷调查为不记名调查，不涉及个人姓名、电话等隐私信息，所有问卷信息都将被用于学术研究。最后，再次感谢您的帮助，并祝您阖家幸福！

一、旅游社区居民态度调查

1. 您对旅游业发展的态度为

   A. 非常支持　　B. 较支持

   C. 一般　　D. 较不支持

   E. 不支持

2. 您对现状生活的总体满意度为

   A. 非常满意　　B. 满意

   C. 一般　　D. 较不满意

   E. 非常不满意

3. 您对村寨景区环境保护的满意度为

   A. 非常满意　　B. 满意

   C. 一般　　D. 较不满意

   E. 非常不满意

4. 您认为村寨的文化传承情况

A. 非常好
B. 较好
C. 一般
D. 不太好
E. 非常不好

5. 您认为村寨的文化商业化程度
A. 非常低
B. 较低
C. 一般
D. 较高
E. 非常高

6. 您对景区文化保护的满意度为
A. 非常满意
B. 满意
C. 一般
D. 较不满意
E. 非常不满意

7. 您对村寨景区的公共服务满意度
A. 非常满意
B. 满意
C. 一般
D. 较不满意
E. 非常不满意

8. 您对家庭旅游收入的满意度为
A. 非常满意
B. 满意
C. 一般
D. 较不满意
E. 非常不满意

9. 在雷山县内可供您选择的就业机会
A. 非常多
B. 较多
C. 一般
D. 较少
E. 非常少

10. 您认为随着景区的发展，您的家庭生活水平
A. 越来越好
B. 有所改善
C. 差不多
D. 有所下降
E. 越来越差

11. 您的家庭在参与旅游接待时的机会公平状况
A. 非常公平
B. 较公平
C. 一般
D. 较不公平
E. 非常不公平

12. 您认为景区的旅游利益分配
A. 非常公平
B. 较公平

C. 一般　　D. 较不公平

E. 非常不公平

13. 与其他家庭相比，您的家庭经济状况

A. 更好　　B. 较好

C. 差不多　　D. 较差

E. 很差

14. 与过去相比，您的家庭经济状况

A. 更好　　B. 较好

C. 差不多　　D. 较差

E. 很差

15. 您认为村寨内贫富分化状况

A. 几乎没有　　B. 较不严重

C. 较严重　　D. 严重

E. 非常严重

16. 在景区内，居民的利益表达渠道

A. 非常多　　B. 较多

C. 一般　　D. 较少

E. 非常少

17. 您对地方政府/景区管理局的日常管理工作态度为

A. 非常支持　　B. 较支持

C. 一般　　D. 较不支持

E. 不支持

18. 如果您与管理局/管委会之间发生利益分歧，您会选择

A. 忍耐让步　　B. 抱怨/发牢骚

C. 信访　　D. 找媒体

E. 联合亲友对抗/游行示威

19. 您认为景区管理局/地方政府对旅游利益矛盾的重视程度

A. 非常重视　　B. 较为重视

C. 一般　　D. 较不重视

E. 非常不重视

20. 您认为景区管理局/地方政府对利益矛盾回应的及时性

A. 非常及时　　B. 较为及时

C. 一般　　D. 较不及时

E. 非常不及时

21. 您认为景区管理局/地方政府对利益矛盾回应的渠道

A. 非常多　　B. 较多

C. 一般　　D. 较少

E. 非常少

22. 您认为景区管理局/地方政府对利益矛盾回应的完整性程度

A. 全部回应　　B. 多数回应

C. 回应一半　　D. 少数部分回应

E. 很少部分回应

23. 您认为景区管理局/地方政府回应政策的透明程度

A. 非常透明　　B. 较为透明

C. 一般　　D. 较不透明

E. 完全不透明

24. 您认为景区管理局/地方政府回应措施的制定中参与的利益主体来源

A. 非常广泛　　B. 较为广泛

C. 一般　　D. 较不广泛

E. 非常狭窄

25. 您认为景区管理局/地方政府的公共管理能力

A. 非常强　　B. 较强

C. 一般　　D. 较差

E. 非常差

26. 您认为景区管理局/地方政府的公众信息沟通能力

A. 非常强　　B. 较强

C. 一般　　D. 较差

E. 非常差

二、个人信息

性别

A. 男　　B. 女

年龄

A. 18~30 岁　　B. 31~40 岁

C. 41~50 岁　　D. 51~60 岁

E. 60 岁以上

文化程度

A. 小学及以下　　B. 初中

C. 高中或中专　　D. 大学或大专

E. 研究生

您的职业

A. 餐饮/客栈经营　　B. 旅游工艺品经营

C. 服装租赁/摄影　　D. 务农

E. 务工　　F. 在读学生

G. 其他

您的家庭年收入

A. 5 万元以下　　B. 5 万 ~ 10 万元

C. 10 万 ~ 15 万元　　D. 15 万 ~ 20 万元

E. 20 万元以上

附录二　田野调查访谈提纲及受访者编码

一、半结构访谈提纲

·您现在家里的主要经济收入来源靠什么？现在是否还种庄稼？

·现在景区内的生意相比于以前怎么样？为什么？

·您家的房子有没有租出去？一年的租金大约有多少？

·发展旅游后，你们的收入增长情况怎么样？

·发展旅游后，你们的生活水平有什么样的显著变化？

·景区内外来投资的老板多不多？主要从事什么经营？

·你们对景区管理局和旅游公司的日常管理是否满意，有什么意见？

·如果村民有景区管理的建议，通过什么渠道向管理局反映？

·村民和管理局之间有没有不愉快的矛盾？为什么？

·如果你们村民和管理局之间存在分歧，你们一般会怎么处理？

·您认为景区管理局是否重视村民的利益诉求？

·您觉得景区内部的贫富差距怎么样？

·您认为您的家庭条件在景区内处于什么水平？

·您认为村寨内传统的苗族文化保护情况怎么样？

·您对景区内部公共服务的满意度怎么样？

·您的家里每年能够领取多少文物建筑保护经费？

·您知不知道景区每年发放的文物保护费用是多少？占景区门票收入的比重大约是多少？

·您知不知道文物建筑保护经费的评定规则是怎么样的？

·您觉得景区管理中，哪些方面最令您满意，哪些方面令您最不满意？

·景区内新建房屋的多不多？如果想新建房屋，如何申请？

·总体而言，您认为现在的村寨发展得怎么样？

二、受访者编码信息

1. 西江千户苗寨受访居民编码

序号	受访者编码	访谈时间	性别	职业	备注
1	XJ-A	2017-07-17	女	工艺品销售	
2	XJ-B	2017-07-17	男	客栈老板	
3	XJ-C	2017-07-17	男	房东	房子租予浙江商人经营
4	XJ-D	2017-07-18	女	服装租赁摄影	
5	XJ-E	2017-07-19	女	餐馆老板	
6	XJ-F	2017-07-19	女	销售人员	
7	XJ-G	2017-07-20	女	米粉餐饮铺老板	
8	XJ-H	2017-07-20	女	销售农特产品	早期经营有多个客栈，现转行做现代农业经营
9	XJ-I	2017-07-20	男	米粉店老板	
10	XJ-J	2017-07-21	男	餐馆老板	最早一批从事旅游接待
11	XJ-K	2017-07-22	男	客栈老板	原为管理局工程师
12	XJ-L	2017-07-22	男	工艺品销售	2018 年回访时已不再销售工艺品
13	XJ-M	2017-07-22	男	小吃铺老板	2018 年回访时已不再经营小吃铺
14	XJ-N	2017-07-22	女	客栈老板	丈夫为水电工程师，2018 年回访时已转做团队游客接待
15	XJ-O	2017-07-23	女	餐馆老板	
16	XJ-P	2017-07-25	女	客栈老板	参与旅游接待较早的居民，也是少数仍在坚持自己经营的村民
17	XJ-Q	2017-07-25	男	木匠	
18	XJ-R	2017-07-25	女	大学生	景区兼职导游

表(续)

序号	受访者编码	访谈时间	性别	职业	备注
19	XJ-S	2017-07-25	女	离退休	有铺面出租，月租金万余元，生活较为富足
20	XJ-T	2017-07-26	男	小学教师	夫妻均为西江中心小学老师
21	XJ-U	2017-07-26	女	客栈老板	早期在酒店做客房服务，后自己经营客栈
22	XJ-V	2017-07-26	女	工艺品销售	
23	XJ-W	2017-07-27	女	公务人员	镇政府部门工作人员
24	XJ-X	2017-07-27	男	退休小学教师	西江中心小学

2. 朗德上寨受访居民编码

序号	受访者编码	访谈时间	性别	职业	备注
1	LD-A	2017-7-28	女	工艺品销售	
2	LD-B	2017-7-28	女	米粉摊老板	
3	LD-C	2017-7-28	女	大学生	
4	LD-D	2017-7-29	男	离退休	朗德村原老支书(1962—2002年)
5	LD-E	2017-7-29	女	工艺品销售	经营有客栈，但由于无客源，以低价出租给工地工人
6	LD-F	2017-7-29	女	工艺品销售	
7	LD-G	2017-7-29	女	便利店老板	
8	LD-H	2017-7-29	男	客栈老板	
9	LD-I	2017-7-30	男	离退休	原村旅游接待小组成员
10	LD-J	2017-7-30	男	便利店老板	
11	LD-K	2017-7-30	女	客栈老板	
12	LD-L	2017-7-31	男	芦笙手	

表(续)

序号	受访者编码	访谈时间	性别	职业	备注
13	LD-M	2017-7-31	男	务农	
14	LD-N	2017-7-31	女	客栈老板	
15	LD-O	2017-8-1	男	派出所民警	妻子经营客栈,父亲经营便利店
16	LD-P	2017-8-2	女	工艺品销售	
17	LD-Q	2017-8-2	女	客栈老板	

注:西江千户苗寨与朗德上寨的受访者编码仅是对社区内居民的访谈编码,景区工作人员及游客的部分访谈未含在内。

附录三　社区居民冲突意愿形成机制调查问卷

尊敬的先生/女士，您好！

首先，感谢您对本次问卷调查的配合。填写该问卷不需要任何专业知识，您的回答没有对错之分，只要反映出您的真实想法即可。请在您认为相符的选项中画（√）。其次，本次问卷为不记名调查，不涉及个人姓名、电话等隐私信息，所有问卷信息都将被用于学术研究。最后，再次感谢您的帮助，并祝您阖家幸福！

一、问卷内容

旅游收益感知测量	非常不同意	不同意	中立	同意	非常同意
（1）发展旅游实现西江基础设施和公共服务设施改善					
（2）发展旅游实现西江文物建筑和文化遗产保护					
（3）发展旅游实现西江千户苗寨环境卫生的清洁					
旅游成本感知测量	非常不同意	不同意	中立	同意	非常同意
（1）旅游发展造成了西江生态环境的破坏					
（2）旅游发展造成了西江交通拥堵					
（3）旅游发展造成了亲戚邻里关系的冷漠					
（4）旅游发展造成了苗族文化的破坏					
社会环境感知测量	非常不同意	不同意	中立	同意	非常同意
（1）西江千户苗寨内贫富分化日益严重					
（2）旅游公司在西江千户苗寨景区的文物补贴政策不够透明					
（4）地方政府部门的住房审批政策不够透明					

旅游公平感知测量	非常不同意	不同意	中立	同意	非常同意
(1) 西江千户苗寨旅游开发的利益分配是公平合理的					
(2) 每个本村村民都能够平等参与旅游接待经营					
(3) 旅游公司的招聘岗位每个村民都有平等机会竞争					
(4) 每个村民都能够平等地获得景区发展的决策信息					
相对剥夺感知测量	非常不同意	不同意	中立	同意	非常同意
(1) 与本村其他村民相比，我家生活水平更低					
(2) 与周边其他村民相比，我们的生活水平更低					
(3) 与其他旅游景区村民相比，我们的生活水平更低					
冲突意愿测量	非常不同意	不同意	中立	同意	非常同意
(1) 如果我们和旅游公司之间产生利益分歧，可能会选择联合亲戚朋友对抗					
(2) 如果我们和旅游公司之间产生利益分歧，可能会把事件通过微信/QQ发到网络					
(3) 如果我们和旅游公司之间产生利益分歧，可能会寻求电视、报纸等媒体朋友的帮助					
(4) 如果我们和旅游公司之间产生严重利益分歧，可能会选择暴力手段					

二、基本信息

性别 □男 □女

年龄 □18～30岁 □31～40岁 □41～50岁 □51～60岁 □60岁以上

文化程度 □小学及以下 □初中 □高中或中专 □大学（含大专）

及以上

您的职业 □餐饮/客栈经营 □旅游工艺品/服装租赁经营 □学生 □政府机关/企事业单位人员 □务农/务工 □司机 □其他

您家位于□南贵村 □平寨村 □羊排村 □东引村

您的家庭年收入□5 万元以下 □5 万~10 万元 □10 万~15 万元 □15 万~20 万元 □20 万元以上